哲学者とその貧者たち

ジャック・ランシエール

訳：松葉祥一／上尾真道／澤田哲生／箱田徹

—

Le philosophe et ses pauvres

Jacques Rancière

革命のアルケオロジー

8

航思社

哲学者とその貧者たち

目次

【凡例】

・訳文中、原則として以下のように示した。なお、（　）と〔　〕は原文どおり。

『　』　書名、雑誌名、新聞名、作品名など

傍点　原文におけるイタリック体による強調

〈　〉　原文において大文字で始まる語句

「　」　原文の《　》または“　”

〔　〕　訳者による補足説明、または原語表記

・注釈は＊で示して傍注として左頁端に掲載した。原注と訳注をあわせて通し番号を付し、訳注は冒頭に「訳注――」と記して区別した。

・引用されている外国語文献のうち、既訳があるものについてはすべて参照したが、本書の文脈・文体に合わせて変更、または新たに訳し直した場合もある。

カバー・帯イラスト――鈴木昌吉

哲学者とその貧者たち

Jacques Rancière
Le philosophe et ses pauvres

This book is published in Japan by arrangement with Librairie Arthème Fayard,
through le Bureau des Copyrights Français, Tokyo.

序文

ディルク・レンブランツは、フリースラントに面した北オランダのはずれに近いニーロップの村で生まれたオランダ農民だった。生まれた土地で靴職人の仕事をしていたが、生計にぎりぎり必要なものしか得られなかった。しかし、彼は数学の優れた知識によって運命にうちかつ手段を見つけた。しばしば手仕事の妨げになったが学ばずにはおられなかったのである。彼は通俗的な言葉で書かれた数学の著作を読んだが、そこからはほとんど満足を得られず、そのこととデカルト殿の高名が結びついたので、彼はデカルト殿に相談するために村を出ることにした。彼にとってデカルト殿こそが、その名声のおかげで世界で最も近づきやすく映ったのであり、彼の考える隠遁した哲学者像からは、デカルト殿の独居が衛兵に守られているとはつゆぞ思わなかったのである。しかし、彼がデカルト殿の使用人に、向こう見ずな農民としてはねつけられ、送り返された後に館の主にそのことが伝えられた。レンブランツは二、三ヶ月後に再び館に行き、最初のときと同じ使用人に、重要な用件について彼と話しあいたい様子の人間が来ていることをデカルト殿に話すよう、きっぱりと頼んだ。彼の外見は、前回以上によく受け入れてもらうにはまったく役立たなかった。言づてがデカルト殿に届けられたとき、しつこい乞食が、いくらかの施しを得るために哲学と天文学について話しあいたいと求めていますと伝えられたのである。デカルト殿は使用人の見方にだまされた。それ以上立ち入らずに、お金を渡して、話をする代わりだと伝えるように言った。レンブランツは、貧しくはあったが哲学者の施しを拒んで次のように返答する気概があった。まだ時がきていないようですので、このたびは帰らせていただきますが、三度目の旅行が役に立つことを期待しています。この返事がデカルト殿に伝えられると、この農民に会わなかったことを悔やんで、雇い人に彼がもう一度来たら知らせるように命じた。

数ヶ月後にレンブランツが三度訪問し、デカルト殿に会いたいという情熱からすでに二度訪問したがかなわなかった農民だということをわからせると、ついに強い熱意と根気をもって求めてきたことが満たされるに至った。デカルト殿はその分野における彼の腕前と功績を認め、利子をつけて彼の苦労に報いようとした。デカルト殿は、あらゆる難問について教えたり、推論を修正するための〈方法〉を伝えたりするだけでは満足しなかった。さらに、彼の身分の低さゆえに高い身分の者たちより下に見られないようにと、自分の友だちの一人として迎え入れ、自分の家と心はいつでも開かれていると保証したのである。

レンブランツは、エグモントから五、六里〔二〇−二五キロ〕しか離れていないところに住んだので、このときからデカルト殿のもとを足繁く訪れ、その学派で当時最高の天文学者の一人となった。（A・バイエ『デカルト殿の生涯』[*1]）

初版序文

まず断っておきたい。本書は最後のピリオドで締めくくられることのない探究の一部である。私はプラトンの哲人王から、マルクスの中断された革命を経て、いまや玉座にある社会学的な世界概念へと議論を進め、きわめて単純だがきわめて複雑でもある二、三の問いを扱うなかで、いくつかの目印をつけ、いくつかの道をたどろうと試みた。思考の序列と社会の序列とのあいだに生じる一致や断絶をどう考えるべきか。現状に満足したり怒りを覚えたりする原因となるしかじかの考えを、個人はいかにして抱くのか。階層秩序、コンセンサス、あるいは争いを維持する〈同〉と〈他〉の表象はいかに形成され、変形するのかといった問いである。二〇年来、さまざまな場と状況でこうした問いを抱く機会があった。思わぬ反響を呼んだ『資本論』についてのセミナー[*2]、街頭の騒乱によって中断されたフォイエルバッハ論[*3]、一時期続けた大学の講義室と工場の門扉の往復[*4]、労働者のアーカイヴでの一〇年に及ぶ調査である。

たしかに、そのせいでいくつかの回り道をすることになった。何度か独りごちたこともあった。原

---

*1 訳注 —— Adrien Baillet, *La vie de Monsieur Descartes*, Georg Olms, 1972.〔未邦訳部分〕

則の点でこれほど純粋な意図に従い、実施の点でこれほど賞賛に値する作業を行っているのだから、とにかくすぐにでも方法に従ったまっすぐな線が引かれ、確かな成果が導き出されるはずだと。

次のことを認めなければならない。幸運なことに、こうした問いを通して私はきわめて高名な師たち——なかにはまさにその名にふさわしい人たちもいた——と出会った。不幸なことに、細部の些末な矛盾にこだわりすぎることで培われたある種の優柔不断な性格のせいで、私は生活や研究からもたらされる実例のなかに、この上なく説得力のある理論の確証をずっと見いだせずにいた。いくばくかのキリスト教的な感傷もおそらく手伝って、大多数の人々が自らの世界観を鍛え上げてきたと見立てる学者の言説の流儀に、私はいくぶんの単純さとははなはだしい侮蔑感があると判断した。民衆を擁護し、彼らの歴史を書く人々が、民衆のものだとする思想の控えめな素朴さを讃える無邪気さについては言うまでもない。

それゆえ私は、歴史家の領域に、案内役なしで——導きの糸なしでと、ある大芸術家から言われたことがある——旅立たざるをえなかった。このとき、ある事例を扱うことが研究を進めるのにぴったりだと思った。一八三〇年から五〇年にかけての時期は、ユートピア社会主義の隆盛と同時に、労働者による表現活動が台頭し、その勢いは清純な詩からオピニオン誌を経て、戦闘的なパンフレットへと及んでいた。そこで私は、同時に生じたこの二つのことがらに出会いがあったのかを調べようと考えた。プロレタリア知識人は、ユートピア思想の開花から何を得た可能性があるか、彼らはそれを彼ら自身の基盤にある何と対置したのか、そしてこれらすべてについて、何がものごとの序列を変えるだけの思想的効果をもちえたのかを知ろうとしたのである。[*5] だが研究を続けるうちに関心は変わった。

「実証的な」問い――言説史のしかじかの瞬間に、ある状況下でしかじかの立場にあるとき、人は何を考えうるのかと問うこと――の背後に、私が見分けるべきもっと根源的な問いがあることに気づいたのだ。考えることはいかに許されうるのか、考えることを仕事にしない人々は考える主体として自

＊2 訳注――ルイ・アルチュセールが一九六四―六五年度に高等師範学校で行った『資本論』のゼミで、当時学生だったランシエールがマルクスにおける「批判」概念について発表したことを指す。これを含む伝記的記述については、ジャック・ランシエール『平等の方法』（市田良彦ほか訳、航思社、二〇一四年）を参照。

＊3 訳注――ランシエールは青年時代にフォイエルバッハを研究しており、とくに時間概念に示唆を受けたと語っている。「ヘーゲルを時間の哲学者として批判するフォイエルバッハは、こんなことを言っています。空間は共存を打ち立てるが、時間はそれを排除する。私はフォイエルバッハ主義者にはならなかったし、共生の哲学を讃えたりはしませんが、時間がつねに禁止のアリバイとして機能するという彼の指摘は、私には興味深かった。あらゆる形式の禁止、追放、命令がつねに、『まだそのときではない』とか『もうそのときは過ぎた』とか『そのときは来なかった』といった考えを経由している〔…〕。私はそれを空間によって置き換えようとしたのです。配分の媒質であり、同時に共存の媒質でもあるような空間によって」（前掲『平等の方法』一二〇頁）。

＊4 訳注――ランシエールは一九六九年に新設されたパリ大学ヴァンセンヌ校（パリ第八大学）哲学科に着任した後、毛派の左翼主義組織「プロレタリア左派」（GP、一九六八―七三年）の活動にかかわった。GPは活動の場として大学より工場を重視し、工場労働者のオルグを積極的に行った。

＊5 Jacques Rancière, *La nuit des prolétaires*, Fayard, 1981.〔未邦訳、J・ランシエール『プロレタリアの夜』〕

らをどのように構成するのかという問いだ。私に与えられた光景（タブロー）はこの点で典型的なものだった。文人たちは、考えることを認めてもらおうとして領域を侵してくるプロレタリアートに、遠回しの返答をしたのだ。労働こそ貧者の真の文化、世界の未来だと賞賛し、プロレタリアートを代表する人々に、プロレタリアートという人格を二重化してはならないと警告したのである。

こうした情景（シーン）は否応なく私に、昔読んだいくつかのテクストを、そして当時のいくつかの経験を思い起こさせた。かつて私は、さほどの思い入れもなく、プラトンが職人たちから哲学のパラダイムを借りたテクストや、その同じ職人たちに対して自らの仕事の領分を越えたことにかかわるなと命じるテクストを読んでいた。私が生まれた時期には、労働とプロレタリア意識、そして民衆精神が賞賛され、それによってかつてないほど完全に権力の諸形態と服従の言説がもたらされていた。私が過ごしたこの時期にはまさに一方がより文明的で、他方がよりつつましやかな存在だった。けれども私は階級に固有の意識を、あるいは民衆に固有の文化を与える試みにかなり接したことで、今度はそこに近代的な支配の論理に属する企てがあることに気づいた。賞賛による排除だ（先ほど述べたように、私は個人的な理由からこれに敏感だった）。そしてついに私は『ディスタンクシオン』[*6]に出会って驚いた。プロレタリアートの運命愛〔amor fati〕とブルジョワジーの文化ゲームとを、そしてまた労働者の身体にへばりつくシャツと学者の問いに答えようとする労働者の頭に浮かぶかなり漠然とした考え方とを、執拗に比べていたからだ。社会的なものを「否認する」哲学者への批判すら、哲学的伝統の排除と奇妙なかたちでつながっているように思えたのである。

こうして哲学の古い狡知と非哲学の近代的な狡知とのあいだに、まっすぐな線が引けそうに感じられた。哲学者を織工に変えることで、靴職人を首尾よく非哲学の地獄に送るプラトンの論理から出発して、民衆の徳に対する畏敬の念へと、また学者や指導者の近代的な言説をあいまいに擁護するイデオロギー的なうぬぼれに対する非難へと至る線である。マルクスはプラトンの描くイデアの王国を破壊した。しかしその一方でプロレタリアートに真理を与えつつ、学者の専売特許とされる学問からは首尾よく排除することで、当人が転倒したと主張するものを生きながらえさせているだろうことだけは、少なくとも示しておきたかった。それは私の手に余るもののようには思えなかった。

〔しかし〕私は、まっすぐに線を引けたためしがないことを忘れていた。しかも、マルクスもプラトンも手練手管に長けているので、今回もやはりうまくいかなかった。プラトンを読むなかで私は、彼が職人にあてがった哀れな境遇は、私たちにとっていくばくかの重要性を残している問いにこだわることへの代償でもあることに、否応なく気づかされた。個人と社会を保持するためのあらゆる技術や衛生学を超えたところに、いかに正義を基礎づけるかという問いである。マルクスの場合、哲学の王国の古くさい発想に対する転倒した乱暴さは、たえず生まれる分裂とパラドクスの代償だった。マルクスが、夢想する正義漢ドン・キホーテではなく、現実主義者サンチョ・パンサをとがめた理由を私は問うことになった。マルクスの論じるプロレタリアートがあれほど頼りないのに、彼の論じるブルジョワジーがあれほど早く消え去ってしまうのはなぜかと問わねばならなかった。マルクスの仕事が果てしないものになったのは、たんなる健康上の理由なのか、それとも革命的正義と社会の健全性と

＊6　P・ブルデュー『ディスタンクシオン』全二巻、石井洋二郎訳、藤原書店、一九九〇年。

の距離をめぐる、もっと根本的な問いかけのせいなのかと問わねばならなかったのだ。

こうしてさらに若干の回り道をした。学者の言説に表れる労働者のイメージをやや遠目に調べ始めると、哲学と修辞学の古典的な争いを案の定呼び起こしてしまい、正義と健全性という主題から結局それてしまった。両者を取り違えて社会学的な問いを立てることと、民主主義の進歩と結びつけてこの問いに答えることとをかたくなに混同する現代人の政治的無知もその一因だろう。本書の第三部は当初の構想よりもおそらく辛辣になっている。しかし私は他人の言い分を尊重しすぎると、無味乾燥なものにしてしまうという最大の侮辱を働くことになると考えた。

これに近い考えから、私なりの二つの読み方が生まれた。私は、学生だったときに幅を利かせていた黄金律、著者が立てた問い以外の問いを絶対に著者に投げかけてはならないという決まりに、どうしても心から賛同できなかった。そうした慎み深さは、何らかの思い上がりをはらんでいるのではないかといつも気になっていた。そして私は経験から次のことを学んだように思える。思考の力とは、むしろそれが移動させられる可能性に由来しており、それは楽曲の力が別の楽器でも演奏される可能性におそらく由来するのと似ているということである。反対意見と、各人に自分の仕事をせよと命じる警察(ポリス)とを結ぶつながりについては、くどくど述べるに及ばない。

私は似た理由から、しかじかの書き手について、著名な作品か否定された作品かを区別するしきたりには従ってこなかったし、青年期や成熟期といった事情を考慮してもこなかった。予防線を張る、自説を取り消すといった行為は、書き手の大胆さや慎重さを示しているかもしれない。しかし、ある程度の個性をもった思想はおおもとではたった一つのことしか唱えていないということ、その主張が情勢のカラープリズムのなかで毎回必ず危険にさらされるということ、こうした特徴が必ず見られることには変わりがない。当事者が言うこととは逆に、本当に変わり続けるのは愚か者しかいない。彼らだけが、あらゆる思想に対してあれほど自由でいることができるので、あらゆる思想のもとで平気でいることができるのだ。私は個人的につねに単純な倫理原則に従おうと努めてきた。自分が話す相手については、それが床張り職人であれ大学教授であれ、愚か者と見なさないという決まりである。

文庫版序文

本書は一九八三年に初版が発行された。年月を経ても本書の命題の有効性は増えも減りもしていない。したがって時の隔たりを理由に、それらを擁護するつもりも、訂正するつもりもない。ただ私はこのテクストに固有な理論的振る舞いを、自らの仕事のその後の展開のなかに、また現代がいまだその影響下にある時代の理論的政治的争点との対峙のなかに位置づけ直してみたい。

私は一九八一年に『プロレタリアの夜』を刊行した。労働者解放運動の文献を収めた文書館に何年も通い詰めた成果である。現在、労働者の思想を了解するための慣例的な方法は二つの強固な地盤において規定されているが、私はこの旅によって、両者から等しく距離をとることになった。この旅を通して、労働者意識は外部からもたらされる科学の助けによってのみ発展できるとするマルクス主義の伝統と決別したのである。しかし同時にマルクス主義に対抗する言説、この〔労働者〕意識は職業的伝統から、あるいはさまざまな形の民衆文化と民衆の社会性(ソシアビリテ)から生まれるとする、当時盛んだった立場を捨てることにもなった。マルクス主義科学の厳密さと民衆文化の多彩さに私が見てとるようなったのは、円環が一つだけあってそれが閉じているという事態、不可能と禁止との補完的な関係だった。それはこう要約される。第一に「被支配者」は、支配体制から割り当てられた存在と思考の様式を自力で脱することは不可能である。第二に彼らは、他者の文化や思想を取り入れようとするにあたって、自らのアイデンティティと文化を失うことは禁止される。神秘化された必然的経験を過小評価することと民衆の真正性を賛美することとは、同じように、労働者に彼らの思想だけを、彼らの生活様式が命じる思想だけを抱くよう強いることである。科学による解放の約束と民衆文化の賛美のなかに、はるかにずっと古い命令を見てとることができた。プラトンの『国家』がすでに定式化していた、各人は自分の仕事を行い、身の丈にあった徳を育めという警句である。労働者は仕事以外の場所にいる時間がない。なぜなら仕事は待ってくれないからだ――この自明性を認めないことは実際不可能である。神は正義に基づいて、共同体の欲求を満たす労働者の魂には鉄を与え、共同体をしかるべきところに導く守護者の魂には黄金を与える――こうして確立された国家の象徴秩序を乱すことは禁止される。この金と鉄の話はプラトンも認めるように寓話である。しかし、寓話が効力をもつには信じられさえすればよい。そしてその寓話を信じるには、寓話が正当化する立場に身を置きさえすればよい。時間がなく、したがって自分を劣った存在として描く寓話を信じるしかない者の立場にである。

人は自らが劣っていると思い込みさえすればよい。そうではないと思う時間はないし、そう思わされる場以外に身を置く時間もない。これが先のテーゼを支える直接の証拠だ。だがこのテーゼは、あたかも労働の鉄と思考の金とを隔てるべき「時間」という薄膜のもろさを感じているように、必ず間接的な証拠で裏打ちされている。時間はあっても、よい仕事につくことを保証してくれるような気性をもたない者たちは、どうしても時間を悪用してしまう。彼らは職人の技で思考の金の猿真似をすることしかできない。プラトンにとってソフィストの学問とはこう要約されるものだった。彼らは、労働と支配、戦いの世界という確固たる現実を、首尾一貫しない夢想に沈めることしかできない。マルクスにとってプチブルのイデオローグたちの仕事とはこうしたものだった。かくして近代的な革命思想が古代の秩序思想から借りたテーゼが完全なものとなる。すべてを奪われた人々は、その簒奪の状況を自力で脱しえないだけでなく、そこから脱したとしても二面的存在の階級にしかなりえない――思考の世界で贋金を作り、労働の世界で人を欺く幻想を作り出すことしかできない存在である。

科学が、すべてを奪われた人々を、簒奪という自らの状況を認識できない者として私たちに示すとき、その論拠は以上のように要約される。話は単純だ。だがそうした単純さにたどり着くまでに、私は曲がりくねった解放の道をたどらねばならなかった。それは「不可能」と「禁止」の円環が描くよりもひどく曲がりくねった道だった。労働者が作ったパンフレットや新聞、彼らの一部が遺した詩や書簡、サン＝シモン主義の伝道者やイカリア共同体[*7]の指導部の報告書を読んでいると、問題は、足りない知識を得ることでも、労働者という集団にふさわしい意見を主張することでもないことがわかってきた。むしろ問題は、ある種の知識や意見を捨て去ることだったのである。労働者共同体に固有の発話ができる可能性は、与えられた労働者集団や労働者文化、労働者アイデンティティ――時間〔のなさ〕と〔寓話への〕信憑が描く通常の円環に適した人々、そしてある人々には思考の作業を、他の人々には生産の労働を割り当てる分割に適した人々——からの脱同一化を経由していた。解放とはまずもって、他人のために働く場で自分を見つめる時間をとって、そこで働き手に課された命令から身を離して、「簒奪された」労働の空間をわがものにすることだったし、労働力の再生産に割り当てられた夜を、本を読み、書き物をし、話をする時間に変えること、しかも労働者としてではなく、そうでない人とまったく同じように書き、話すことだったのである。一八三〇年代に雑誌や結社を立ち上げたり、詩作にふけったり、ユートピア主義の組織に加わったりした労働者たちは、話し考える十全な存在という身分を要求した。彼らはまず相手の言語(ラング)と文化を、詩人と思想家の「夜」をわがものにしようとした。彼らはまさにプラトンやマルクスが批判する二面的な者たちの集まり、アイデンティティの分割をかき乱し、階級と知識の境界を混乱させながら、複数の世界と文化を往還する者たちの集まりだった。だからこそ労働運動と呼ばれる集団的な力を生み出しえたのである。待ってくれない仕事と行く時間のない空間からなる円環から、外に出た労働者たちの力だ。労働者の解放は、まずもって美学的革命だった[*8]。すなわち、状況によって「課せられた」感性的世界から距離を取ることである。それは支配の論拠を論じる学問を身につけることではなかった。カントは理性こそ「無関心な」美的判断に固有なものとして論じ、シラーは理性に「美的教育」を夢見たが、労働者の解放とは、むしろ理性を中断することに似ていた。それは国家の暴力革命よりも、平等で自由な民衆を形成するのにふさわしいのである。

私は自分の旅と考察がこの地点のすぐそばまで来たときに、少し前に出ていた『社会的判断力批判』という副題のついたピエール・ブルデューの『ディスタンクシオン』を手に取った。この本が教えるところによると、カントのいう美的判断の「無関心性」とは、次の二種類の趣味を対立させる差異というむき出しの現実を覆い隠す哲学的幻想の本質である。〔一方は〕必要性への趣味、「身体につきまとう」食物をまったく自然に好み、家族アルバムのために写真を撮り、「偉大な音楽」を知らない人たちの趣味であり、〔他方は〕上品な趣味、金融資本を文化資本に変え、彼らの違いを真っ先に保証してくれる美的視線を芸術作品に向ける手段をもつ人々の趣味である。社会階級には、それぞれ

＊7　訳注――フランスの社会主義者エティエンヌ・カベ（一七八五－一八五六）の主著『イカリア旅行記』（一八四〇年）に由来。フランス東部の都市ディジョンの労働者の家庭に生まれたカベは、ロバート・オーウェンに出会い、シャルル・フーリエの共同体思想に影響を受けた。『イカリア旅行記』では、オーウェンをモデルとする紳士と、カベをモデルとする芸術家の対話を通して、理想社会が描かれる。そこでは住宅、衣料、食事などすべてのものが平等に扱われ、国家によってコントロールされるという。七年後、カベは同書で描いたユートピアを実現しようとして、イカリア主義者たちとともにアメリカ・テキサスへ移住したが、運動は失敗に終わり、失意のうちに亡くなった。カベの思想は、後にナルシス・モントゥリオを通じてカタルーニャの共和主義的社会主義に影響を与えた。

＊8　訳注――後のランシエール美学の鍵概念の一つ。ランシエールは、ある共通世界において、何が見えるものであり、何が聞こえないものであるかを定めている座標系のことを「感性的なものの分割＝共有」と呼んだ。『不和』（松葉祥一ほか訳、インスクリプト、二〇〇五年）では、政治がこの水準で考察され、安定した「感性的なものの分割＝共有」が「ポリス」と呼ばれ、その変更が「政治」と呼ばれた。同じように、『感性的なもののパルタージュ』（梶田裕訳、法政大学出版局、二〇〇九年）では、芸術における「感性的なものの分割＝共有」が「体制」と呼ばれ、その変更が「美学的革命」と呼ばれる。

の存在様式に対応した趣味が備わっている。そして美的自由の蜃気楼は、被支配者をその位置に据える象徴的暴力に属している。それは、学校での儀式のように、被支配者に対して適応不可能な生活様式を勧め、適応が構造的に不可能であるのに、個人に適応能力がないと責め立てることで、被支配者を排除する文化ゲームの一部である。

こうした美的幻想への「社会的」批判に接したとき、私にはそれが、解放された労働者たちが「自分たちのもの」ではない視線や言葉づかい、趣味をわがものにする「美的」経験と好対照をなすと同時に、逆にエリートたちの大きな気がかりとも完璧に連続しているように思えた。それは、民衆を「階級間違い」の袋小路に導くような、エリートたちの言葉づかいや文化に民衆が惹かれないようにすることである。社会学は、自由な美的判断と運命の自由な選択をいう哲学の素朴さを批判すると言いながら、プラトンが劣性——他方この劣性の再生産は経験的現実によって保証されるのだが——を権利上基礎づけるために必要な「嘘」として提示したものを、社会体の必然へと変えた。こうして、支配の狡智の正体を暴くつもりの社会学は、禁止と不可能の円環を完成させたのである。社会学は、現実の経験からなる肉体を、かつて哲学が思考できる者とできない者を定めたときの恣意的な振る舞いに委ねたのである。社会学はこの分割を、被支配者の抱く幻想への批判を支配の転倒にまで導くという言説の最終真理としたのである。

したがって『哲学者とその貧者たち』は、支配の暴露を唱える社会科学の諸形態が、いかに最古の支配原理を奉じているかを明らかにしようとした。それは、被支配者がその場にとどまることを、そこが彼らのありように唯一ふさわしい場所だからという理由で命じる公理であり、また自らのありようを変えないことを、それが彼らのいる場所に唯一ふさわしいからという理由で命じる公理である。そのためには、プラトンのイデア界を転倒したマルクスでさえ、プラトンの最も根底にある論理をいかに追認しているかを示さなければならなかった――マルクスは、真理をプロレタリアートの集団そのものに書き込み、そこに真理を解読する学者の特権をよりよく確保したのである。こうした企てが、本書の目的と文体を決定している。まず私は、労働を定められた者と思考を割り当てられた者とを区分する哲学の振る舞いの変容をたどろうとした。そのために本書はマルクスによる労働過程の分析よりも、学者マルクスの姿勢そのものに関心を寄せている。マルクスにおいて、知識と真理のゲームが、労働者、プロレタリアート、共産党員という登場人物のあいだの関係をどのように再配分しているのかのほうに注目したのである。この意図は本書の文体をも規定している。『プロレタリアの夜』では、文を過度に引き延ばし、複数の挿入句をはさむことで、単純だと思われているものの見方や言説に宿る複雑さを説明した。逆に『哲学者とその貧者たち』では、短い文や並列、簡潔な定式を努めて用いることで、洗練された学者の分析のうちで働いている分割（パルタージュ）の乱暴さを示した。

おそらく二度とこのように書けないと思う。しかし、この本が今日私に投げかけうる問題は、文体よりも当時の雰囲気との関係からくる。事実、私が提起した論争は、当時公的な舞台で前景化していたより大きな論争に遭遇した。『哲学者とその貧者たち』は、社会党政権の誕生にフランスが酔いしれていた時期に書かれた。大きなプロジェクトの時代であり、フランス社会を平等な社会に変える手だてが社会科学の知見のなかに探し求められた。〈学校〉の改革、〈学校〉が生み出す格差の是正が真っ先に試みられ、ブルデューの「再生産」をめぐる諸命題がそうした改革に関する議論の中心にあった。改革派はこの理論から一つのアイデアを導き出した。確かに師〔ブルデュー〕はそれを支持しないよう注意していたとはいえ、やはり社会学的批判を政治改革に厳密に応用したものであるように見えた。すなわち、貧乏人の子どもに劣等感を抱かせる「象徴的暴力」に歯止めをかけるため、〈学校〉では正統で偉大な文化を扱う割合を減らし、学術的な内容を減らし、貧困層の子どもたち——当時、この語はますます移民家庭の子どもたちを指すようになっていた——の社会的関係にもっと親しみやすく、しっくりくる形式にすべきだというアイデアである。このように定式化され、中学校改革で実践された「社会学の」テーゼは、減らすよう主張していたはずの格差を支持するものだとただちに批判された。〈学校〉を最も恵まれない人々に合わせることは、そうした子どもたちが知的に劣っていると宣言することだったのではないか。エリートには高度な思想と洗練された言語を取っておき、被支配者には価値の低い「土着の」文化をあてがう分割を強化することではなかったか。社会党政権による改革とその社会学的根拠に対して、「共和主義」思想は、市民的普遍主義を掲げ、学問と教育を全員に同じように与えることで庶民の子どもの地位を向上させることを主張した。この二つの平等のあいだの緊張はたやすく学科の争いに広がった。社会科学の理論的政治的支配——それはかつてのマルクス主義思想と「六八年五月」の情熱を穏和化した「バラ」〔ミッテラン社会党政権〕ヴァージョンだった——に対して、「共生」と「公共善」の条件を定める政治哲学の諸概念への回帰という発想が対立した。社会科学の約束に、市民共和国という哲学的約束が対立したのである。

公共の場でこうした争いが起きたことで、私の提起した論争は今日性を帯びた。けれどもこの争いによって、私の議論は逆の立場に委ねられることにもなった。私には、社会学による美学的「卓越性（ディスタンクシオン）」

の脱神話化と、「各人が持ち場にいる」よう唱える古めかしい哲学との共謀関係は、是が非でも告発すべきものであるように思えた。しかし「社会学支配」を告発することはそれ自体、共和主義的エリート主義と政治哲学が再発見した美徳を社会学に対置する、真逆のイデオロギー的な対抗運動にあいまいに近づくことも意味したからである。本書のブルデューを論じた章と結論部を読むと、解放の論理と共和主義復権の論理の衝突という文脈に、私が自分の議論を位置づけきれていないことがわかる。確かに、遠からずして時が混乱を一掃することになった。しばらくすると、社会科学の批判や政治哲学の復権、共和国の〈学校〉賛歌は、「六八年五月」を告発する大きな反動的流れのなかに紛れていった。政治への回帰とは、たんに国家が定める既存の序列に忠誠を誓うことであることがあらわになっていった。また社会的なものを告発することや政治的公共善を称揚することは、社会運動の獲得物を解体し、世界経済にとって必要だとされるものに追随しようとする国家の企てに、栄誉を与えるようになっていった。そして麗しき共和主義イデオロギーは時を経るにつれて、イスラームの野蛮人から西洋を防衛する立場の左翼知識人版となっていった。

当時はよほどの慧眼の持ち主でなければ、社会党の新政権が皮肉にも道を開いた知識人の復権という素晴らしい流れを理解できなかっただろう。少なくとも「社会学者」と「共和主義者」から等しく距離を置く機会が私に訪れたのは、改めて過去に目を向けたおかげだった。私は研究を進めることで、ジョゼフ・ジャコトという特異な人物に出会うことができた。ジャコトは、一八三〇年代に知的解放の旗を掲げ、進歩的な学者や教育者に対して、だれでも一人で教師なしに学ぶことができ、自分の知らないことを他人に教えることすらできると宣言したのである。私はある時期ジャコトのテクストに打ち込んだことで、衝突している当事者双方が何を共有しているのかを明らかにすることができた。*9 社会学者と共和主義者は、社会の序列のせいで不平等になった人々を、〈学校〉を通じて平等にするための最も優れた方法は何かを探ろうと争っていた。ジャコトの教えによれば、まさにそこで、ものごとを逆にとらえなければならない。平等は、政府や社会が進むべき目標ではない。平等を不平等から出発して到達すべき目標とすることは、距離を制度化することであり、その距離は「削減」作業そのものによって際限なく再生産される。不平等からスタートした人は、ゴール地点で必ず不平等と再会する。平等から出発しなければならない。それがなければいかなる知も伝達されず、いかなる命令も実行されないという最低限の平等から出発して、それを限りなく拡帳しようとしなければならない。支配の根拠を認識することは、支配を覆すためでなければ力をもたない。つねにすでに支配を覆し始めていなければならない。支配を無視し、それは正しくないと認める決意から始まっていなければならないのである。平等は前提であり、出発点の公理である。そうでなければ無である。ここからジャコトのペシミズムによって次のような考えが導き出された。誰であれ人はどのような同胞も解放することができるが、社会のほうは今後も不平等の論理にしか従わないだろうという考えである。そこで私は、取るに足らない人（ナンポルト・キ）の可能性というこの前提がもつ政治的な潜在力について考察し、たんに政体の諸形態や豊かな国の生活様式と同一視されない「民主主義」の意味をそこに見いだそうとしたのだ。

その途上で、私は思いがけない出来事に出くわさなければならなかった。〔六八年五月以来とされる大規模な〕一九九五年のストライキの際、公共善と純粋で堅固な共和国とを擁護する人々は、〔保守派のアラン・〕ジュペ政権と声を揃えて、未来と全体の利益を考えることのできない「既得権益者」の活動を告発したのだ。このときピエール・ブルデューはスト参加者の側に華々しく加担した。彼らはまさに、共同体の利益とその未来について主張すべき自分たちの意見があると考えたのである。経済的社会的支配の活動を完成する象徴的暴力の円環をあれほど容赦なく描き出した社会学者が、世界経済の「必然性」に先頭を切って抵抗し、闘う労働者たちの代表とともに、新たな「知識人集団」の結成を呼びかけたのだ。晩年のブルデューの活動を考えて、あなたはブルデュー評価を見直す必要があるのではないかとよく尋ねられる。しかし『哲学者とその貧者たち』は、ある人物とその人の社会活動を評価したわけではない。それが分析したのは、ある言説の論理である。たしかに一九九五年の擁護者ブルデューの態度を考えれば、私は〔本書での〕『再生産』と『ディスタンクシオン』に関する分析を支えた〔自分の〕動機について異なる判断ができたかもしれない。しかしそうした態度によっても、〔ブルデューは〕分析そのものを変えなかった。そうした態度によっても、不平等を苦しみだと解釈し、苦しみの原因を知らないことだと解釈する科学主義モデルを変えなかった。しかし、その態度によって、このあまりに滑らかなモデルに潜む密かな緊張が明らかになった。『世界の悲惨』はそのことを最もよく証言している。同書は、学問の医学的役割を改めて主張する後書きで締めくくられている。「ありとあらゆるかたちの不幸について、まとめて隠されたその社会的起源を明らかにすること」である。[*10] だがそこに至るまでの九〇〇頁の対談から、読者はまったく異なる教えを読み取るこ

＊9　『無知な教師――知性の解放について』梶田裕・堀容子訳、法政大学出版局、二〇一一年。
＊10　Pierre Bourdieu (dir.), *La Misère du monde*, Éditions du Seuil, 1993, p. 944.〔未邦訳、P・ブルデュー『世界の悲惨』〕

とができる。第一の苦しみは、まさに苦しみを抱えたものとして扱われることの苦しみにほかならないという教えだ。社会学者ブルデューが目の前に座る人に何らかの益をもたらしうるとすれば、本人の苦しみの原因を解き明かすことではなく、相手の言い分に耳を傾け、それを不幸の表現ではなく、不幸の理由として読み解くことによってだろう。「世界の悲惨」に対する第一の薬は、その悲惨に備わる豊かさを明るみに出すことである。なぜなら知識人の第一の悪は、無知ではなく無視だからである。無視こそが無知を生むのであり、学問の欠如が原因ではない。そして無視はいかなる学問によっても癒やされない。無視の反対の立場である尊重だけがそれを癒やすのである。

これは、ある意味でブルデューがずっと言い続けてきたことであった。一九八五年に、コレージュ・ド・フランスの教授陣に委嘱された教育改革の方法に関する報告書にブルデューが注釈を加えている。彼の注釈は、報告書が詳述するさまざまな提案を、二つの点に要約している。闘うべきは〔宿命論を押しつける〕「審判効果」と〔学歴で人の能力を階層化する〕「序列化効果」だとブルデューは述べた。実は、再生産の知に基礎づけられた「合理的教育」は、二つの原則に要約されていた。生徒に無能を宣言しないことと、「文化的優秀さの諸形態」を多様化させ、何らかの領域で秀でるチャンスを最大限に与えることである。[*11] これがジャコトの掲げる知性の解放の公式にかなり近いとするのは難しい。しかしおそらくブルデューもその類似性を認めるのに苦労しただろう。私たちの唯一の出会いがそのことを証言してくれる。『女の歴史』の出版記念シンポジウム[*12]がソルボンヌで開かれたとき、偶然ブルデューは私の後に話すことになったのである。そのとき彼は聴衆に対してありうべき取り違えに注意を促すべきだと考えた。「私がこれから話すことを皆さんに誤解してほしくない」と実質上彼は述べている。ランシエール氏が話したことと同じと思われるかもしれません。が、同じではありません。まったく逆ですらあるのです、と。

どのようにすればまったくよく似たものが正反対でもありえたのか、発言者〔ブルデュー〕は、この日も別の日も明らかにしなかった。しかしおそらく、まったく近いものとまったく逆のものとのあいだの緊張が、彼自身の内部にあり、それが彼の戦闘的態度の二重のスタイルを決定していた。一方は学者の立場であり、学問による無知の治療を阻む偽学者、浅学者、あるいは不吉な媒介者への飽くことなき批判を懸命に行う。もう一方は、たんに無知な者を生み出す無視を許すことができず、また学問の階層性を拒み、必然性の論証を退ける知識人集団を信頼させる人の立場である。本書初版の序文はすでにこう述べようとしていた。思想はそれを分裂させる人々からなっているが、それに抵抗する人々からもなっている。そしてその序文は、本書が従おうとした行動原理の確認で終わっている。「自分が話す相手については、それが床張り職人であれ大学教授であれ、愚か者と見なさない」ことである。私は、今もこれに付け加えることを何も見いださない。

---

*11　P・ブルデュー『介入I――社会科学と政治行動1961-2001』櫻本陽一訳、藤原書店、二〇一五年、二六四-二七四頁。なお報告書本文「未来の教育のための提言」は、同書、二五九-二六二頁所収。

*12　訳注――ミシェル・ペロー、ロジェ・シャルチエ、モーリス・ゴドリエ、ピエール・ブルデュー、ジャック・ランシエール、クロード・モッセ、ジョルジュ・デュビィ『「女の歴史」を批判する』(『女の歴史』別巻二)小倉和子訳、藤原書店、一九九六年。

プラトンの嘘

今度はクリティアスが言った。「あなたが差し控えるべきことはね、ソクラテス、靴職人とか大工とか鍛冶屋のことですよ。思うに、こういった人たちは、あなたの話にでずっぱりで、すっかりくたくたになっているようですから」。「すると」とソクラテスは言った。「こういう人たちにまつわる事柄、つまり正義とか敬虔さとか、その他それに類するさまざまな事柄もかね」。

（クセノポン『ソクラテスの思い出』第一巻一章三七節）[*1]

国家の序列

まずひとが四人いるとしよう。五人かもしれない。体に必要なものとあまり変わらない数である。食物のための農民。住まいのための石工。衣類のための織工。さらに靴職人など、必需品を作る他の数人の労働者を加えよう。

このようにしてプラトンの国家の出現が予告される。神も建国伝説もない。個人がいて、欲求があって、それを満たす手段がある。経済の傑作だ。プラトンはこの四、五人の労働者によって国家を創設しただけでなく、未来の学問も考案した。「社会学」である。私たちの一九世紀は、この点でプラトンに感謝することになる。

当時のプラトン評価は異なるものだった。プラトンの弟子にして批判者のアリストテレスは端的にこう表現する。国家とはたんなる欲求の集中と生産手段の配分ではない。そこには初めから別のものが必要だ。正義、劣った者に対する優れた者の権力である。多少とも高貴な仕事があり、多少とも卑しい労働がある、一部の人にふさわしい自然〔の素質〕があり、その他の人々にふさわしい自然〔の素質〕がある。それらを区別する必要がある。市民四、五人からなる国家においてさえ、欲求充足から離れたところで国の目的を定めている、公共善を代表し、それを尊重させる一人の人物が必要だ。だがこのような正義は、どうすれば同じように必要不可欠な労働者のたんなる集まりから抜け出すことができるのか。*2

どこかに誤解があるはずだ。さもなければ策略が。というのも正義こそプラトン対話篇の主題だからである。そして正義を定義するために、プラトンは自らが描く社会を拡大レンズのように組み立てた。それゆえ正義は、労働者の平等な集まりのうちにすでにあるはずであり、そうでなければけっして生じない。それを探求するのは私たちである。

五番目の人物

おそらくここに最初の指標がある。平等な者の人数をめぐるわずかなゆれ。四なのか五なのか、よくわからないのである。けれども奇数か偶数かが、数の学問に夢中の哲学者〔プラトン〕にある帰結をもたらすはずだ。後に見るように、この哲学者は軍人を組み合わせるときも黄金数に従う。しかし今のところ目録の細部には関心がないようだ。プラトンは必然性の国家のなかに余計者が一人いる可能性を放置しておくのである。

おそらくこれが、私たちの問いとアリストテレスの反論への最初の応答だ。平等な者たちのあいだには他より優れた者はいない。けれども他よりも必要とされないであろう者が一人いる。基本的な役割がそれ以上明確にされない五番目の人物だろうか。それとも靴職人だろうか。建築では、職人がたった一人いれば建物のすべての部分ができるのに、靴の専門家など本当に必要なのだろうか。それは、アッティカの農民に靴を履かせるような仕事ではない。少し後にプラトン自身こう述べている。夏のあいだ彼らは「半裸、裸足で」働く[*3]。基本的労働力の四分の一をこの職務に割り当てるべきだろうか。それとも靴職人は何か別のことをするためにもそこにいると考えるべきなのか。実際、靴職人は問答のあらゆる戦略的地点で、すなわち分業について理由を述べなければならないとき、自然〔の素質〕と適性の違いをはっきりさせなければならないとき、正義そのものを定義しなければならない

＊1　訳注——クセノポン『ソクラテス言行録1』内山勝利訳、京都大学学術出版会、二〇一一年、二五－二六頁。

＊2　アリストテレス『政治学』牛田徳子訳、京都大学学術出版会、二〇〇一年、一九〇－一九一頁（IV, 1291 a）。

＊3　プラトン「国家」藤沢令夫訳、『プラトン全集11』岩波書店、一九七六年、一四〇頁（II, 372 a）。プラトンの引用については、ベル・レットル版のフランス語・ギリシャ語対訳版を用いた。訳文を引用した場合もあるが、多くは拙訳による。訳者に感謝する。ギリシャ語の単語の転記に関して、私は、古代ギリシャ人の使った書き方ではなく、現代の書き方にいちばん近い書記法を使った。すなわち、teknë や skholë ではなく technè や scholè である。

ときに、議論の第一線に立つことになる。ひそかに二重労働しているかのように。靴以外のことについて判断してはならない労働者が、哲学者にとって、彼が職業上生産する物〔靴〕を大きく超える有用性をもつかのように。ささいな、しかし一見したところパラドクスをはらんだ単位。有用な労働者たちの有用性に疑問を生じさせる単位である。

しかし靴職人と仲間たちがここで出てくるのは、ある根本原理を私たちに教えるためだ。ひとは同時に一つのことしかできないという原理である。農民が畑仕事をやめて、自分の時間の四分の三を使って自宅の屋根を修理し、自分の服を縫い、靴職人のために裁断をされては困る。それは分業によってまかなわれる。分業はそれぞれの活動に専門家を一人だけ割り当てる。そうすれば万事うまくいくだろう。「それぞれの人が、自らの自然〔の素質〕に従い、適切な時に、そのほかのことをしないでもよく、ある一つのことしかしない時にこそ、より多く、より立派に、より容易に仕事が行われる」[*4]。

わずかな言葉で多くのことが言われている。まず疑問が一つ生じる。確かにより多くのものが作られるだろう、しかしなぜそれほど作らなければならないのか。見たところ、この人々はすでに商業経済で生活している。しかし、市場はかなり限られている。アダム・スミスを読んだことがなくても、このような分業が交換不能な剰余をただちに生み出すだろうことがわかる。もちろん靴を筆頭に。人口も需要もこれほど限られている場合に、分業は不条理である。靴職人が猫の額ほどの土地を、本業に励むと同時に耕すことが「より容易」であることはおそらくない。しかし間違いなくより確実である。

アダム・スミスの経済学はこのように論証する。だがプラトンの経済学は次の点で異なる。そこでは最初の構成員の需要が制限されていないのである。需要はたちまち限りないものになる。プラトンは最初に私たちにこう述べていた。この人々は多くのものを必要としている。そしてさらにこう続けるだろう。この労働者はたくさんの道具を必要とする。最初から余分に作られなければならないのである。しかしそうするには時間が足りない。労働者がつねに働かなければならないということではない。労働者はしかるべきときに働けるよう、いつでも手を空けていなければならない。それゆえ労働者は一つしか職務をもってはならないのである。ありがたいことにソクラテスの精神に、ある観察がタイミングよくひらめきをもたらした。経験的な事実によれば、自然〔の素質〕によって、さまざまな個人に多様な適性が割り当てられることで、そうした必要性を満たしている。適性によって職に適応し、すべてがうまくいくだろう、というわけである。

しかし話はそれほどはっきりしていない。時間に関する議論がすでにそれほど単純ではない。たしかに仕事は労働者を待ってくれない。だが逆は真ではない。自然は、おそらく農民に畑仕事にぴったりの才能を与えただろう。しかしまた自然は、自らのサイクルも作物に与えた。自然は農民に対し、農業の才能を不規則に発揮するよう命じる四季も作り出したのだ。農民は思わしくない季節と天候不順の日々をずっと過ごして、再び大地に戻るのにふさわしい時期を本当に待たなければならないのだろうか。畑を耕すのにふさわしい時期は、同様に服を縫うのにふさわしい別の時期は、そしてそのほ

＊4　同書、一三六頁（II, 370 c）。

かのことにふさわしい時期はないだろうか。それが産業革命の全盛期においてもなお多くの農民が抱き続けることになる考えだが、農業も工業も不満を唱えなかった。賃労働者だけが不満をもつことになる。だがそれは別の話だ。

では、職人の作業を比較のために描写することにこれほど長けた哲学者が、作業の実行条件にこれほど無知であることなどあるだろうか。ありそうにはないだろう。この哲学者が、自然は農民と石工にたっぷり余暇を与えていること、社会は実のところその他の労働者にも同じく余暇を与えていることを知らないふりをしているのは、彼らが状況次第できわめて寛大にこのような時間を手にするべきではないと、この哲学者が決めたからである。気質を職務に適合させる社会的自然の原理そのものが、この知らぬふりと引き換えになるだろう。この経済学は一見逆説的だが、その背後には別の争点が少しずれたかたちで存在する。次の四項——限りない需要、足りない時間、多かれ少なかれ必要不可欠な労働者たち、どう見分けたらよいかわからない〔労働者の〕適性——のあいだには調和が保たれている。というのも自然は、一人ひとりに異なる資質と嗜好を与えていること、屋外労働向きの身体や、暗い作業場のほうが向いている身体を作っていることを、私たちは進んで認めるからだ。しかし、どうすれば織工の自然〔の素質〕と靴職人の自然〔の素質〕とを見分ければよいのか。一方が他方の持ち場にいることなどとうていできない時間のなさ——仕事の緊急性と結びついた——を持ち出さないとすれば。

論証は以下のようにちぐはぐな二足歩行でまっすぐ進む。二つの職務を果たすことができない理由がなかなか証明できないところに、自然〔の素質〕の違いが助け船を出す。そしてこの〔兼職の〕不可能性によって、今度は謎めいた自然〔の素質〕の差異から生じる問題が回避される――自然の差異によって分業があらかじめ作られていたのだが。経済学的にはありそうもないこの分業が、その社会的有用性は当然明らかだという言い方で表現できるのは、ここで自然〔の素質〕の恣意性と社会的序列の因習が力を交換しているからである。この交換を仲立ちするのは、あまりにもありふれているせいで注意を引くことのない観念、時間の観念である。

時間の問い

フォイエルバッハはこう言うだろう。時間は問答家の特権的カテゴリーだ。なぜなら時間は空間が許容し、調整するところで排除と従属を行うからである。もっと詳しい説明が必要である。ここでプラトンが私たちに語る時間とは、物理的必然の時間、生成・発達・死の時間ではない。このもっと曖昧で、なかば日常的でなかば哲学的、なかば社会的でなかば自然的な実体が、仕事のために手が空いている状況、あるいは供給が需要に見合うちょうどいい時期を定めている。ある仕事（エルゴン）を終えるのに必要な時間ではなく、気晴らし（パレルゴン）――つまり仕事の必要性を外れてあること――を認めたり守ったりする時間。水時計が測る時間ではなく、測定を強要する一方免除する時間。余暇（スコレ）あるいは無余暇（アスコリア）。

排除の要因は、時間のなさあるいは無余暇すなわちアスコリアである。この概念はプラトンに固有ではない。労働の領域と政治の領域との関係が考察される際に、たびたび用いられる。だがよくある話でも、議論の展開は予測しがたい。プラトンからクセノポンに、あるいはクセノポンからアリストテレスに至るまで、無余暇はこの上なく矛盾に満ちたとまどわせる議論にあてはまる。クセノポンにとっては職人が国の政治的生活に参加することなどありえない。職人はつねに薄暗がりで、火のそばに座って働くものだ。屋内生活、余暇がなく、仕事と家庭以外のこと、つまり友人や国家にかかわることのできない柔弱な生活を送っている。それとは逆に、屋外で日差しを浴びて元気に働く農民こそ、国家の最も秀でた擁護者である。その理由は——風変わりな定式だが——余暇が最大だからではなく、無余暇が最小だからなのである。[*5]

アリストテレスでも同じ基準から同じ選択がなされる。だが論証は完全に逆転する。実際、職人は民主制の破壊である。けれどもそれは彼らが余暇をもてあましているからだ。職人は路上や広場を始終うろつく。そして民会という民会に参加し、あらゆることに軽い気持ちで首を突っ込むことができる。反対に農民の民主制は最良のもの——最小悪のものとなるだろう。農民は畑にとどまっているので、民会は遠すぎる。民会に足を運んで権力を行使する余暇はないだろう。だからこそものごとは、この上なくうまく運ぶ。なぜなら、もし農民が民会に行けば、唯一の肝心な余暇、考える暇がない者のように振る舞うからだ。農民によって最小悪の民主制国家が作られる。構成員に権力を行使する時間がない民主制国家だ。けれどもよく統治された国家では、まったく同じ理由によって農民には居場所がないだろう。[*6]

これら二つの事例では、余暇と無余暇が紆余曲折を経ながらも同じ結論に至る。職人は良き市民ではありえないというものだ。しかしこの点に関する『国家』の独創性は、この問いを持ち出さないところにある。アリストテレスやクセノポン、そしてプラトン自身は『法律』で問題を別のかたちで提起する。職に就きながら市民であることはできるのか。政治生活に参加するための資格を認められる職業、認められない職業、あるいはそのための時間が与えられる職業、剥奪される職業とは、どのようなものかという問いである。『国家』では逆に、市民権とは、職業でも身分でもなく、ある事実、共同体に帰属していることを指す。そしてこの共同体でさまざまな職業が認められるにすぎない。アリストテレスは手仕事を四つに区別する。ちょうどソクラテスが、ついでに身体が強靭でも精神が緩慢すぎる人々の例を取り上げるところで。こうした人々もやはり共同体に受け入れられ、肉体労働者、無資格の賃労働者となる。さまざまな自然〔の素質〕があるが、見かけ上自然〔の素質〕の違いはない。労働は等価である。奴隷は存在しない。

したがって、排除の原理が一つだけある。『国家』は、靴職人であると同時に市民であることはありえないと論じているわけではない。靴職人であると同時に織工であることはありえないと述べているにすぎない。誰一人として職の卑しさを理由に排除されていない。兼職の不可能性だけが定められている。同書は、唯一の悪を認めているがそれは絶対悪である。すなわち二つのものを一つにすること、二つの職務が同じ場所で果たされること、二つの資格が同一人物に備わっていることである。し

＊5　クセノフォン『オイコノミコス——家政について』越前谷悦子訳、リーベル出版、二〇一〇年、三七―三八頁（第四章二―三節）および五三頁（第六巻九節）。

＊6　アリストテレス『政治学』三二一―三二三頁（VI, 1319 a）。

たがって、唯一のカテゴリーだけが事実上無職となる。二つのものを一つにすることからなる固有の職業をもつ者、すなわち模倣者である。

饗宴の序列

模倣者が初期国家の序列を混乱させるために登場することは決してない。四人ないし五人の創始者を超えて発展するにあたって、国家には三つないし四つの補助的カテゴリーがあればよい。仕事道具を作る木工職人や鍛冶屋、重労働をになう賃労働者、交換を手がける二種類の商人、つまり国内市場のための小売商と対外貿易のための貿易商だ。貿易商は、共同体の需要を満たすだけの商品と交換する商品を必要とするので、生産者の数は増えることになる。こうして社会は完全かつ完璧なものと考えられることになる。人々は仲むつまじく敬いあいながら楽しく生活するだろう。ミルテ〔ギンバイカ。愛と栄光を象徴する植物〕で頭を飾り、草木の葉の寝椅子に横たわる市民は、ワインを、あるいは清潔な茎や葉に載った小麦のケーキを仲良く味わうのである。

これは共産主義ではない。むしろ労働に基づく平等な共和国だ。ベジタリアンで平和主義的であり、生産を需要に、出生を資源に合わせてコントロールする国家。労働者による健全な非政治的社会——その神話はアナキズムと新マルサス主義の時代に復活することになるだろう。

健全なことは結構だ。だが正義〔公正さ〕はどこにいったのか。平等と不平等のあいだの調整は？ソクラテスも対話の相手もそれを探しており、私たちはそれが問題になる場所をすでに感じとっていた。厳密に区分された労働に基づく社会――旺盛な需要、流動的な数、全員に平等に不足するが、一部の人には不足しないこともある時間の管理――にあるわずかな不平等そのもののなかに。

ここで登場するのが、ソクラテスの対話者でプラトンの次兄グラウコンである。グラウコンに言わせると、労働者たちからなるこうした国家はまさしく豚の国家だ。グラウコンは宴を違ったかたちで豪華にし、新たに飾りつけたがる。寝椅子に机、さまざまな薬味に甘いもの、香水に遊女等々を望むのだ。

これはプラトンの対話篇で決められた役割、かんぬきを外す役割のことだ。良識の格率や慎みの勧告、ソクラテスが提案する衛生的な生活制度を拒否すること。通常、身分の高い者が担う役割である。例えば野心家カリクレス。あるいはプラトンの親族。いとこの僭主クリティアス、アデイマントスとグラウコンという二人の兄弟。

グラウコンに調子を合わせようとして、ソクラテスは健全な国家に名残惜しげに別れを告げることになる。私たちは四体液説と処世術の国家に入る。グラウコンの発言によってそれまでの時代を支えていた論理が明らかになる。正義は健全さの乱調によってのみ存在する。そしてこの正義は、健全な国家の完璧な均衡をわずかに揺るがす欠如と過剰、変動の働きのなかで、すでに裏返しに機能していた。正義とは、健康で有益な労働者をしかるべき場所に置き直すことなのである。

新たな国家、正義と不正が実現可能で思考可能になる国家は、宴の薬味と礼儀作法で始まる。ここにこそ政治の起源そのもの、民族学者の食卓作法、社会学者の区分（ディスタンクシオン）があるというべきか。おそらくはそうだろう。だが宴とは区分であると同時に混乱でもある。〔『饗宴』において〕詩人アガトンの宴で、享楽家アルキビアデスの酩酊は、哲学者ソクラテスの熱狂に出会うかもしれない。別のところでは、演説のもたらす見せかけが必需品に囲まれた現実と共謀して、また民主制の情熱が貴族制の豪華さと共謀して、近代のただなかで政治的転覆の姿の一つとなるに至る。

模倣者、狩人、職人

宴が確立する序列は混淆の序列である。国家が有用な労働者たちのわかりやすい配置から始まったとすれば、政治はそこに混入してくる無能者の雑多な群衆とともに始まる。こうした大量の「労働者たち」全体が、新たな需要を満たす。画家や演奏家から教育者や家政婦まで、役者や吟遊詩人から理髪師や料理人まで、ぜいたく品の製造者から豚飼いや肉屋まで。この寄生者が入り込んだ群衆のなかで、彼らが一度に一つのことだけをすることを受け入れさえすれば、他の者と同じだとして〔そのなかから〕有用な労働者を見分けなくてもよいことにはならないだろうか。そもそも最初に登場する労働者たちは、宴会用の料理と食卓、装飾のために、不要品を必需品に混ぜ込むことをどうしても余儀なくされるのだから。

しかしこうした新参者たちのあいだには、強調されていなくてもすぐに見てとれる一つの区分がある。不要品は二種類に分かれ、両者はときに重なるが異なったものであり続ける。たんなるぜいたく品の生産とイメージの生産。別のところでプラトンが詳述する二種類の技法、獲得の技法と模倣の技法。国家の新たな労働者は、二つの集団に振り分けられる。獲得する人々、すなわち不要品の需要そのものを満たす狩人、もう一つは不要品の王国にきわめて特徴的な種類の生産を持ち込む模倣者、必需品のイメージを複製、偽造する人々。

こうして私たちは不正の訪れを目の当たりにする。私たちが待ち構える方向からではない。国家を腐敗させるのはぜいたくではない。建具屋が道具を研ぐかわりに宴の寝椅子を飾り付けたり、鍛冶屋が彫金師の真似ごとをしたりしてもたいしたことはない。もちろんぜいたく趣味が、物資の欠乏を招いて、侵攻と戦争の原因となることもある。しかし軟弱さはまさにそこに正反対のものを見いだす。戦争は一つの職業である。唯一なすべきことは、一つのことだけをするように戦士を育てることだ。よい番犬よろしく、敵にだけ嚙みつくように。体操と音楽は戦士をそのように育てるだろう。敵には無情だが、国家には温和な存在に。

しかしここに突然現れるのが模倣者である。彼らはまさに音楽に長けている。詩人の竪琴で、将来の戦士の心を柔和にする。また、暴力的で人を欺く神々の寓話によって、戦士の心に節度のなさを植えつける。そして、悪しき活動を模倣することへの誘いの背後にあるのは、悪の原理そのもの、模倣すること一般への誘いである。複製能力、何でも表象する能力、誰にでもなる能力。むなしくもソクラテスは、ここにも分業を認めようとすることで誘惑から身を守るふうを装う。人間の自然〔の素質〕は「あまりに小さな貨幣に鋳造されている」から、私たちは一度に一つのことしか模倣できない〔と説くのである〕[*7]。不幸にも、劇場の新たな仕掛け〔模倣〕がこの麗しき楽観主義を否定する。舞台

---

*7　プラトン『国家』二〇一頁（III, 395 b）。

上では、もはや戦士ではなく職人からなる観客を前にして、この仕掛けが麗しい原理すなわち分業の機能性を打ち砕く。この仕掛けは、完全な創作を生み出す。ぜいたくよりもはるかに危険な過剰である。ぜいたくは分業に新たな専門分野を加える。そしてその手段をもっている者だけを堕落させる。けれども模倣者の完全な技法は、逆に社会の構成員全員に対して、自分たちの単純さ、すなわち自分たちが役割に執着しているのではないかと問うよう提案するのである。

交差ゲーム。至高の狩人と模倣者の関係を通して、職人の単純さは新たな意味を受け取ることになる。模倣者に直面すれば、職人にはまず反例というポジティヴな役割が喜んで与えられるだろう。職人は、単純な技法しかない人間が自分の持ち場にいるためになすべきことを示している。職人は、画家の無定見な模写の元になる有用な物を作り出すことができる人間である。鍛冶屋や馬具屋は、騎士に仕えて馬銜(はみ)や手綱を作る。彼らは、自らの技術的知識を、さまざまな目的をもった戦争学に委ねる。木工職人は、寝椅子の概念をモデルにして寝椅子を製作する。寝椅子のイデアや、神だけが作者になりうる〈実在の寝椅子〉ではない。もっとも使用者はそこまでは求めていない。職人のノウハウは、対象の目的にあわせて秩序づけられた観念に導かれればよいのである。

画家はこうしたことすべてをまったく知らない。馬術も馬具製造も木工細工も。職人の技術から画家が引き出すのは、自分の対象の見かけを模倣するために必要な情報だけである。画家はそれについて何も知らないまま、寝椅子や馬具、手綱を作るだろう。そして勢いよく、技法によるものと自然によるものとを隔てる壁を越えようとするだろう。馬を作り、騎士を作り、そしてさらには——神のみが使い方を知る——靴職人と大工すら作り出すだろう。画家は神を模倣するだろう。植物も動物も、大地も空も、オリンポスもハデス〔冥界〕も描くだろう。そして劇場の舞台で、模倣者はすべてを騒々しくまぜこぜにするだろう。自然の作ったものと職人の作ったものとを。雷鳴、風と雹、車軸、滑車、フルートとトランペット、犬、羊、鳥〔の音を〕[*8]。

こうした偽物づくりに直面して、一つ以上の点で、戦士に職人の人物像が提案されることになる。他人のためのノウハウを備えた人物。しかし初期国家にふさわしい徳目、健康も備えている。職人は戦士に対し、怠惰の病にかかることも、その治療薬もなしで済ますすべを教える。というのも、うまく構成された国家であれば、各人がそれぞれの役割を担い、他の誰もその持ち場を占めることがないからである。「生涯病気を患い、その治療をして過ごす暇」のある者などいない。しかし私たちが論じているできそこないの国家では、職人だけがこの原則を実証している。大工が病気になると、医者に頼んで「薬を飲んで病気を吐き出してしまうなり、あるいは下剤をかけたり焼いたり切ったりしてもらって、病気からすっかり解放されること」を求める。というのは「自分には病気などしている暇（スコレ）はないし、それに病気のことに注意を向けて、課せられた仕事をなおざりにしながら生きていても何の甲斐もない」からである[*9]。この必要性の徳から、戦士はこの徳の必要性、時間を使いきることを学ぶだろう。

＊8　同書、二〇六頁（III, 397 a）。これより前の箇所は、六九〇－六九一、七一〇－七一一頁（X, 595 c/602 b）を参照。
＊9　同書、二三〇－二三一頁（III, 406 c-d）。

労働者は、自分で自由に選べない徳についての師である。その教えは忘れられたどころではない。現在も私たちのあらゆる礼拝堂の正面に掲げられている。しかし職人にもまた国家の守り手に示すべき、強制力の弱い徳が備わっている。こうして戦闘術の点で彼らを育成するには、一つのモデルが必要になる。職の習得に先立つ実地訓練として、その職業に必要な所作と規律をあらかじめ身につけておく、というものである。陶工の子どもは職業をこうして身につけるのだから、未来の精鋭部隊も職業をこうして身につけるだろう。[*10] そして政治にかかわる官職の候補者、例えばアルキビアデスやカリクレスは、きわめて思慮深いことだが同じようにするという。

職につく資格——博打打ちとシラミとり

だが戦士が職人にならって訓練を受けなければならないのなら、職人が戦士に求めるべきモデルはありえない。靴職人は戦士になりえない。このことはある意味で証明するまでもない。戦争が特殊な職業であるのはプロの仕事だからだ。靴職人が武器をとらないのは杼(ひ)〔機織りで横糸を通す道具〕や建造物、犂(すき)に触れないのと同じ理由による。つまり靴作りは技法の定めるとおりに行われるからだ。しかしここで時間にわずかな変化が見られる。もはや時間とはたんに余暇や好機、カイロスやスコレの潜在性のことではない。それはいまや、より強く、職業教育が大半を占める時間のことである。たくさんの靴を作るだけでは不十分で、よい靴を作らなければならないのだ。そして実際のところ、職人の技術向上のための学びには終わりがない。だからこそ各人に一つだけ職業を割り当てなければならなかったのである。「その〔仕事の〕ために自然はその人を作ったのだから、他の仕事をせずに、時機を逃さず、生涯その仕事に携わって、素晴らしい仕事をなしとげるはず」だったからだ。[*11] 靴作りにあれほど手間がかかるのだから、どうすれば戦い方を学ぶ時間が残るだろう。「将棋や博打にしても、子どものときからただそれだけに打ち込むことなく、片手間にやるだけならば、誰ひとりけっして一人前の上手にはなれないというのに？」。[*12]

論証が変化している。靴職人が優れた戦士でありえないのは、まずもって彼が優れた博打打ちではないからだという。しかし論証は見かけほどずれてはいない。博打打ちは戦士と同じ特権を分け持つからだ。大工にも靴職人にもなることができないという特権である。博打打ちは余剰の申し子である。この事実から、戦士がぜいたくと狩猟への嗜好によってのみ必要になることが思い起こされる。また同時に、発展の論理も見てとることができる。このようにして余剰を追求すること、各人が決まった仕事だけをするという原則が前述のように侵犯されることが、他よりも重要な「仕事」が国家のなかで生まれるためには必要だった。正義がさまざまな役割と徳性の階層秩序として可能になるためには必要だった。博打打ちが余計者であることは、五人目の人間の必要性のあいまいさへの回答であるとともに、靴職人の完全雇用に意味を与えることでもある。いまや靴職人とはまずもって戦士になりえ

＊10 同書、三七七－三七八頁（V, 466 e/467 a）。
＊11 同書、一四六－一四七頁（II, 374 c-d）。
＊12 同前。

ない人のことだ。博打打ちの振る舞いで状況は一変した。分業はもはや有用性と職業的専門性の明快な関係ではありえない。各人が「自分の仕事」を行うべきだとする平等主義的な必然性は、階層秩序において密かに転覆されたのだ。それは、自然〔の素質〕のあいだの階層秩序にほかならない。これこそ将棋の指し手が『国家』のこの箇所で、そしてまた『政治家』で思い起こさせてくれたことである。それは、さまざまな適性を職能別に分配することは、価値が均一でない天賦の才を配分することでもあるということだ。もし将棋の王者をごく少数しか輩出しないとすれば、大衆はいったいどのようにして自分たちの公共のことがらを統治できるだろうか[*13]。

時間と素質とのこうした絡みあいを通して問われているのは、いまや正義と自然〔の素質〕との関係である。検証されるべきは、この「自然〔の素質〕との一致」である。最初に出あったとき、これは謎だった。どうしてそれを見分けることができるのか、と。しかし、今やものごとを裏からとらえるべきである。余剰がある世界のなかでこそ、自然〔の素質〕の認識も階層化も可能になるのである。必然性に基づく職業としかるべき技術から成り立つ秩序があったとしても、それだけで序列が創り出されるわけではない。実直なソフィストであるプロタゴラスの民主制国家では、職業は専門家に属し、〈公共善〉という徳は全市民からなる民会に属する。そして平等主義の雄弁術はたえずこう強調するだろう。戦士にとって鍛冶屋が必要であるのと同様に、鍛冶屋にとって戦士が必要である、と。他方、有用性は、絶対にあいまいな優越性にしか適さない。将軍は国家を救う。しかしその国家が救われるに値するかどうかは定かではない。勝者となった兵士とは、嵐のただなかで海の裁きに委ねたほうがよかっただろう人々を乗せながら船を無事に導いた熟練の水夫のようなものだろう[*14]。戦士の台頭に対して、それとは別の、哲学者だけが知る原理が求められる。戦争には「何かしら崇高なもの」があると、この上なく出不精な哲学者がやがて唱えるだろう[*15]。純粋な思惟が、物を断ち切る鉄や浄めの炎のなかに自らの姿をうまく見いだすからだろうか。まったく違う。この方法は、そのモデルの社会的尊厳については鈍感だと宣言する。「狩猟術を説明する例に用兵統帥の技術を持ち出すほうが、シラミとりの技術を持ち出すよりも優れているとは少しも認めず、かえって多くの場合、より緻密さに欠ける人と見なすのである[*16]」。優越性は戦争術にはない。戦士の自然〔の素質〕にある。しかしそれは病の自然〔の素質〕の同音異義語だ。戦士とは体液の人、むくむ人だ。職人やシラミとりに対する戦士の第一の優越性は、健康に対する体液の優越性にある。

ここから出発しなければならない。戦士とはほかのことも、やろうと思えばできるかもしれない人だということである。例えば友を非難すること。戦士とは特別な訓練が必要とされる者である。体育と音楽の絶妙な配合が求められる。それは、執政と教育をともに担う人物が哲学者であるときに限って確保されうる。戦士の優越性は、戦士という職業にではなく、戦士が備える自然〔の素質〕にあるが、

＊13 プラトン「ポリティコス（政治家）」水野有庸訳、『プラトン全集3』一九七六年、三一一‐三一二頁（292 e）。
＊14 プラトン「ゴルギアス」加来彰俊訳、『プラトン全集9』一九七四年、一九九‐二〇〇頁（512 a-b）。
＊15 カント『カント全集8――判断力批判 上』牧野英二訳、岩波書店、一九九九年、一三八頁（第28節）。
＊16 プラトン「ソピステス」藤沢令夫訳、『プラトン全集3』三五‐三六頁（227 a-c）。

それは戦士に備わる自然〔の素質〕の育成が哲人王に固有の仕事であり、その傑出した成果である場合に限られる。戦士の徳目によっても、哲学者は必要不可欠な存在になるのである。

作業場の哲学者

戦士を育成する哲学者と、戦士に学びのモデルを示す職人とのあいだには別の交差関係が打ち立てられる。たすきがけの関係である。哲学者もまたぜいたくの申し子だ。哲学者は、グラウコンの介入が引き出した糸の端、過剰が命じる新たな必然性の頂点にある。ふくれあがった国家の守護者を守るために新たな職務が必要となる。総督の職務である。またその職務を最適化するために固有な自然〔の素質〕が必要になる。哲学者の自然〔の素質〕である。

真の哲学者、それはもちろん家畜飼いであって、家畜の狩人や賞金稼ぎではない。真理の労働者であり、仮象〔見かけ〕の職人ではない。自らを模倣する者たち——弁論家やソフィスト、偽政治家や偽学者——と一線を画すために、そうした哲学者もほんものの専門家から学ばねばならないだろう。職人の実践における専門的な所作と検証可能な結果をたえず参照することになるだろう。『政治家』に登場する織工としての王は、神の羊飼いではなく、社会組織を構成しているはずの不均質で、種々の個性によってさまざまな色のついた糸どうしを、調和するように織り上げることに精を出す。『国家』第四巻に出てくる守護者としての哲学者は、生地を色落ちしないよう染めあげる染色工のやり方で、人々の魂に教育の準備をさせる。『ソピステス』の問答家は、哲学的浄化を定義しようとして、毛梳き工やなめし工、縮絨工について臆面なく長々と論じている。というのも「言説の探究方法にとっては、海綿で身体を洗う技術でも、薬の服用を扱う技術でも、たとえ一方の浄化がわれわれに与える有益さは小さいものであり、他方のそれは大きなものであるとしても、両者に寄せる関心の程度に大小の差はいささかもない。なぜならそれは、洞察を得るためにこそ、あらゆる技術のあいだの親近性と非親近性をしっかりと見てとることに努めつつ、すべての技術を平等に尊重するのであるから」なのである。[*17]

しかし、問答家と織物労働者との親近性には、きわめて明確な一つの機能がある。織工という職業を通じて、被統治者の横糸が統治者の縦糸と同じ重要性をもたないことを問答家に認めさせる役割だ。基本的な技法のなかから問答家が、織工とその補佐役の技法、社会の序列の糸を撚り合わせる編みの技法や戦士の魂にふさわしい色をつける染めの技法を選んだのは、偶然ではない。だがさらに区別や選別、選択の技法もある。哲学者がすべての言説のテクストを毛梳き工の櫛や縮絨工の桶で検査にかけるのは、思考の浄化を、さまざまな職業で行う選別や染み抜き作業のすべてから区別するためでもある。おそらく哲学者は、浄化について、その最も麗しい仮象の名前が何かを知ろうともしないだろう。魂を浄化するものとその他すべてを清浄するものを区別し、正義と清潔を区別できさえすればよいのだ。「思考にかかわる浄化を、そのほかの浄化と区別し定義すること、これがいままでのところこの探究の方法が企ててきたことにほかならないのだから。その意図を、もしわれわれが理解してい

＊17　同書、二三五頁（227 a-b）。

れば、である」[18]。

したがって実践どうしが比べられるのは、自然〔の素質〕の比べようのない性質を際立たせるためにほかならない。そして真理の検証、職人仕事が提供する試金石がまずその役目を果たす。一見したところ、靴職人や縮絨工は、哲学者が詩人や弁論家、ソフィストの言説におけるあらゆる見せかけ〔semblant〕を見破るための補佐役である。彼らの命題の誇張ぶりを明らかにするには、それらの命題を靴職人の言葉に翻訳してみれば十分だ。カリクレスは、最も優れて最も強い者が他の者よりも多くもつべきだと主張する。これはつまり靴職人は、素人である顧客よりも、大きな靴をより多く持つべきだということなのか。この適用の馬鹿馬鹿しさは、弁論家が用いる単語――「最も優れた」「最も強い」「より多くもつ」――が観念の模造品〔semblant〕であることを示せば十分である。しかしカリクレスが憤慨して、靴職人と哲学を混同せずに、比べられるものどうしを比べるよう求めることは間違っていない[19]。というのも比較はいつでも、比較によって明らかにしようとすることを前提にするからだ。比較があらゆる技法の類縁性を認めるのは、技法に属するものと、その技術の及ばないもの、すなわち哲学による教育との区別を、確立するためにほかならない。自分の主張の必要のために、哲学者は二重に偽りであるような実証性を職人に与える。まず真理の検証は、ここでも馬鹿馬鹿しさによる証明であり、卑しさの烙印である。画家やソフィストを非難することで、職人はシラミとりの「実証性」に閉じこもる。そして職人がそうするのは、つまるところカリクレスに対して、彼の偉大な貴族的思想が、機転の利く者の哲学でしかないこと、靴職人の思想でしかないことを示すためである。次に、しかし、模倣者を告発することで、哲学者は技術一般を告発している。画家の最も大きな過ちは、職人が真にするものを偽にしてしまうことではない。職人の技術を用いて、つねに生きた作品であるがゆえに唯一の神の作品を偽造することにある。神は量産をしない。哲学もそうだ。靴職人との比較の馬鹿馬鹿しさによって、哲学者はソフィストの言説に対し、でっち上げられた言説だ、哲学者の学識が生み出す生きた言説のまがいものだと告発するのである。

模倣者を告発することによって、「よい」職人は、自分に固有の技術の真理へと送り返される。あらゆる技術は、それだけで残され、内在的関係にない目的の学と切り離されるとき、たんなる模倣である。有能なデミウルゴス〔世界の創造者〕と模倣者との対比は見せかけである。あらゆる技術は自分にふさわしい目的を知らない。何でも作れる能力、模造、嘘。こうした潜在能力は、詩人や画家、弁論家の活動によって、それが仮象を生み出すなかで先鋭化する。職人がこうした人々と対置されることがあるのは、役立つものの技術者としてではない。もっぱら一芸職人（モノテクニシャン）として、たった一つのものしか作らない人物としてである。

職人の専門化とは、今や、たんに別のことをするのが禁止されていることである。あらゆる技術には、それ自体、別のことをする能力が備わっている。この技術に内在する「多芸（ポリテクニーク）」による模造は、社会のルールによってたえず償われなければならない。職人とは遊びや嘘、仮象を禁じられた制作者〔でっち上げる者〕である。画家やソフィストは偽職人ではない。彼らこそが自らの地位を定めている

＊18　同書、三六頁（227 c）。
＊19　プラトン「ゴルギアス」一三四－一三五頁（490 e/491 b）。

規則を破る職人なのである。

時間がないことや、職業教育がないことは、ここではもはや問題でない。いまや分業は、生産の偶然性とはまったく無関係な原理のかたちで現れうるだろう。職人とは、嘘をつく権利のない技術者だ〔という原理である〕。プラトンは私たちにそのことを、ホメロスから二行引用して述べている。「もし支配者が自分の国で、

予言者であれ、病を癒やす医者であれ、材木を組み合わせる大工であれ、専門の職人として働く者のうちの他の誰かが、

嘘を言っているのを捕らえるならば、国家という、いわば船を転覆させ滅亡させるような習わしを導き入れる者とみなして、その者を懲らしめることになるだろう[20]」

三つの金属――自然という嘘

嘘〔mensonge〕は、ぜいたくや遊びと同じように、それ自体で悪というわけではない。これは留保しておくべきことである。余剰が生じる国家では、階層秩序はまず模造〔simulacre〕に関する知と規制として生じる。序列に関する知は、嘘に関する知である。この知は、模造の秩序は技術の秩序と根本的に切り離されていると仮定する。職人が絶対的に単純であること、職人には余暇がまったくないこと、

職人はプロメテウスの脅威を追い払うために腕前の飽くなき向上に努めることという前提が、必要とされる。〔その脅威とは〕労働者が神になることや、なろうとすることではなく、労働者が生産労働の国家を機能させることである。それは同時に、超絶技巧の国家でもある。言説を自らの道具として生み出す国家。一言でいえば民主制（デモクラシー）、あるいはプラトンにとっては同じことだが、専門家＝技術者支配（テクノクラシー）。職業人の権力と民衆の権力は等価なのである。

ぜいたくと戦争、哲学の余剰がこの危険に備える。いわゆる技術の単純さにひそむ過剰を食い止めるのだ。有用労働と技術の嘘との潜在的な共謀に対抗して、正義は別の結合、別の合金を前提とする。自然〔の素質〕の絶対的単純さと嘘のあからさまな恣意性とを結びつけるのである。哲学者は、自然〔の素質〕と嘘の専門家になる。正確に言えば魂の技師である。

哲学者の役目はまず、自然〔の素質〕という謎に答えることである。この謎は戦士の登場とともに移動する。分業を超えてそこに戦士が登場するのは、職人を最も低い価値をもった存在とする自然〔の素質〕の違いの例とするためである。けれどもこの違いは、守護者としての哲学者の選択以外では確定できない。言いかえれば、その選択が自然〔の素質〕を作り出すのである。自然〔の素質〕の違いとは、思考がその前で立ち止まるような非合理的なものでも、社会的抑圧の物語を隠蔽するような「イデオロギー」でもない。ここではまさに何も隠蔽されていない。プラトンは公然と述べる。自然〔の素質〕が教育の対象となるためには、命令の対象となる必要がある。自然〔の素質〕は、魂を

＊20　プラトン「国家」一八五－一八六頁（III, 389 d）。

選び育てる者が自然〔の素質〕の育成という仕事を始めるための前提である。自然〔の素質〕とは、そのように宣言された一つの物語である。適切な手段と望ましい目的の関係を知る唯一の者として、魂の技師には唯一、嘘をつく能力と知が備わっている。真理の模倣である嘘。よい嘘、あるいは本当の嘘を避けるための命令を制定できる嘘、原理と目的に関する技術者の無知。

したがって魂の技師は必要にして十分な嘘を作り出すだろう。ある種の公理、自らの作業の目的に似た証明不可能な原理、すなわち自然〔の素質〕。ある対抗技術によって、この技師は国家に高貴な嘘を信じさせる手段（メカネ）を見つけ出すだろう。すなわち、高貴さに関する嘘、詩人流の系譜学である。昔どこか別のところで起きた、そして正当化されることではなく語られることだけを、信じられることではなく受け入れられることだけを求めるような「フェニキアの」物語である。[*21]自分の受けた教育が夢想にすぎなかったことを納得させられる人々の物語。実は、彼らがめいめいの職務を果たすために完全武装で大地から生まれたという物語。三つの金属の神話あるいは嘘。私たちは物語のなかで次のように彼らに言うだろう。「君たちこの国にいる者たちのすべては兄弟どうしである。しかし神は君たちを形づくるにあたって、君たちのうち支配者として統治する能力のある者には、誕生に際して、金を混ぜ与えたのであって、それゆえにこの者たちは、最も尊重されるべき人々なのである。またこれを助ける補助者としての能力のある者たちには銀を混ぜ、農民やそのほかの職人たちには鉄と銅を混ぜ与えた[*22]」。

二つの貨幣——権力の座にある共産主義

三つの階層、金銀銅の種族という主題は、よく知られるようにプラトンの着想ではない。したがって私たちに興味があるのは、プラトンがこれらの種族に与えた特異性である。

まず、この神話は厳密には反平等主義ではない。この神話は大昔の序列を永続化することを望んでいるわけではない。この教育哲学者は当人なりに平等主義者なのである。教育メカニズムはいったん作動すると、世代ごとに必要な階層の格下げと再配置を必ず担うことになる。各カテゴリー内の兄弟市民には、たいていの場合、自分に似た子どもが生まれることになるだろう。けれども、戦士や教育者自身に鉄の魂をもつ子どもが生まれることもある。その子たちは、容赦なく農民や職人の階層に落とされなければならない。また反対に、自らの魂のなかの金か銀を示した農民や職人の息子は、戦士や守護者の階層で育成されなければならない。この神話は階層秩序というよりも教育の神話である。では能力主義か。しかしそれを適用するといくつかの問題が生じるおそれがある。というのも戦士見

＊21　訳注——同書、二五〇－二五一頁（III, 414 b-415 c）および同書訳注2の次の文章を参照。「〔ポイニケ（フェニキア）の物語とは〕テバイの建国神話を指す。テバイの祖カドモスはフェニキアの人。龍を退治してその歯を血に播き、そこからテバイの祖先たちが生まれた。大地から生まれた『播かれた者たち』（スパルトイ）というのが、こうしてテバイ人の呼び名となった」。

＊22　同書、二五一－二五二頁（III, 415 a）。

習いが靴職人の魂をどう示すかはよくわかる。しかし、靴職人見習いに、戦士や守護者の魂を示す余暇がどこにどのようにしてあるか、よくわからないからだ。労働者階級の子どもを学校に通わせることは明らかに想定されていない。平等主義は、階層の格下げにだけ働くおそれがある。とくに防ぐべきは、鉄と銅が国家のエリートを腐敗させることだからだ。

反民衆的というよりも反寡頭制的なルール。主眼は金を権力から、金属を交換から切り離すことにある。豊かになった労働者が、資本を権力に換えうることは許されない。守護者と戦士が自らの職務を銀に変えうることも許されない。いつものように関係は交差している。話題の中心は守護者だ。富の魅力から守護者を守らなければならない。守護者は、硬貨を避けるために希少な象徴貨幣で支払いを行わなければならず、鉄と銅の人々に所有という卑俗な特典を残しておくよう説得しなければならない。要するにこの神話の役割はとくに、執政官と戦士に、国家の腐敗を防ぐのに唯一ふさわしい、私有財産禁止の原則を認めさせることである。したがって執政官と戦士には次のように語られることになる。「かれらはその魂のなかに、神々から与えられた神的な金銀をつねにもっているのであるから、このうえ人間世界のそれを何ら必要としないし、それに神的な金銀の所有をこの世の金銀の所有によって混ぜ汚すことは神意にもとることである」[*23]。

したがって執政官と戦士は、金や銀を手に取ることさえすべきでない。いわんや金銀を収めた家に入ることも、身に着けることも、金銀製の器から酒を飲むこともである。けれども禁止されていることをよく理解すべきである。というのも脅威となるのは、ぜいたくの黄金の軟弱化よりも、家政の銅の質素さであるからだ。「かれらが自ら私有の土地や、家屋や貨幣を所有するようになるときには、かれらは国の守護者であることをやめて、家産の管理者や農民となり、他の国民たちのために戦う味方であることをやめて、他の国民たちの敵としての主人となり、かくて憎み憎まれ、謀り謀られながら、全生涯を送ることになるだろう」[*24]。

貴金属と卑しい金属が、実物と象徴が、所有と非所有が混じり合った階層秩序。ここで、哲学者〔プラトン〕は、労働者の仕事は市民の魂を育成するには卑俗すぎると述べているわけではない。利用できる財産を持つことと国家を守ることとは両立できないと述べるにすぎない。所有禁止令の対象は、肉体労働者（例えば自分の職業のほかに、ちょっとした木工仕事で稼ぎを得る鍛冶屋）よりも寡頭政治家であり資本家である[*25]。

だが弁別〔distinguo〕はこの上なく悪意に満ちた策略である。それは私たちにこうほのめかしている。鉄の魂をもつ人々の特性は、お金、どのような象徴的名誉とも相容れない現金のことしか頭にないということだ。寡頭政治家は詐欺師ではない。「彼はけちで働き者であり、彼は自分のなかにある欲望のうちでどうしても必要な欲望だけを満足させ、それ以外のことにはいっさい出費を許さずに、他の欲望は無用のものであるとみなしてこれを抑えつけてしまうのだ」[*26]。寡頭政治家は、よき労働者、

＊23　同書、二五六頁（III, 416 e/417 a）。
＊24　同書、二五六－二五七頁（IV, 417 a-b）。
＊25　プラトン「法律」森進一・池田美恵・加来彰俊訳、『プラトン全集13』一九七六年、五〇〇頁（VIII, 846 d）。

近代になって貯蓄銀行が創設されるときにはその利用者となるような模範的な労働者である。そしてまさにそれゆえに軽蔑されるべきなのである。寡頭政治家が、魂の余暇と対立する働く身体の人間ではなく、それに奉仕することが魂と身体をともに損なう有形財、商品の人間であるからだ。労働の世界は、利己主義と万人の万人に対する闘争の世界としてしか存在しえない。余暇と仮象から排除され、休みなく商品財を作り続けなければならない労働者は、つまるところ倹約と蓄財、富といった恥ずべき特権を運命づけられているのである。労働者はつねに潜在的な資本家である。そしてそのことから哲学者〔プラトン〕は、労働者に烙印を押すことができ、その一方で優れた生まれの者たちには、指導者の非所有と結びつけて、名誉と権力という象徴貨幣を独占させるのである。

労働者は守護者にも戦士にもなりえないという議論は、要するに労働者は共産主義者にふさわしくないという議論である。なぜふさわしくないかといえば、労働者はつねに何かを所有しているからだ。労働はそれ自体で所有であり、軋轢を生む仕事である。西洋の一九世紀の共産主義労働者は、平等な労働者の国家の実現を目指し、そこから次のような多かれ少なかれナイーヴな、あるいは倒錯的な経験を引き出すことになる。共産主義とは、国家の守護者というエリート層のためだけに構想された体制であるという経験だ。労働と共同体は厳密に敵対関係にある。共産主義とは無階級社会の友愛ではなく、労働と所有の論理から理想的に守られた階級支配の規律である。この哲学的な円積問題〔＝解決不能な問題〕は、結局のところシンプルに定式化できる。国家をよく組織されたものにするためには、被支配者に対する支配者の権力が、資本主義者に対する共産主義者の権力でなければならず、またそれで十分であるという定式である。公正な国家というコロンブスの卵。共産主義の労働者、兵士、哲学者は、まだここから生まれていない。

別の宴、別の嘘

しかし、余暇なしに働くことを運命づけられた労働者への同情もほどほどにしておこう。比類なき守護者たちに任せておいて、労働者たちは怠惰権なる特権をしっかり得ることができる。というのもいまや次のような現状を認めなければならないからだ。他よりも不可欠な職務や重要な資格があることである。したがってその教育費用を負担することになるのは守護者たちである。たしかに守護者の生活は金の享受という点では貧しい。けれども幸福な国家を目標としない、個人的幸福に身をささげる他のすべての人々よりも貧しいわけではない。「われわれにしても、例えば農民たちに豪華な礼装をまとわせ、黄金の冠をかぶらせて、どうにでも好きなように土地を耕すよう命じたり、また陶工たちにも、火のそばで寝椅子に左から右へ席につけてくつろがせ、楽しく宴をはって飲み交わすように、ろくろは傍らに放置して、気が向いたときにだけ陶器を作ればよいというように命じたり[…]。しかしわれわれにそういうやり方を取るよう忠告するのは、どうにかしてやめてもらいたいのだ。ほかでもない、もしわれわれが君の言うとおりにするならば、農民はもはや農民でなくなり、陶工は陶工でなくなり、またそのほかのなんぴとも、相まって一国を成立させているそれぞれの特性を、もはや保

＊26　プラトン『国家』二六二－二六三頁（VIII, 554 a）。

持しなくなるだろう」[*27]。

危険はうまく封じ込められ、怠惰よりも偽装のなかに閉じ込められている。国家はそれほど多くの陶器を必要としない。陶工の見分け方がわかってさえいればよい。では陶工がろくろの前に座っていないときは、どうして見分ければよいのか。陶工がそこにいるふりをしていればおそらく丸く収まるだろう。危険は生産の低下ではなく同一性の欠如なのだ。ところがあらゆる生産が等価でも、同一性についてはそうはいかない。話はまさにこう続く。深刻なのは守護者の場合だ。「なぜなら、かりに靴職人の腕が落ちて堕落し、もはや靴職人でないのに靴職人であるふりをするようになったとしても、事態は国家にとっては何ら恐るるに足らないからである。けれども、一国とその諸々の法律を守護する任にある者たちが、もはや守護者であることをやめて、ただそう見せかけているにすぎないのであれば、君にも当然わかってもらわねばならぬように、国家の全体を根底から滅ぼすことになる」[*28]。

怠惰の権利とともに、職人はある種の嘘の権利も取り戻した。ある嘘をつく権利。嘘なら何でもよいわけではない。職人の存在をもっぱら定めている専門性に関する嘘に限ってのことだ。実のところ靴職人が靴職人以外であることは許されない。だが靴職人は本当の意味で靴職人であることを義務づけられてはいないのである。

私たちはすでに、誇張があるのではないかと疑っていた。本当にそれほど多くの靴が必要なのか。靴作りを学ぶほどたっぷり時間があるのか。いまでは次のことがわかる。本当の靴職人とはよい靴を作る人のことではない。靴職人以外であるように装わない人のことなのだ。そしておそらく、職人の唯一の徳をなす単一技術の保証という点では、技術を知らないことのほうが心得があることよりも好都合でさえあるかもしれない。唯一重要な行動を取るようになる上で、怠惰と無能が最もふさわしい資質なのである。〔唯一重要な行動とは〕すなわち、職人はたった一つのこと、つまり自分が持ち場についているのを示す目印として役立つことしかしないことである。というのは、靴の裁断に長けた者は、コートを作り上げることや、ベルトを編むこと、指輪を彫ることにもやはり長けているだろうからだ。そうした人物が言説を作りだし、知恵を売っても何の不思議があろう。ところで、そうした人物が実在する。ソフィストのヒッピアスである。オリンピアでは自分の手になる作品以外のものは何ひとつ背負わずに現れることができた。またヒッピアスは、自作の詩、叙事詩、悲劇、ディテュランボスの詩〔＝ディオニュソス神の讃歌〕をたずさえ、他方で音楽や文法、記憶術といった〈善〉と〈美〉にかかわる学を心得ていた。国家以前に、あらゆる素材に靴職人の作り方と考え方を移しかえることに長けたこの技法の人から守られるべきは、おそらく哲学者なのである。[*29]

神よ、器用すぎる職人たちから哲学者を守りたまえ！　ありとあらゆるもの作りの技法を完全なものにするという思い上がりには、ともかく歯止めが必要だ。そして哲学者をあらゆる技法の外と上に置かなければならない。『プロタゴラス』はこの問題をよく表している。徳が靴作りと同じ資格で教授できるならば、靴職人が国における王であり、哲学者は用済みである。哲学的な徳の権利は、靴職

＊27　同書、二六二－二六三頁（IV, 420 e/421 a）。
＊28　同書、二六三頁（IV, 421 a）。
＊29　プラトン「ヒッピアス（小）」戸塚七郎訳、『プラトン全集10』一九七五年、八八－九〇頁（368 b-d）。

人の徳との厳格な区別を経由するだけでなく、靴職人の徳と靴の質との区別をも経由する。

だからこそ職人の真理の試練は時に反転する。職人は自らの技法についてだまされることがあるだろうか、とソクラテスはトラシュマコスに尋ねた。ありません、なぜなら彼らは自らの能力によってのみ職人であるからです、とトラシュマコスは答える。靴の作り方を知らない靴職人は靴作りの技法に対立することを何も示さない。自分が靴職人ではないことを示すだけである。靴職人の名に唯一値するのはそのことを実践できる人なのである。

良識的な返答だ。しかし技法の人たちの思い上がりを打ち砕くためには、この種の良識を退けなければならない。靴職人以外の他のすべての活動を自らに禁じる人は、たんに靴職人なのだ。そこから哲学者は、二重の働きをすることができるようになる。自らの専門能力について考えること、あるいはあらゆる専門性の取るに足りなさを検証する能力を自分がもっていないことについて考えることである。

職人の徳

ここでもまた円積問題はシンプルだ。職人には徳ならざる徳が必要だというものである。国家が成立し、そこで正義が定義されるためには、それぞれのカテゴリーに固有の徳が備わっていることが強く求められる。職人も固有の徳を備えていなければならない。しかしそれは技法の徳ではありえない。技法と自然〔の素質〕は二律背反である。職人は立場が技法によって規定されるのであれば、そこに身を置くことはけっしてない。職人が見いださなければならないのは、実は当人とはかかわりのないような固有の徳であり、見せかけであるような実証性である。

ここでもまたアリストテレスが問題を率直に言い表す。職務による純粋に職業的な区分という考えを退けるのである。職業と自然〔の素質〕の違いが、アリストテレスにとっては第一である。したがって身体をただ使うことしか私たちに提供するものが何もない人々はすべて、自然〔の素質〕からして奴隷になるほかない。こうして一つの問いが白日の下に現れる。劣者の徳一般を、そしてまたとくに職人の徳をどう定義すべきか、という問いである。徳のあいだの不平等は階層秩序を基礎づけるが、その運用を危うくもする。司令官の徳が適用されるには、従順もまた徳でなければならず、たんなる従属関係であってはならない。けれども命令を実行する側は、自分の役割を果たしつつ命令に従うためにちょうど必要な徳をもっていなければならない。もしも徳をもちすぎれば、自然〔の素質〕の階層秩序を危うくしかねないのである。

このバランスをどのように実現するのか。奴隷にとってはそれほど難しくない。奴隷の仕事をまじめに果たすために必要最低限の徳を自分の奴隷に涵養するのは主人の義務なのだ。しかし「自由な」職人はまったく別の問題を引き起こす。彼は自由人ではないが、国家の徳に与っている。彼は、家計のよき管理者という徳を備えている奴隷ではない。偽自由人であると同時に一時的な奴隷でもある職人は、自らの職業にも、自らに仕事を命じる人物にも属していない。自分の特性からも帰属関係からも徳を引き出すことができない[*30]。けれども徳を備えていない者に自然〔の素質〕はない。職人はたんに、国家の統治から遠ざけられるべき卑しい存在ではない。それは正確に言えば、ありえない存在、考えられない自然〔の素質〕である。商人経済の自由労働者は、自然に背く存在、歴史的偶然である。包摂も排除もされないこの雑種は、国家にとって許しがたい攪乱なのである。クレマスティケ〔アリストテレスが家政術と対比する金銭の獲得術〕つまり政治経済学そのものの下劣さは、金銭の授受だけに結びついているのではなく、経済的な徳と政治的な徳を等しく備えていないこの雑種存在の地位上昇にも結びついている。[*31]

この職人の考えられなさを、プラトンは見せかけの自然〔の素質〕と虚構の徳の働きによって迂回する。各階層は、固有の徳によって定義されるはずだ。しかし守護者たる哲学者の統治だけが、第一の階層にそれ固有の徳である知恵（ソフィア）をもたらすことができる。戦士の徳であるうまく適用された勇気とは、染色、すなわち恐れるべきものと恐れるべきでないものについての正しい意見を教育によって教え込むことである。職人のほうは、哲学者が仕上げと染色を行えるような布地からできていない。労働者民衆の徳もなければ教育もない。「その」徳、節度、庶民の「節制」（ソフロシュネ[*32]）は外から持ち込まれなければならないのである。劣者に固有の徳でありうるような「自己支配〔自制〕」はない。定義上、支配は優者を前提にしている。民衆の「節制」は、教養の最もある人々と最もない人々が等しく共有している「良識」や「常識」でも、劣者に固有の資質でもありえない。それはたんに、国家の卑しい人々が高貴な人々に従うことである。この職人の節制は、当人の外にあって、職人を持ち場につける国家の命令にすぎないのである。

正義のパラドクス

いまや各人がそれぞれの徳を備えている。正義がはるか彼方にあるようなことはもはやありえない。そしてまさにこのときソクラテスは新たな考察を行う。再び経験的事実が取り上げられる。よく目の前にあるもの、手の内にあるものを探すことに多くの時が費やされる。ここでもまた、私たちは正義を探している。しかし正義こそ、私たちが最初から述べてきたこと以外の何ものでもない。すなわち、各人が「自分にふさわしい仕事(タ・ハウトゥ・プラティン)」を行い、それ以外のことをいっさいしないこと(メデン・アロ)である。正義とは、国家における統治する知恵、戦士を駆り立てる勇気、職人集団を支配する節制(ソフロシュネ)なのである。しかも職人集団は、正義のモデルを自ら私たちに示してくれている。正義のイメージは、すでに健全な国家を

＊30　アリストテレス『政治学』四五頁（I, 1260 a）。

＊31　マルクスがプルードンに反論し、商品だけを流通させるために金の流通を廃止しても政治経済学の円環から脱することはできないと述べたとき、マルクスは徹頭徹尾アリストテレス主義者である。経済領域における「国内的」制約を擁護するアリストテレスの議論を、共産主義を論証する場面で用いることを辞さないからだ。

＊32　訳注――「つまり〈節制〉とは［…］思うに、一種の秩序のことであり、さまざまの快楽や欲望を制御することだろう。これは一般に『おのれに克つ』という言い方で――それがどういう意味かは別として――言われているところだし、そしてほかにも、いわばこの徳の目印となる足跡を示すような、これに類する言い方がいろいろとなされている。そうだろう？」（プラトン「国家」二八九頁）。

統治していた分業である。「生まれついての靴職人はもっぱら靴を作ってほかに何もせず、大工は大工の仕事だけをする、その他すべて同様であること[*33]」。

「そのようです」とグラウコンは答える。だが奇妙だ。完全な国家の正義のモデルになっているのは、劣者の偽の徳なのである。「節制」とは、職人が自らの職務を偽るのと引き換えに、持ち場にとどまることを表しているにすぎない。そして各階層に固有の徳どうしを調和させるべき〈正義〉は、この従属関係の機能とされるものを繰り返しているにすぎない。よく構成された国家の正義は、放蕩者たちの国家のたんなる健全さに似たものとなってしまうだろう、もしこの第一の健全さが、虚構の序列でもある従属的序列を通じて高められるのであれば。

やはりこの虚構は、民衆の節制ときわめてあいまいな関係を保っている。各人は他人のことに手を出さず、自分の小さなことだけをしなければならないのか。それはピレウスの商人にして寡頭政治家であり、民主派ポレマルコスとリュシアスの父であり、ソクラテスとその貴族政治家の仲間たちを迎え入れるケパロスの健全なモラルではないか。

さらに私たちはすでに別の場所で、この定義を耳にしている。別の一族の集まりで。対話篇『カルミデス』でソクラテスは、その後プラトンの母方の叔父となる若きカルミデスに尋ねていた。知恵者の青年カルミデスに対して、ソクラテスは節制を定義するよう求めた。ソフィア〔知恵〕ではなく、誠実な人々の単純なソフロシュネ〔節制〕である。カルミデスは未来の僭主政治家であるいとこのクリティアスに耳打ちされて答えた。節制とは、各人が「自分のことだけ」をすることです、と[*34]。奇妙なことにソクラテスはこの定義には一貫性がないとする。また滑稽でさえあるという。その理屈で行くと、とソクラテスは答える、職人は他人のためのものしか作らないのだから、節制者ではありえないことになる。[*35]明らかな詭弁である。クリティアスはやすやすとそれを見破る。「作る／する〔faire〕」という語で言葉遊びをするまでもない。靴職人は顧客のために靴を作り〔faire〕ながら、確かに自分のことをしている〔*faire ses affaires*〕からだ。徳の実践は靴の製造と混同されない。ここでのクリティアスはソクラテスよりもプラトン主義的である。

すべてがパラドクスであるような対話に合わせた役割の転倒〔が行われる〕。ペロポネソス戦争に敗れたアテナイをスパルタの支配下で抑圧した、三〇人僭主のなかで一番信頼されなかったクリティアスがここでソクラテスの前に現れ、デルフォイ神殿に刻まれた神託「汝自身を知れ」を考察の中心に据える。そしてクリティアスは、この神への祈りと、賢慮や節制のすすめとが区分されていることを強調する。後者は、広く分配されている良識、および庶民の正しく理解された倹約心として、これらの隣に刻まれている――「度をすごすなかれ」や「保証がもたらす身の破滅[*36]」。

---

*33 プラトン「国家」三二四頁（IV, 443 c）。

*34 訳注――プラトン「カルミデス――克己節制（思慮の健全さ）について」山野耕治訳、『プラトン全集7』一九七五年、五九頁以下（161 b）。

*35 訳注――以下のやりとりは次を参照。同書、六四－六六頁（163 a-c）。

*36 同書、七〇－七一頁（165 a）。「汝自身を知れ」に関するありうべき誤解、とくに『カルミデス』に見られるものについては、Pierre Aubenque, *La prudence chez Aristote*, PUF, 1963, p. 166〔未邦訳、ピエール・オーバンク『アリストテレスにおける賢慮』〕を参照。

反対にソクラテスはいかなる詭弁にもたじろがず、プラトンと見まがうクリティアスのテーゼに反駁する。あたかもプラトンが、それによってソクラテス哲学の二つの系譜を対比させることを望んでいるかのように話は進む——貴族主義的な区別というクリティアスの求めに応じるソクラテスと、この神への祈りを民衆的な節制の処方箋に帰着させるソクラテスを区別することである。クセノポンは言う、本物のクリティアスならソクラテスが木工や靴職人にたずさわることを禁止しただろう、と。ここでその分身がソクラテスの遺産をめぐって非難するのは、戯画化されたソクラテス、プラトンの競争相手である庶民派モラリスト、犬儒派である。

だが駆け引きはここで反転する。この戯画化されたソクラテス哲学は、プラトンのいう正義と僭主クリティアスのいう「節制」とをはっきり分ける役目も果たしている。クリティアスは、哲学者や政治家の徳と、職人の技術と、民衆の節制とを分けることを望んでいる。しかしこの区別を根拠づけることはできない。そのことが明らかになるのは、クリティアスがソフロシュネの最も高度な定義を述べようとするまさにそのときだ。クリティアスは言う。ソフロシュネとは、あらゆることについての知と無知に関する知だと。ソクラテスは尋ねる。そうした知からどのような国家の統治が生まれうるのかと。「われわれを欺きとおせるような自称船長は一人もいなくなり、嘘の知によってわれわれをだますような医者や軍司令官やなんらかの物知りも一人もいなくなる。どういう結果になるかといえば、われわれの身体はいまよりもっと健康になり、海上での危険が減るし、本物の職人に頼めるのだから、それ相応の技術によって作られた器具や靴、衣服、あらゆる種類のものが入手できるのではないだろうか[*37]」。

しかしこのような知の国家は本当に幸福な国家なのか。「われわれ一人ひとりが自分の知る仕事をし、知らない仕事についてはそれができる他の人にまかせる」ことが人間にとってよいのだと、性急に納得してしまってはいないだろうか。この国家の市民はじつに知に従って暮らすことになるだろう。しかしそうした生はよく生き、幸福に過ごすこととはやはり異なる。一連の知にはこの分野に関して唯一肝心な知が欠けている。善と悪についての知である。

ソクラテスの論証は二つの点で私たちを驚かせる。どうしてソクラテスは、クリティアスの異論にもかかわらず、つねに「知」を唯一の技術的能力へと還元することにこだわるのか。またそこで幸福はどのような役割を果たすのか。クリティアスがいう国家の技術者は、幸福についての知を有していないのではないか。プラトン自身は、兵士や農民に対して、全員が自分の持ち場につく国家で暮らすこと以外の幸福をあえて約束しない。こうした国家において「善と悪についての知」は、真理と誤謬についての知と同じものとみなされる目的知以外のものではありえないのではないか。だとすれば僭主クリティアスの唱える技術制＝専門家支配とプラトンのいう正義に基礎を置く貴族制とはどう違うのだろうか。おそらくこのパラドクスにおいては、つまりプラトン型国家では、専門家が有能であることは必須ではない。あるいはこうも言えるだろう。専門家の能力は真理とは関係がない。専門家の能力は嘘と一体化すらすることで、唯一重要なことを守ろうとするだろう。「ほかには何もないこと」、自然〔の素質〕という哲学的な嘘によって鉄が配分されている人々に備わる徳。クリティアスが論じ

＊37　同書、九五－九七頁（173 b-e）。

る知と国家に足りないのはこうした無能力であって、これは哲学的な嘘の別の面である。真理を予期し、知の場所を確保する嘘。善と悪に関する知は真理と嘘に関する知を経由する。真理と嘘の知はまず分割し、〈善〉の観念に関する完全な知に場所を割り当てる。嘘だけがまったき知と能力の分割とを根本的に区別できるのである。

女性、禿頭の人々、靴職人

こうして分業の第一の定義、すなわち自然が定めるさまざまな素質を国家に必要不可欠なさまざまな役割にあわせること、この定義が二重の嘘として現れることになる。自然〔の素質〕と役割に関する嘘である。

自然〔の素質〕からして靴職人である者は靴を作り、それ以外のものを作ってはならない。しかし私たちは、どのような特徴が靴職人に特有の適性を示すのか、つねにわかるわけではない。他方で、自然の適性と社会的役割との正確な関係をどのように考えればよいか――新たな序列によって、この関係について異論が最も少ないモデル、すなわち適性と役割の性分業が覆されようとするときに。ここで自然〔の素質〕が哲学者に示すのは、雌犬は、狩りをするときや羊の群れを見守るとき、雄犬と変わらない適性を有しているということである。なぜ人間の場合は事情が違うというのだろうか。なぜ人間の女性は、戦士になるために体育と音楽を習得しないのだろうか。裸体に関するきわどい発言以外に、冷やかし屋たちはどのような議論をするだろうか。適性の違いだろうか。詳しいことは何も説明されない。肝心なのはある役割への適性や不適性を決めるにあたり、どのような差異に注目すればよいのかを知ることである。禿頭(とくとう)の人たちが靴職人をしているという理由で、髪のある人たちにその仕事を許さないのはもちろんばかげている。男が子をなし、女が生むことを理由に、一方だけに武器を使う職業を割り当て、他方には禁じる理由も、もはやないのである[*38]。

こうして選りすぐりの女性たちが戦士の列に加わることになっても、私たちにはあいまいさが残されるだろう。男か女かには、髪の毛があるかないかと同じく、もはや意味がない。唯一重要なのは「職業にかかわる」違いである。だがそれも依然としてあいまいだ。最も自然にかない最も異論が少ない差異、つまり性的差異とは別の排他性を示すような、靴職人と大工のあいだの差異を、いったいどのようにして見分けるのか。

したがって労働者を見分けるには、その作品しか残っていない。その生産ではないことはもうはっきりしている。残っているのは、自分の仕事とは「別のもの」を作っていないことである。だがそれすらもはや不要だ。「大工が靴職人の仕事をしようとしたり、靴職人が大工の仕事をしようとしたり、お互いの仕事道具や報酬を取り替えたり、あるいは同一の人間がその二つの仕事を同時にしようとしたり、その他すべての仕事がこのように取り替えられるとした場合、国家にとって大きな害になると君には思えるかね[*39]」。

*38　プラトン『国家』三四五－三四六頁（V, 454 c-e）。
*39　同書、二九八頁（V, 434 a）。

必ずしもならないと思いますとグラウコンが答える。重要なのは、靴職人が靴職人のままであることや、大工が大工のままであることではない。〔重要なのは、〕自然〔の素質〕と社会的有用性がすべて忘れられると、人々は、国家にとって大きな害をなすことなく、互いの職業を取り替えたり、すべての職業のあいだで禁じられている活動――同時に二つのことをすること――に身を委ねたりする可能性があることだ。両者〔自然の素質と社会的有用性〕は寸分違わないからである。有用な労働とさまざまな適性の区別は、賃労働のあいだの等価性で説明される。靴職人の自然〔の素質〕が大工の自然〔の素質〕と交換されるのと同じように、商品が黄金と交換され、黄金が商品と交換される。靴職人や大工の徳にとっては、職人の卑しさを規定するこの一般的等価性とは別のものを望みさえしなければ十分なのだ。唯一の危険は階層の混同である。職人と戦士のあいだで、戦士と支配者のあいだで、立場や役割を交換することなどありえないし、国家に損害を与えずに一度に二つのことをすることもありえない。

階層という障壁、嘘という障壁。唯一残るのは分業の優れた働きである。各人が自然〔の素質〕によってそれぞれ定められた唯一のことをしなければならなかった。しかし役割は自然〔の素質〕と同じく幻想である。唯一の禁止事項が残っている。自分の持ち場についている職人とは、自分を持ち場につかせることになった公言された嘘を、それが嘘だとしても、流布させる人のことである。

言説の序列

哲学者の国家には、真の敵が一つだけある。ほとんど評価されない人物、成り上がり者である。またそのせいで、哲学者は最良の統治者である。というのも、哲学者は権力行使が出世につながらない唯一の存在だからだ。〔役割を混同した〕戦士による半可通は、それがどれほど優れたものだとしても、〔哲学者本来の役割である〕本質についての観想にはけっして及ばない。

さらに哲学の根源的な純粋性を、あらゆる腐敗と偽造から守らなければならない。哲学者の周囲にも成り上がり者たちがうろついている。それどころではない。二重性には退廃があり、守護者としての哲学者は必然的に二重の存在である。本質の観想と人の群れの導きという二つのことを一つの職業にまとめておくわけにはいかないのである。

おそらく区別は可能だろう――〈真なるもの〉の本質を観想する時間と、その営みを国家の統治に適用する時間の区別である。しかし、この区別をどう適用するかという問いは、さらに込み入っている。哲学者には権力を欲する可能性は除外されているからである。他の人々は哲学者に権力行使を求める必要があるが、彼らの理由は哲学者の理由そのものではない。彼らは、どのようにして哲学者とその模倣者とを区別することができるのか。哲学者は、どのようにして他者の言い分に抵抗できるのか。教師は、どのようにして導くべき者に教えられるのを避けるのか。船頭は、どのようにして漕ぎ手の温和なあるいは激しい言い分から逃れるのか。

温和な言い分の例は民衆的な人気者の腐敗である。ソクラテスの最良の生徒の一人、裏切り者アルキビアデスはこうして堕落した。激しい言い分の例は知識人の再教育だ。アルキビアデスを教え、腐敗させたとされる者はこうして滅びた。

彼らのように守護者としての哲学者、真理と嘘を知る者はつねに二重の脅威にさらされている。一方では職人国家から哲学者を排除する真理によって。また他方ではその職人国家に哲学者を包摂する嘘によって。統治者としての哲学者は、技術者による模倣を退けるため、自ら模倣者にならなければならない。あらゆる模倣者は物の作り手であり、多芸（ポリテクニシャン）の担い手である。この運命から逃れ、国家の支配に関する自然〔の素質〕の単純さを保つために、哲学者は自分の模倣と嘘とを、職人による生産のいっさいから区別しなければならない。けれどもその証明は対当（コントラリオ）によってしか行うことができない。人が哲学者を模倣することにひたすら論駁するのである。嘘をつく職人、民衆が哲学者と混同する思想の日曜大工、ソフィストが相手だ。ソフィストとは嘘のかたまりのような人物だ。なぜかといえばヒッピアスのように頭からつま先まで職人だからである――靴作りや演説の準備にあまりに多くの時間を費やしたために、哲学者の優れた自然〔の素質〕を示す弁論術のゲームを学ぶ時間がまったくなかったからである。

真理と嘘の類縁性から生じるあらゆる不安は、敵役たるソフィストの登場で一掃される。ソフィストが嘘をつくことができないのは、全身が嘘だから、つまり真理を知らないという正当な理由によるものだ。またソフィストは自然〔の素質〕ゆえに、生まれながらに真理を知らない。というのもソフィストは取るに足らない者ではないからだ。ソフィストは典型的な成り上がり者、自然〔の素質〕に背くあらゆる特徴がその営みに凝縮されているはずの人間、うぬぼれを強くし、生来の哲学者に備わる自由が自分にもあると主張さえする隷属的な労働者なのである。

なぜならいまや自由と隷属が率直に問題になるからだ。そのどちらか一方のしるしをもつ魂と身体が問題になる。『国家』第六巻に見られる情熱は、一つの侵害行為、さらには哲学の尊厳に反して行われる冒瀆をめぐる記述で最高潮に達する。「他の卑しい人々が、その場に住む者なく、しかもそこにはさまざまの美しい名前や外観が満ち満ちているのを見とどけて、ちょうど牢屋から逃げ出して神殿にやってくる者のように、大喜びで自らの職業から逃げ出して、哲学の中に飛び込んでくるのだからね。そういう連中は、偶然のようだが、自分の本職である小手先の技術には最も巧みな者たちなのだ。というのは、たとえ哲学がこのようなさまであっても、他の職業と比べれば、なお堂々たる威厳をもつからだ。それが多くの者の憧れの的になる。かれらは自然〔の素質〕からして哲学に向いておらず、身体は仕事と肉体労働によって痛めつけられ、魂は労働環境によってうちひしがれ、押しつぶされている〔…〕。こうした人々と成金で丸坊主の小男の鍛冶屋にたいした違いがあると思われるかね。

いましがた牢屋から解放され、一風呂浴びて、新品の服に袖を通し、花婿姿にめかしこんで、主人の娘が貧乏で孤児になっているのにつけこんで結婚しようとしているのだ」[*1]。

たしかに狡猾なアディマントスは、ここにあえて区別を持ち込もうとはしない。決着済みの問い、髪のあるなしにかかわる適性の有無の問いを蒸し返すこともないだろう。このことが靴職人とはまったく無関係であることはすでに認められている。だが靴職人の仕事が髪のある人々に広く開かれているからといって、哲学が禿頭の人々に開かれていることにはいささかもならない。プラトンが自然本来の劣った素質を示す身体の特徴をこれほど意図的に集めたことはかつてなかった。短身、禿頭、とりわけ肉体労働による肉体と魂の変化。成り上がり者という人物像はいまや新たな次元を獲得した。かつてそれは欲得づくの人間、国家で役割を果たすために経済的・社会的な力を用いる事業主のことだった。だがいまや肉体労働者そのもののことなのだ。

プラトンは、仕事の貴賤という社会が是認する階層秩序から話を始めないよう慎重に振る舞っていた。まっすぐな身体と曲がった身体という貴族主義的な比喩を消したのだ——それは逆にアリストテレスやクセノポンの分析を特徴づけているのだが。いまや哲学者のアイデンティティが問題となるなかで、この比喩が再び最悪期に達する。靴職人が戦士階級から排除されるとき、身体的な基準はまったく考慮されなかった。戦士という仕事が、靴職人が暇なときにやってみるには、あまりに困難かつ魅力的なことを指摘すればよかった。だが逆説的なことに、哲学が問題になるときには身体の特徴が取り沙汰されるのである。

その理由は単純だ。哲学が分業の一つの職として自らを位置づけようと思えば、職業の民主主義に立ち返らなければならないからである。したがって哲学は自然〔の素質〕をめぐる議論を激化させ、哲学が禁じられていることを示す特徴が身体にあると言わなければならなくなるのである。ソクラテスが平民の出であることや、シレノス〔ギリシャ神話の半人半馬の種族〕の顔をもつことを持ち出すという話ではない。『饗宴』でアルキビアデスがしたように、粗野な外観と精巧な小立像を比べるという話でもない。哲学を宿すことのできない身体があるというのだ。労働への従属のために作られ、その隷属によって刻印された、烙印を持つ身体があるというのだ。

厳密な意味での隷属。ここでプラトンは他所では口に出すのを禁じられていることを声の限りに叫ぶ。労働者の仕事は隷属的な仕事だというのだ。哲学を扱っていると言い張る職人は、成金労働者以上の存在だ。寺院に駆け込む人々に似た逃亡奴隷である。鍛冶屋の禿げた頭は、どれくらいの毛量から有髪と禿頭が分かれるのかと問うソフィズムの揶揄にさらされる、偶然的な差異ではない。それは隷属を示す剃髪であって、それ以上でもそれ以下でもない。

ここでの隷属は、あらゆる経済的ないし社会的合理性に対して逆説的な位置にある。奴隷を必要とするのは杼ではない。このとき隷属の必然性は分業からは導かれない。むしろ反対に分業は、役割どうしの平等を土台としてしか主張できない。隷属が必然なのは、こうした分業を唱える哲学者の尊厳を守るためか、あるいは哲学者が占めるべき場所がどこにもないからだ。国家のためにではなく、哲学者のためにこそ、余暇の領域と隷属的な労働の領域とのあいだの根本的な亀裂が示されなければな

＊1　プラトン「国家」四四七－四四八頁（VI, 495 d-e）。

らないのである。

一つの洞窟からもう一方の洞窟へ

もちろん奴隷は隠喩である。しかしだからこそ、それは何でもよい隠喩ではない。この『国家』第六巻の終わりで哲学者が不満を向ける対象は何か。哲学の寺院において、奴隷の鎖から逃げてきたと言い張る人々だ。ではプラトンは『国家』第七巻のはじめで何に力点を置いているか。生まれたときから鎖につながれ、光に背を向けている人々の解放だ。哲学者プラトンが今後不満を向ける矛先がこうして見えてくる。後にプラトンは言うだろう。洞窟の住人は、解放され、哲学の住み家へと導かれることを望んでいない。

住人の望みは間違っているのか。望まないことが誤りなのか。答えはもちろんこうだ。探究あるいは拒否の対象となっているのは、似て非なる哲学である。逃亡奴隷は、縁石の上で光るもののけばけばしさに引きつけられているのだ。立派な名前、麗しい体つき、新品の服。そこにあるのはイデアという見えない太陽へと通じる険しい道ではない。

けれどもまさに、もし哲学が道であり避難所でないのなら、哲学者は、世の声が認めるものとは異なる魅力を探究することに熱心な逃亡奴隷を、巧みに導くこともできるかもしれない。哲学者は、何も頼まれていないのに囚人たちを洞窟から連れ出すことに進んで身を投じるだろう。

まさにここに違いがある。哲学者は自分が手を取りたいと思う人々を選ぶ。哲学の領域は選別と強制の領域であり、職業の領域ではない。そこにおける自然〔の素質〕の卓越は、断念という禁欲(アスケーシス)で示される。戦士と守護者は、自らが支配にふさわしい存在であることを、所有に関する特権を断念することによって示す。国家が哲学者に権力を与えなければならないのは、哲学者だけが権力を欲せず、強制によって権力を行使するからだ。哲学者のほうは、自らの地位を示すためにこの暴力を受け入れざるをえないが、哲学の道を歩むことを強く切望する人々にはそうさせないよう警戒するだろう。むしろ他の目標を追求するなかで、哲学の強制に最も適した自然〔の素質〕を示す人間を見分けることを選ぶだろう。

「負けるが勝ち」というこのゲームでは、一番確実な敗者はきまって「自らをつなぐ鉄鎖のほかに失うものがない」とやがて言われる人々だ。彼らの勝利が交換によるほかないのであれば、彼らは利欲によってしか動かされないことは明らかだ。私は金銭を軽蔑していると主張したところで無駄だろう。哲学する労働者ヒッピアスのやり方を大いに強調しながら、プラトンは私たちに次のことを理解させてくれる。職人は支払い手段である貨幣を選ぶほかない。象徴的な享楽への権利はもちえない。労働の鉄と資本の黄金を運命づけられた職人は、哲学者の特権を切望するまさにそのことが原因で、身体と精神に生まれつきある欠陥をかえって証明してしまうのである。

洞窟の物語が、教育を施された自然〔の素質〕とそうでない素質との違いを示してくれるより前に、逃亡奴隷に関する対抗物語によって選別が行われていた。それによって、教育を受けるべき人々と受けるべきではない人々とが区別され、思考に近づくことが正統〔嫡子〕とされる人々とそれが必然的に冒瀆〔強姦〕となる人々とが区別されていた。それは少なくとも姦通であり、そこからは厳密に言えば、禿げた鍛冶屋が〔哲学という〕失意の王女に産ませた子に似た、庶子しか生まれようがないのである。「人格教育に値しない人々が、哲学に近づいて交わる場合には、どうだろう？　われわれとしては、かれらがどのような考えや説を産み出すと主張したものだろうか。それこそまさに詭弁〔にせ知識〕と呼ばれてしかるべきもの、正嫡でもなく、真正の思想に与りもしないものではないだろうか」[*2]。

庶子の思考

国家の仕事や階層が問題でないことはもはや明白だ。俎上に載せられるのは、思考への権利を定める哲学の正統性〔嫡出性〕である。このことは出生にまつわる話にとりわけ特徴的だ。原住民の国家と三つの金属という作り話では、「出生」が方便であることが明らかになっていた。また〔『饗宴』203b-204a でディオティマが語る〕エロスの出生の物語では、女神ペニア〔貧困〕とポロス〔富裕〕の不正な交わりが、恋の本性を引き合いに出す物乞いという貧窮者の権利を口実に、認められていた。けれども哲学に入れあげる鍛冶屋の厚かましさにはこうした権利が認められない。この厚かましさは絶対的な侮辱、包囲された哲学の純粋さの原風景を示すのである。

問題はこの純粋さが、庶出を証明することでしか示せないことにつきる。哲学の品位は、次のような厳密であると同時にばかげた論理と引き換えに存在するのだ。哲学に生まれついていない人々がいる。なぜなら出自がよくないせいで肉体労働を強制されることによって、その身体と魂に欠陥が刻みこまれるからである。そのことを最もよく示す証拠は、自分にふさわしくないことに取り組みたいという欲求をもつことである。

これが、対当証明の冷酷な必然性、哲学の正統性〔嫡出性〕がもたらすスキャンダルである。それは出生の偶然性によって特定され、庶出に関する不利な証拠によって確証される。庶出であることだけが正統性の「理由」であり、高貴さの卑しい理由なのだ。身体に刻まれた生まれのしるしこそが問題のありかを示している。生まれのよい哲学者の真正性とソフィストの術策とを対置することだけが問題なのではない。いかなる精神医学にも還元できない身体の違いを生み出す必要もある。この違いは、貴族が職人に抱く単純な軽蔑とはまったく別のものを表している。この違いは、正義と健康の距たりを示すことによって、哲学は精神保健衛生を保ついかなる技法にも還元できない言説であるという、哲学の自己主張を支持する。哲学は医学ではない。生まれ変わりである。

ここから始めれば、この一節の鍵となる問いが理解できるだろう。注釈者の見解は、この批判がトラキア出身の母から生まれたアンティステネスの庶出をめぐり、犬儒派に向けられたものか、それともヒッピアスの職人としての力量や、プロタゴラスが木こりをしていた過去をめぐり、ソフィストに向けられたものかで分かれてきた。

ある意味では、選ぶ必要がない。合金はプラトン対話編が取り上げる技法の一つだ。そうなると成り上がり者とは、哲学者のふりをする大工のヒッピアス、ソクラテスの天才をヒッピアスの商売と一緒くたにした、ソクラテスの糾弾者で勤勉な民主派アニュトス、あるいはヒッピアスの弁論術とソク

＊2　同書、四四八－四四九頁（VI, 496 a）。

ラテスの美徳をまとめて民衆化した、生まれの悪いアンティステネスであってもおかしくない。だが切迫度によって合金の意味が決まる。ソフィストを非難しただけでは、テクストの生理学的幻影は正当化されない。けれども嫡子と庶子との対比は、もし問題が遺産相続にかかわること、とくにソクラテスの思想の継承となればはっきりした意味をもつ。そしてここでの敵はやはり人気者ソクラテスの宣伝役アンティステネスだ。アンティステネスは、弁論術のやりとりを素材として民衆教育の対象を作り出し、庶民が習得できる徳を万人向けのものとして推奨する。[*3] 豚たちの国家にふさわしく、音楽なしの体育に似た魂の技法によって得られる、修養の徳、健康の徳。これらの意味するものすべてが『国家』第七巻の最後に集められる。ここであらためて哲学は、体の不自由な者と庶子とに禁じられる。彼らは、豚のように、学問を拒む心に耽っている。体の不自由な人々には、神の音楽ではなく、人間の体育こそ似つかわしい。豚‐庶子‐体の不自由な人々の先天的な欠陥は、哲学にかかわるものであり、いつも同じ試金石で判別できる。彼らは善悪を扱う学問に通じる嘘の枠を越えることがない。ソフィストのヒッピアス、庶子のアンティステネスは、自らの怨念を故意の嘘、真理を模倣する術策に割り当てる。そして根本的な嘘、無知という嘘を理解しないのである。無知という表現はとうてい弱すぎる。彼らのアマティア〔教養のなさ〕、それは学問に関するいっさいの知を拒むことなのである。[*4]

ご存じのように、これがアンティステネスと犬儒派のソクラテス主義、学問の伝授から切り離された修養の道徳である。徳をめぐる哲学の階層秩序を覆すことで、犬儒派は万人に哲学を与えたと主張する。ソフィストの繰り出す術策以上に、学問はこうした単純さに警戒しなければならない。本当の単純さは神の特権であり、伝授にかかわる。したがって犬儒派の徳に見られる健全で民主的な単純さは、ソフィスト的なごまかしと同一視しなければならない。あるいはむしろこの二つをともに、国家転覆の土台そのものたる悪徳に、つまり民衆の権力に分類しなければならない。

というのも、くだんの驚くべき『国家』第六巻にはこうも書かれているからだ。プラトン対話篇全体を通してずっとつきまとう敵は、本当は存在しない。成り上がり者アニュトスが吹聴する寓話、ソフィストたちの論証がアテナイの優秀な若者に悪影響を与えているという話を真に受ける民衆がいる。だがこれを信じることはまったくの偽善だ。実際にはソフィストは一人だけ、堕落をもたらす者は一人だけしかいない。それは民衆自身である[*5]。民衆だけがソフィストたちを教える。民会で、法廷で、

---

*3 カール・ヨエルのテーゼが提起した、アンティステネスの役割についての論争にはここでは立ち入らない（Karl Joël, *Der echte und der xenophontische Sokrates*, Berlin, 1893.〔未邦訳、カール・ヨエル『実際のソクラテスとクセノポンのソクラテス』〕）。またフベルトゥス・ケステルスが、テミスティウスの講話二六に、『国家』第六巻と第七巻が対応するアンティステネスのテクストのパラフレーズを見いだすに至った理由についてもここでは扱わない（H. Kesters, *Antisthène, De la Dialectique, Etude critique et exégétique sur le XXVIe Discours de Thémistius*, Louvain, 1935.〔未邦訳、フベルトゥス・ケステルス『アンティステネス 弁証論について――テミスティオスの講話二六に関する批判的・釈義的研究』〕）。アンティステネスその人とともに、彼の学派の本拠地があり、非アテナイ人のための場だったキュノサルゲスにかかわる庶生という主題の強調が、この場では参照を裏づけるのに十分である。アンティステネスのものとされるテクストが少ないため、この分析をさらに進めることはリスクを伴う。

*4 プラトン「国家」五四四‐五四五、五四六頁（VII, 535 c/536 b）。

*5 同書、四三八、四四一頁（VI, 492 a/493 a）。

劇場で、民衆は理性の声をやじと喝采で打ち消す。民衆こそが、政治をおもねりの技法にすることで、哲学の天分に存分に恵まれた僭主クリティアスや裏切り者アルキビアデスの魂を堕落させたのだった。ソフィストは僭主同様に民主制の子どもだ。そして民主主義者自身は、寡頭制、すなわち労働と家政を支配的な徳にした成り上がり者たちの王国の子どもなのである。

こうしてすべてが庶子の王国にとどまる。富を誹謗するアンティステネスによって、哲学は、資本家アニュトスの民主派を形づくっているやかましい人々の権力に委ねられる。そしてアニュトスは、ソフィスト狩りを口実にして民衆の擁護者となる――実は民衆こそが最も偉大なソフィストであり、貴族制哲学者たちを堕落させるのだが。反哲学の完璧な円環だ。これに対して哲学の聖域を保護し、立入禁止にする円環が描かれなければならない。

哲学者の奴隷

すでに見たように、こうした歩みによって一種の平等主義に独特な定義が与えられる。この平等主義は、自由職人すなわち偽装奴隷に哲学することを認めない。だがすでにテッサリア人のメノンが、自分が使う本物の奴隷を探しに出かけ、あらゆる魂に数学的真理の諸原理が内在していることを示そうとしたことがあった。正方形の面積を二倍にする公式を「たった一人で」見いだすことで、メノンの奴隷は二重の証明を行っている。すなわち、学問は可能である、ただしどのような学問でも可能なわけではない。まどろみのなかにある学問の覚醒に必要なのは、選ばれた者だけに許された問答法による挑発というシビレエイ〔＝ソクラテス〕であって、民主派ソフィストであるプロタゴラスや民衆哲学者アンティステネスの教えではない。子ども奴隷（パイス）は純然たる経験主体、パイデイア〔教育〕の力を証明する主体である。初期段階、すなわち自由な知の力が、無知に囚われた魂の純然たる潜在能力にとどまっている時点で教育を受ければ、子ども奴隷はどのようにして知が解放されるかを、必要であればどのようにすれば自分や他人が博識になるかを示す。しかしその後、この体験が終わってしまうと、この子はただの人に戻りかねない。[*6] この若き労働者が短くしかも絶妙なタイミングで至高の学問を操る選ばれた者の役割を演じることができたのは、彼が社会的主体、国家の人間ではないからである。当人のものだとされた知性の力も、そうではなくなるかもしれない。自らの主人ではない奴隷は、誰かに伝えようとしても所有物のようにはいかない学問にうってつけの証人となる。すべての民主的徳育、民衆的ソクラテス主義を不可能にする隔たりをつくるのに役立つのである。民衆哲学者が職人に伝えうることは何もない。最も高度な認識は、どのような奴隷の魂にもすでにある。そして私人や政治家の思慮深い行動を支える自由人の徳についていえば、いかなる教育者も教えることはできない。徳を扱うソフィストの教師たちと、親が教育を与えるべきとするアニュトスはこの点で表裏一体になるかもしれない。実践的な徳とは正しい臆見であり、霊感の問題であって、認識の問題ではないのである。

＊6　プラトン「メノン」藤沢令夫訳、『プラトン全集9』一九七四年、二七八－二七九、二九四－二九五頁（82 a/86 c）。

天分のしわざ。メノンの奴隷によって、プラトンは私たちの思考にとって最も永続的で、おそろしく有効な人物像の一つを作り出した。必要に応じていつでも職人と対置することも、職人のイメージの下にすべりこませてしまうこともできる純然たるプロレタリアートである。自らをつなぐ鎖を失う可能性が哲学者の命令としてのみ存在し、したがって鎖を失う機会が規則のなかにしかない人物。限りない潜在能力をもつことで、自分以外の人々がもつ平凡な職人としての希望を否応なく削いでしまう絶対的な無所有者。潜在的な全知性をもつことで労働者の臆見（ドクサ）による無駄口から信用を奪い、独学で日曜大工になる道をふさぐ純然たる独学者。こうした人々はもはや次のことを知らなければならない。自らがなすあらゆる努力は、自らのうちに眠っている知から自らを遠ざけることでしかありえない。節制は清貧、つまり犬儒派が職人に説く精神修養（アスケーシス）によっては到達しえない。あらゆる修養は回心であり、選ばれた者の視点をその者の知の盲点へと転換する哲学者の操作であるからだ。

そもそも三階層の分割に先立ち、哲学者と幼い奴隷との対話を通じて、社会の序列に対して哲学の序列を閉じる最初の操作が行われている。自由の問いと知の問いとの一種の結びつきである。というのも両者の結び目には遊びが大きすぎたからだ。それを揺らす人物は特定されている。民衆哲学者だ。職人のところに入り浸り、職人に対し、あるいはその前で、自由をもたらす徳を知ることの必要性を説いている。クリティアスの意に反したソクラテスのような人物である。

ソクラテスと職人との問題を解決するためには、幼い奴隷だけでなくソクラテス本人も必要だ。ソクラテスには公になった噂と、ライバル学派〔犬儒派〕がソクラテスのものだとする主張をめぐって、正式に反論することが求められている。問いに対して最も根本的な仕方で答えることが求められている。民衆に教えられるような徳は存在しない。徳は教えることができないという単純な理由からだ。徳は自然〔生まれ〕または第二の自然、天賦の才能または染色にかかわる。こうして上位二階層の徳は獲得される。哲学者の徳とは、ソクラテスのために神が選んだものである。哲学者が鎖を解き放ち、視点を変えてやろうと選んだ者に授けるものなのだ。また戦士の徳とは、通常の国家における神の霊感であり、理想的な国家で哲学者が行う染色だ。戦士の徳とは、それを抱くものが理解も伝達もできない正しい臆見という徳である。

このようにして隷属と自由をめぐる問いが同時に解決される。一方には、解放されるべき知識がある。他方には、学問によって鎖につながれるべき、生活実践をめぐる正しい見解がある。さもないと、そうした見解は逃亡奴隷のように逃げてしまう。つまり職人が作ったもののように、錯覚を起こさせるような動きをした、ダイダロスによって生気を吹き込まれた彫像のように、人を欺くことになってしまうのである[*7]。

職人民衆に固有の徳もなければ、その一員に教えることのできるような徳もまたない。群衆（ミュルチチュード）に向けた教育もない。職人とは群衆（ミュルチチュード）を構成する人間のだれかにすぎないのである。

このようにして社会領域の分割と言説領域の分割とが一致する。国家には三つの階層と奴隷身分が存在する。言説領域には自由あるいは隷属が存在する。鎖からの解放を望むことによって、自らの隷属を深める以外にない言説が存在する。他方では鎖に引き続きつながれることで、自らの自由を確保

＊7　同書、三二四－三二五頁（97 d-e）。

できる言説が存在するのである。
ほかには何もない。民衆哲学は、そしてあらゆる民主派の言説もまたこの分割から抜け出すことはできない。民衆哲学は生きた言説の模造品でしかありえない。それは、生み出されるときには書き言葉(エクリチュール)という奴隷の技術に従うこと、また受容されるときにはその投票が無数の者たちの立てる騒音にほかならない群衆の法則に従うことを定められた模造品である。

おしゃべりな唖

この言説の分割(パルタージュ)を理解するには、哲人王に関する別の物語が必要だ。今回はフェニキアではなくエジプトの物語。諸技術の神テウトが、王タモスに最新の発明品である文字を説明にやってくる。そして文字を学べばエジプト人は記憶と学問にさらに秀でることになると説くのだった。しかし王はこの論証に反論する。目的に関する知恵の持ち主である王は、手段が退廃をもたらすことを知っている。文字はエジプト人の記憶力を良くするどころか、忘れっぽくする。記憶についていえば、人々はどうしても他のものに彫りつけられたものに頼るようになる。また知恵についていえば、人々が受け取るのはその見せかけだけである。哲学ではなくドクサ学。見てくれ学、うぬぼれと不和に関する学。博識を自認する人々はただちに「つきあいにくい」人になってしまう。[*8]
書き言葉は一義的には沈黙の言説である。画家が描く人物のように、書かれた言説である「他のものに彫りつけられたもの」は、言葉をかけられない限り、それらしい姿を見せる。だがひとたび尋ねられると、見せかけ(シミュラークル)の本性をあらわにする。問いかけにどう答えたらよいかがわからないのだ。生命をもった言葉とは対照的に、書き言葉は「自分を助ける」ことしかできない。たった一つのこと、つねに同じことを表すだけで満足するのである。

話し言葉と書き言葉をただ比べることが問題でないのははっきりしている。問題は問答法の生きた言説と弁論術のでっちあげられた言説とを対比することだ。問答家が発する生命をもった話し言葉は、気晴らしや記憶の助けとしてのみ書き言葉を用いるのがせいぜいだ。それはソフィストや弁論家、あるいはアンティステネスの議論とだけ対立するのではない。彼らが口にする言説とも対立するのである。それらもまた物言わぬしるしの産物だ。問答家のすごろく遊びによって文の流れがさえぎられても、自らを助けることのできない、こしらえられた言説である。

だがこの沈黙の言説は、おしゃべりがすぎる言説でもある。自らを救うことのできないテクスト、たがの外れた言説は「それを理解する人々のところであろうと、まったく不適当な人々のところであろうとおかまいなしに、転々とめぐり歩く。そして、ぜひ話しかけなければならない人々にだけ話しかけ、そうでない人々には黙っているということができない[*9]」。

この欠陥は、プラトンがきまって弁論術を非難する点とは見かけ上異なる。プラトンは弁論術を、客の好みにしか配慮しない料理法のようなものだと批判する。ここでの問題はさらに深刻だ。聴衆も

＊8　プラトン「パイドロス」藤沢令夫訳、『プラトン全集5』一九七四年、二五五－二五六頁（274 e/275 b）。
＊9　同書、二五七－二五八頁（275 e）。

その要求も気に留めない沈黙の言説は、どこでもなんでも伝えることができてしまう。話す相手を、つまり話すべき相手を、だれがロゴス〔論理、理性〕を分けもっていると認められうるのか、あるいは認められえないのかを知らないのである。哲学者のもつ生きたロゴス、真理と嘘の知は、発話と沈黙の知でもある。それによってしかるべきときには沈黙を守ることができる。他方の書きとられた言説は、沈黙も発話もできない。書かれた言説は哲学者の問いかけに沈黙する一方で、素人への語りを自制することができない。放埒な言説を統制できない民主主義のせいで、熟練しすぎた職人の目には哲学の麗しい名とみごとな見かけがちらつく。哲学の欠点は庶子であることだ。哲学は、労働で身体を痛め、精神を損なわれた人々にロゴスを使えるようにする。

職人たちが「痛ましい」人になる必要はないだろう。だが言説の宴にふさわしく作られたものとそうでないものとを分かつ線が消されてはならない。正統なものと不法なものをめぐる、真理と嘘のたんなる対比ではありえない法律が必要だ。見かけに関する法律である。

事実、イドラ〔偶像〕から出発してこそ〈イデア〉に至るのであり、反映の戯れから出発してこそ、感性の世界に加わっていたドクサが揺さぶられ、知覚することのできない〈一者〉への道が歩まれる。この道をこそたどらなければならないのだ。純粋な思惟の正統性は、二重化されたすべてのもの——模倣し、反復し、反映し、偽装するすべてのもの——に関する法律を経由する。複製物の世界、模倣者たちの世界。この世界を媒介として、技術と技術者の世界が〈イデア〉への道を命じる仮象の戯れと混同されることは、避けなければならない。真理の世界と仮象の世界があるのではない。二つの生があるのだ。すべてが二つに分かたれなければならない。

社会の真理ではなく哲学の真理。『パイドロス』の哲学者は王ではない。この哲学者は階層を区分しない。言説の様態を区分する。このさまよいかねない言説について、哲学者はそれがさまよう可能性がないことを示し、また哲学に選ばれた人々の修養以外のあらゆるものが、たんなる動かない自己運動であり、自己倍加ゲームであることを示すのである。

勤勉なケパロスの息子、靴屋と民主制の擁護者リュシアスの話が呼び起こす弁論術がそうだ。弁論術は、弁論家と聴衆とのあいだの鏡映しの関係にすぎないことを示さなければならない。弁論家が話すべき相手を知らないのは実際そのとおりだ。弁論家は、自分が語りかける魂の本性をわかった上で、自らが望む方向へとその魂を導く手立てを知る「魂に働きかける術を備えた」問答家ではない。だが本人はこうした知識を望んでいない。なぜなら魂を導くことは望んでおらず、聴衆を掌中に収めることだけを望んでいるからだ。聴衆とは数であり、スパイスの効いた煮込み料理をむさぼる雑多な群衆（ミュルチチュード）であることだけを知っていればよい。聴衆の気に入ればよく、そのためには聴衆に好みのものを与えさえすればよい。こうして弁論代作人〔ロゴグラポス〕、すなわち書き言葉と民衆は、自らを讃えるために「それは人々に気に入られた……」と書くことから始めるのである。[*10] 同語反復の言説、人民投票——拍手喝采、すなわち多数決の法則、純然たる多数者の拍手——による自己証明だけで前もって署名されている自己証明である。

この分析は安心をもたらす。弁論術批判はプラトンの著作でもこうした役割を果たしていた。次の

＊10　同書、二〇六－二〇七頁（258 a）。

ような不安の解消である。自らの考察をイデアの考察と混同させることのできるソフィストの狡猾さ〔パヌルギア〕から生じる不安であり、また玄人の知恵が素人に届いてしまうような予測不能な言説のさまよいから生じる不安である。弁論術批判は、放埒な言説を切り分けてその純粋な道具的機能へと帰着させる。哲学のかたわらにはただ一つ、説得の技法しかありえない。この技術は哲学者を滅ぼすことはできても、技術の威信によって哲学の神秘を乱すことはできない。技術者が自由に使える技術であったなら、説得術は恐るべきものになっただろう。けれどもソクラテスは、カリクレスにしたように、パイドロスに説得術をこう説明する。説得術は技術とはとてもいえない。それは因習に過ぎず、生産者ではなく、毎回同じ定食を食べる消費者に出される料理なのである、と。

こうして放埒な言説はそれにふさわしい場所に置かれる。それは「奴隷仲間」[*11]に向かって行われる言説でしかない。それは、本当に人の目をあざむくことはない。ただ受け入れられるだけである。つまりこの言説は自分の仕事をする。それは混合するのではなく、分割するのである。その威信は節制（ソフロシュネ）——まさに自らの模倣のみでしっかり成立している徳——の模倣にとどまるのである。

妄想の領域

こうした言説を見きわめ、それが解放された言説の自由とはまったく異質であることを示す試金石がある。この言説は妄想を知らず、恋を知らないのである。『パイドロス』の出発点は、リュシアスの恋に関する発言である。逆説的であろうとする言説。寵愛はいつでも非理性的な恋人にではなく、恋をせず、つねにあなたを理性にかなった仕方で扱う者のために取っておくべきだとリュシアスは説く。
とにかくうまくいけばよいという技術の言説。だがこの言説はまた、つまり同じことだが、言説の作り手の力を示すために作られており、何でも言うことができるし、どのような効果を得ることもできる。つねに自らを統御する者が、自分が所有されることを望まない者に向けた言説である。

〔『パイドロス』において言説の〕分割(パルタージュ)が具体化するのは、イリソス川による物語においてである。ソクラテスは守護神に川を再び渡るよう突然命じられ、恋と節制(ソフロシュネ)の実践とを分かつ距たりをしるしづけようとする。恋とはまさしく自分が持たれること、所有されることを受け入れる者だけの特権である。恋は神の妄想である。靴職人や靴職人向けの演説家には禁じられている。なぜなら彼らは自らに恋を禁じているからである。彼らは恋の妄想をまったく知らない。見事な技術の使用と再生産のルーチンしか知らないのだ。大衆演説家は、靴職人が恋するような仕方で恋について演説する。まるで演説家が靴を作るように。

恋の妄想という試金石は、大衆演説家の言説にふさわしい場所を割り当て、またそれを通じて、恋の狂気を追い払った精神衛生を提案する犬儒派の哲学者たちにも場所を与える。[*12] 一方には神に憑かれた者がいる。もう一方には俗っぽいソフロシュネを行う者たち、節制と倹約を行う者たちがいる。後者は、こうした隷属の徳にむけた賞賛のために民衆に雇われた者である。[*13] 二つの恋が存在するとソクラテスはカリクレスに説いた。民衆の恋と哲学の恋。だが民衆の恋は恋の憎悪でしかない。エロスに

---

*11 同書、二五三頁(273e)。

よって、再生産を担う人間と、神に所有される人間の分割が行われるのである。

道は再び職人に閉ざされた。今度は自分たちの演説家と哲学者と一緒に、有用性の王国にしっかり閉じ込められる。妄想の法は、この王国の入り口をさえぎり見張る模倣の世界を分割することで、言説の分割を可能にする。模倣者には二種類いる。一つは神に与えられた霊感の持ち主、神の栄光の反映を垣間見ることを許され、模倣しようと努める人々。選ばれた詩人はこれを行い、至高の模倣者でもある問答家つまり哲学者もこれを行う。『法律』の記述が思い起こされるだろう。「わたしたちは自分たち自身が悲劇の作者であり、しかもできるかぎり最も美しく、最も優れた悲劇の作者なのです。実際、わたしたちの全国家体制は、最も美しく、最も優れた人生の似姿として構成されたものであり、そしてそれこそまことに、最も真実な悲劇であると、わたしたちは主張します[*14]」。

もう一方にあるのは、偽詩人、自らの技法を「節制ある」（ソフロン）人に用いる「不完全な」（アテレス）詩人だ[*15]。作品を作り直すために職人の技術を使う画家、あるいはそうした画家のようにすべてを模倣するソフィストがいる。模倣の技法を用いる者はすべて、決まって最後には弁論家のものに似た料理のレシピに帰着するのである。

こうして、一見したところ詩人批判とソフィスト批判のあいだにある対称性の意味は変わってくる。詩人が実際にソフィストである可能性はあっても、ソフィストが詩人であることは絶対にありえない。正直者のソフィストのプロタゴラスは宴には招かれないが、うぬぼれ屋のアガトンや毒舌家のアリストファネスはディオティマのメッセージを受け取り、ソクラテスとともに恋の神を讃える。詩人の非神話化を好むのが、まさしく技術と民主制の技術者であるプロタゴラスであるからだ。そしてプロタゴラスに反論しつつ、ソクラテスは躊躇なく懐疑屋シモニデスを擁護する。[*16] 職人の、あるいは料理人の仕事でしかありえないソフィストの威信に対して、詩人の威信は、作りものの世界から神の反映と激情の世界へと私たちを導くからだ。

新しい障壁

こうしてみると『パイドロス』の空想的だと言われがちな終末論が理解できるだろう。神々のお供から外れて地上に堕ちた魂は、人格の階層秩序のなかに具現化している。それは、英知的な美をめぐって自ら作り上げた多かれ少なかれ完全な見方に対応している。一番目の魂は、知あるいは美の友、

＊12 アレクサンドリアのクレメンスによれば、アンティステネスは性愛を「本性上の悪」と考えていた。Friedrich Wilhelm August Mullach, *Fragmenta philosophorum graecorum*, Paris, 1867, p. 280.〔未邦訳、フリードリッヒ・ヴィルヘルム・アウグスト・ムラッハ『ギリシャ哲学者断章集』。参照されている箇所の邦訳は、「アレクサンドリアのクレメンス『ストロマテイス』（『綴織』）第2巻、全訳」秋山学訳、『文藝言語研究、言語篇』第六三巻、二〇一三年、二〇二頁に該当〕

＊13 プラトン「パイドロス」二〇三－二〇四頁（256 e）。

＊14 プラトン「法律」四四九頁（VII, 817 b）。

＊15 プラトン「パイドロス」一七六頁（245 a）。

＊16 プラトン「プロタゴラス」藤沢令夫訳、『プラトン全集8』一九七五年、一七七、一九六頁（339 a/347 a）。

あるいはミューズ〔詩神〕とエロスの徒となるべき人間の種へ混ぜ合わされる。二番目の魂は法を守り武に長けた王者たる人間の種へ、三番目の魂は政治にたずさわり、あるいは家をととのえ、あるいは財をなす人間の種へ、四番目の魂は体育家あるいは医者の人間の種へ、五番目の魂は占い師あるいは神官たる人間の種へ、六番目の魂は詩人あるいは何らかの模倣者たる人間の種へ混ぜ合わされる。そして次に来るのが職人あるいは農夫であり、ソフィストや扇動家はようやくその後で、最後が僭主である。[*17]

次のことを認めよう。財をなす者を神官よりも上位にしたり、体育家を詩人よりも上位にしたりすることにはっきりとした理由はない。そして実際、財をなす者はここでは悪ふざけのために置かれているようだ。それにもかかわらず包括的な序列がある。三番目から六番目のカテゴリーは、変更も可能な階層秩序のなかで、上位の法によって一様に統治されている人間を表している。正しい臆見あるいは霊感を与えられた人々。だが詩人と生産者とのあいだには、ダイモンにかかわる人々とデミウルゴスにかかわる人々とを分かつ線が引かれている。職人がいるのはもはや天上界に再び昇ることのできない場所だ。職人は魂が上昇する道のりを歩んでも、詩的模倣の障壁で止められてしまう。越えようと思っても、さらに下、ソフィストと扇動家のレトリックのところまで落ちるしかない。

エロスによって導入される決定的なものは模倣の階層秩序なのである。このファンタジーの住民の中に欠けている登場人物が一人いる。簡単に言えば、戦士すなわち至高の狩人である。ここで戦士は、自分の場所にうまく収まらないだろう。というのも、職人と狩人、模倣者による三者ゲームが逆転されるからである。神性に取り憑かれた人々のこの上なく優れた性質を規定しているのは、いまや「真の」模倣者、霊感を受けた哲学者と詩人である。障壁の反対側には偽の模倣者がいるのだが、それは実は、報酬や評判、身体の狩人である。『ソピステス』は別のかたちでこのことを述べている。ソフィストが用いる無数のパヌルギアの道具は、金持ちの青年たちを相手とする一連の狩猟の装備にほかならない。それは顧客の点では異なるが、人の料理という原則の点では異ならない。[*18] 狩人は戦闘中の料理人にすぎないのだ。

劇場支配制

職人をめぐって、哲学者は邪魔者を追い払った。神の妄想は、模倣の世界に序列を与えた。一方にあるのは弁論術の分身で、いつでも同一者の法則に還元することができ、ヘラクレイトスの神々が訪れない説得の厨房に閉じ込められている。もう一方にあるのは、神の栄光の小銭にほかならない図像であり、感性的形態を英知的〈一者〉に再上昇させる修行へと、選ばれた魂を導くしるしである。二つの模倣があるという主張と、模倣がないという主張はある意味では同じことだ。職人をめぐって模倣の世界は二分され、哲学者は仮象の番を任されるのである。

あるいは少なくともその世界は二分されるべきだった。というのもやはり一つの問題が、霊感と

＊17　プラトン「パイドロス」一八五－一八六頁（248 d-e）。
＊18　プラトン「ソピステス」二二四頁（223 b）。

技術(テクネー)の接点、劇場の威信の問題が残るからである。
私たちがすでに疑っていたように、戦士をめぐる問いがいちばん手強いわけではなかった。詩人たちがもつ最も倒錯した力とは、神々についてのみだらな寓話を戦士に語って聞かせることではない。神が造った物と職人が作った物とを混同させてしまう力、国家における秩序と混乱をモデルとする音楽を群衆が利用できるようにする力である。劇場支配制(テアトロクラシー)は民主制の母である。『法律』でこのことが確立されるのは、次のような幸福な時代を想起させることによってであった。すなわち音楽について判定するのが「群衆のやじり声でもなければ、粗野な叫びのごときものでもなく」、また賞賛を表す拍手でもなく、「自分の耳で最後まで黙って聞くように定められていた」教養ある人々、パイデイア〔教育〕の持ち主であって、「他方、子どもたちや子どもの養育係、その他一般の群衆に対しては、懲らしめの鞭という戒律が置かれていた」時代である。[*19]
パイデイアをもつ人々の権力は、どのようにして民衆とその教育係に引き渡されたのか。まさに音楽に内在する不一致によってである。音楽は神と人間、〈一〉と多との不変の序列の再生産であるとともに、両者をつなぐ恍惚でもある。音楽家は自分が所有している理由を所有していない。音楽を評価することができないのだ。音楽家は判事となることで、自らの技法についての裁判を民衆に委ねるだろう。演奏家の権力は、民衆の権力の先触れである。「その後時代が進むにつれて、音楽のたしなみにそむいた違法を先導する者として、詩人たちが——素質の面では詩人の才能をもってはいるが、ムッサ〔ミューズ〕の定めた正義や法規については無知にひとしい詩人たちが——、生まれてきたのでした〔…〕。こうしてかれらは民衆のなかへ、音楽に関する違法と、十分な判定能力を身につけているかのような思い上がりを、植えつけたのです。その結果、劇場の観客たちはあたかも自分たちが、音楽における美と美ならざるものとを熟知しているかのように、かつての沈黙から転じて騒々しくなり、かくて音楽における最優秀者支配(アリストクラシー)に代わって、かの劣悪な劇場支配制(テアトロクラシー)が生じたのです〔…〕。音楽から端を発して、万事に関して知恵があると思う、万人のうぬぼれや法の無視がわたしたちの上に生じ、それと歩調を合わせて万人の身勝手な自由が生まれてきたのでした」[*20]。

もしこうしたアナーキーな原則に対する戦いが、芝居の統制の問題に帰着し、ミューズの友達に音楽に関する権力を委ねられていれば、事態は簡単だっただろう。問題は、ミューズの正義には妄想と結びついている部分があることだ。音楽家や悲劇作者、吟遊詩人の権力は神の権力だ。愚かな吟遊詩人イオンすらもがその分け前に与っている。イオンはわれを失っていればよい。目を涙でいっぱいにし、髪を逆立ててトロイアの不運をありありと語りさえすれば、聴衆もまたわれを失い、職人の群れは霊感を受けた合唱隊の連鎖に加わる。そしてこの連鎖は吟遊詩人と詩人を介して、望むところへ魂を導く神のもとにまで再び昇っていくのである。

イオンが本当に霊感を受けたのであれば、混乱は手の施しようがない。幸いなことに、おそらく本

---

*19 プラトン『法律』一二三三-一二三四頁(III, 700 c)。ここでいう養育係とは教師ではなく子どもの世話をする奴隷であることを指摘しておきたい。教育の現状が想起を促すのは、このような自由な教養(パイデイア)と奴隷の教育との違いである。

*20 同書、一二三四-一二三五頁(III, 700 d/701 a)。

当にそうなのではない。『イオン』の会話を少し読んだだけでもそのように推測できる。イオンは取り憑かれていて、トロイアを信じており、涙が止めどもなくあふれてくるのというのは本当である。ソクラテスは続けて、あなたたち吟遊詩人は公衆にも同じ効果をつくり出していることを知らないのかと尋ねる。するとイオンはさらに、観客が目に涙を浮かべ、髪を逆立てているのが見えていると認める。イオンは一時たりとも観客から目を離していない。損得があるのだ。「もしわたしがかれらを嘆き悲しませると、わたし自身のほうがお金を儲けて笑うことになりますが、反対に、もしかれらを笑わせようものなら、わたしのほうがお金を儲けそこなって、嘆き悲しむことになるのですからね[*21]」。

ソクラテスはこれに応酬しない。イオンに神の恩恵を得る者という肩書を認めてその場を去るのだが、イオンはむしろ料理人なのではないかという思いを私たちに抱かせる。あるいは、同じことだが、払った金の対価を望む人に仕える「神の人」なのではないかと。哲学者はこうして胸をなで下ろす。私たちはやはり弁論術の円環のなかにいる。イオンは、靴職人たちのなかの霊感を受けた人物であるのに、顧客の目を通してしかものごとを見ることができない。そして「まるで金をもらっているかのような[*22]」反応を見せる「芝居好き」が観ることができるのは、おそらく自らが演じる群集劇以外のものではないだろう。大勢が起こす物音、イタリアからもたらされた喝采の慣習こそが劇場支配制を作り出した[*23]。権力は芝居そのものよりも、芝居が起こしうる騒々しさにある。拍手喝采の喧噪のなかに、群衆（ミュルチチュード）固有の本質が表現されている。つまりそこにはいっさいの模倣がないのである。

「民衆美学」の理論は同語反復であるがゆえに安心をもたらす。民衆が芝居好きなのは、たんに数としての民衆がイデアという非感性的な単一性の敵だからというわけである。これが『国家』第六巻が明らかにしていることである。民衆は〈美〉そのものを愛するわけではけっしてない。美しいものを愛するだけである。ソフィストのヒッピアスがそうだ。ヒッピアスにとって〈美〉とは美少女のことだ。成果を上げる機会、再生産の道具。雑多な美しい事物が数あるなかで、群衆（ミュルチチュード）は自分たちにしかけっして感嘆しない。群衆（ミュルチチュード）は、それ固有の本質を、生産と再生産を行う多という本質のみを示す。拍手喝采の法は、その自己満足を示す。争点は、たんなる芝居の統制の問いへと再び変わる。

蟬の歌

この分析は裏返しに、つまり命令の裏面として読めるとも言える。自分自身を喝采する多の同語反復というのは、哲学が自らの大義を国家の大義と混同させるために、職人を閉じ込めた円環の追認にすぎない。群衆の喜びとはつまるところ大勢の拍手喝采だとする芝居の現象学は、専門分化のもたらす「他に代わる者がない」状況によって支配される労働理論の裏面である。「社会学」は一つの「美学」によって裏打ちされ、一者と多とをそれぞれの場所に厳密に割り当て、哲学者には法を、さらには分身の詩をまかせる。靴職人や大工は、たんに、騒々しい群衆（ミュルチチュード）を構成しているポロイ〔民衆〕の

＊21　プラトン「イオン」森進一訳、『プラトン全集10』一九七五年、一三四頁（535 e）。
＊22　厳密に訳せば「まるで自分の耳を賃貸して」（プラトン「国家」三九九頁〔V, 475 d〕）。
＊23　プラトン「法律」一三二－一三三頁（II, 659 b）。

なかの誰か一人でなければならない。あたかも、さらに恐るべき次のような無政府状態の幻想を振り払わなければならないかのように。すなわち、靴職人や大工が、有用な仕事と模倣の違いを忘れてしまい、もはや劇場での投票ではなく、〈美〉それ自体にいそしむこと——この上ない狂気である——を決断するという状態である。たしかにこうしたことは、社会学に言わせれば、生じそうもない。だが「社会学」とは哲学と反哲学との分割にほかならない。靴職人とは、身分の序列が言説の序列と一致するためにいるべき場所にいない者たちの総称である。このときからすべてが可能になる。すでに本当の庶子アンティステネスがおり、ソクラテスの教えだと自らが主張する内容を文字どおり一掃している。

『国家』の大いなる幻影、小人たちに侵略される哲学は、『パイドロス』の田園的な夢想にその平穏な反映を見いだす。「それは人々に気に入られた……」と書くことに熱心な、取るに足らない弁論代作人が非難されるなかで、対話は休息をとる。こうした休息にはたいていの場合、論証の無味乾燥さに疲れた読者を「休ませる」役割がもたされている。だがここでの問題は休息ではなく余暇である。正確に言えば、ソクラテスがパイドロスに対して、真昼の太陽のもとの蝉の歌に注意を促すとき、問われているのは余暇の概念そのものである。

文献学者パイドロスは、どの言説が本当の快楽をもたらしてくれるかを気にかけていた。身体や人々が感じる快楽、痛みの和らぎや、ふさがれた穴、満たされた欲求を意味する快楽のことではない。欲求や疲れ、痛みに従う奴隷の快楽すべてと対照的な無酬の快楽についてパイドロスは語ろうとしたのである。その探求には間違いなく長い時間がかかるだろう。けれども、とソクラテスはいう。私たちにはその暇がある。

余暇は義務でもあることを理解しておこう。休まない義務、真昼の太陽のもと、蟬の歌を聴きながら寝てしまわない義務。そのためにこそ蟬が鳴いているのだ。蟬は、神の音楽に酔いしれ、死ぬまで飲食を忘れて歌い続けた種族の末裔である。ミューズの使者である蟬が鳴くのは、余暇好きと、炎天下の合唱のもつ陶酔力にあらがうことのできるミューズとを区別するためだ。ソクラテスはパイドロスにこの点を指摘する。「あの蟬たちが、ぼくたち二人も多くの人々と同じように、このお昼時、議論を取り交わさないで居眠りをし、心が物憂いままに、かれらの歌声にうっとりと魅せられているのを見るならば、当然のことながら、かれらはぼくたちを嘲笑することだろう。これはきっと、奴隷たちか何かが、自分たちのところへ避難してきて、泉の側で羊たちのように惰眠をむさぼりながら、お昼時を過ごしているのだろうと、こうかれらは考えるだろうから」[*24]。

群衆（ミュルチチュード）、奴隷、避難所——田園風景が、なじみのある作品に入れ替わる。だがここでは哲学を擁護することが、劇場をめぐる問いに答えることでもある。同じ歌い手がミューズの友たちを移動させ、労働者民衆を押し返す。蟬の歌が描くのは、自由な問答法と、その警戒心が疲労と暑さの曲線のみに従うような人々の仕事とを分離する円である。パイドロスが、街好きの哲学者を靴職人や大工たちと離れたところに導いたのはもっともなことだった。クリティアスは哲学者が彼らと交わることを禁じることを望んでいた。パイドロスの思い描く野外劇場、民衆劇場の反転像は、哲学の聖域でもある。

＊24　プラトン「パイドロス」二一〇頁（259 a）。

そこでは特権的な関係――問答法と神の友愛という〈二者〉――が、生産と再生産を担う多の通俗性から守られている。禿頭でもなく、片足を引きずってもおらず、庶子でもない人々は、奴隷の本性を少なくとも次のことから知る。眠気にあらがいえないこと。『法律』は後にこう記す。主人が奴隷に起こされるのは恥ずかしい[*25]、と。哲学者とはとりわけ主人である。寝ることはいっさい許されず、自由な言説をけっしてさえぎられることのない人物である。弟子や神とのあいだで交わされる途絶えることのない会話、それこそが問答法の意味するところでもある。職業実習や国家防衛と同じく休みのない活動。導き手たる哲学者と言説の愛好者という二人組がもしも眠ってしまえば、哲学の正統性はおしまいになってしまう。だがそうなったとき、調子外れの声を蟬の歌と混ぜるなど、誰が職人に告げることができるだろうか。

　余暇の神話は、労働に関する法と劇場に関する法とのあいだに自然なつながりを作り出す。職人民衆は労働と睡眠のたんなる交代によって管理されなければならない。芝居好きがこちらでどよめき、あちらでうとうとする群衆（ミュルチチュード）であってはならないのと同じである。哲学者‐蟬は、自らの聖域を守る。そこは職人たちの雑多な国家から排除された賢人の避難所であると同時に、分業された労働を蟻に命じる守護者たちの神殿でもある。蟬の歌はこうしたハデス〔冥界の王〕の裁きを予測していた。ハデスは「神の人間」にもたらされる天上の運命と、節度ある人間に約束された誠実な報酬とを区別するだろう。後者は節制（ソフロシュネ）と正義（ディカイオシュネ）の徳に専心した後、ミツバチやスズメバチ、蟻といった何らかの政治的動物の種に転生することになる[*26]。

　音楽から政治を分けることには、おそらく哲人王が抱える最大の矛盾が表れている。神の人は政治的動物ではなく音楽的動物であり、国勢調査や規則管理の執行者よりも、神を讃える詩人――あるいは神の操り人形――向きに作られている。[*27] 支配者の定めた旋律どおりに歌われる不易の諸原理をこぞってひたすら褒めたたえるよう求められた住民が住む国家、[*28] そこからあまりに単純なかたちで作られたのが「全体主義」哲学者の夢だった。けれどもこの国家はむしろあらわになった矛盾であり、その矛盾を克服すべく、各人の力に応じて音楽でのパートと神の遊びでの役目とを割り振ろうとするむなしい努力なのである。国家の法律と合唱隊は神の音楽の弱々しい模倣にすぎない。哲学者がそれに身を捧げるのは、第一に隠遁生活を確保しておくためだ。音楽が市民を一つにすることができるのは、音楽がその合唱隊から哲学者をすでに遠ざけてしまっていたときに限られるだろう。

仮象の分割

蟬の歌によって、妄想の領域は余暇という障壁にさえぎられる可能性がある。ソクラテスとパイド

＊25 プラトン「法律」四三一－四三二頁（VII, 808 a）。
＊26 プラトン「パイドン」松永雄二訳、『プラトン全集1』一九七五年、二三八－二三九頁（82 a-b）。
＊27 人間に固有のものとしての音楽については、プラトン「法律」一二〇－一二一頁（II, 653 e/654 a）を参照。神の操り人形という本性に従って人間が行うべきゲームについては、同書、四二三－四二四、四二五頁（VII, 803 c/804 b）を参照。
＊28 同書、一四七－一四八頁（II, 665 c）。

ロスは、野遊びに行って、模倣者の排除にひねくれた意味を与える。模倣者たちが生産国家から追放されたのは、壁の外で、神の引退を準備し、特別な宴の準備をよりよく行うためではなかったか〔というのである〕——この宴において、哲学者は、詩人たち（悪意のある者を含む）や言説愛好者たち（愚直な者を含む）と理解し合い、職人たちのなかでも抜け目ない者たちを排除する。

詩人は必要だが、いなくてもよい。民衆の劇場に声のよく通る役者を連れてきて、守護者たる哲学者の悲劇と対決させるのだから詩人は不要である。しかし守護者たる哲学者がただの豚飼いの師ではないので、詩人は必要である。したがって排除は共謀に変わり、哲学者と、美しい形態や麗しい言説の愛好者とが劇場の喧噪から離れたところで顔を合わせる特別なパーティや宴に変わる。哲学者はこうした人々に対して、自分たちの情熱が制作の技術やおもねりの料理法と何の関係もないことを認めさせる。その引き換えに、うわべだけの人々のいかがわしい集団は、真理愛好者に対して、すべての快楽が、酔いの湯気から高級娼婦の同伴に至るまですべて二分割されることを保証する。パウサニアスの「弁論術的な」言説はディオティマの霊感を受けた言説の真理を述べる。二つの恋があって、そのそれぞれが二重である。ソクラテスはカリクレスに言う。「ぼくたちは二人であるが、めいめい二人のものに恋しているわけだ。ぼくが恋しているのは、クレイニアスの子のアルキビアデスと哲学であり、君はまた君で二人のもの、つまり、アテナイのデモス（民衆）とピュリランペスの子のデモスとに恋しているのだ」[*29]。『饗宴』の最後で、アルキビアデスは賛辞を逆転させ、ソクラテスを「荷驢馬や、どこかの鍛冶屋、靴職人、なめし皮屋」[*30]ばかり出てくる話に包まれた恋の対象として描いていた。

あらゆることが分割されるには、最後の生誕神話が必要である。それによって非正統性〔非嫡出性〕の領域にも区分が生じる。知ることを願うすべての者に対して、そのはかなさを伝えるには幼い奴隷一人がいればよかった。貧しい女神ペニアと庶子のエロスの二人さえいれば、イデアを不法に愛する者に通ずる扉は閉ざされ、役割の社会学が価値の系譜学によってそっくり覆われた序列を完成させることができるのである。

デミウルゴス、民衆と労働の人物の周りでは、あらゆるものが二つに切断されている。デルポイの神託は哲学者に「汝自身を知れ」と言い、職人には「多くを求めるな」と言った。記憶は、一方にとっては想起であり、他方にとっては記憶術である。言説は、弁論術による模倣が作る死んだ文字、あるいは神の模倣がなす軽やかな歌である。劇中人物への恋とは道具を持った手の拍手の音か、美を想起して翼を打つ音のいずれかである。身体への恋は靴職人の再生産の口実か、選ばれた魂による修練の出発点である。イデアの道は二重化された仮象によって守られ、自分の仕事以外のことをしようとする職人はそのたびごとに悪いほうへと締め出されるのである。

城壁の足下で

というのも哲学にとって、たんなる排除によって、肉体労働者には魂の真実を知りえないようにす

＊29　プラトン「ゴルギアス」一〇八‐一〇九頁（481 d）。
＊30　プラトン「饗宴」鈴木照雄訳、『プラトン全集5』一九七四年、一二一頁（221 e）。

ることで、自らを成立させることは、きわめて粗雑な策略だからである。哲学者は、武力をもつ者による真理の奪取を恐れてはいない。恐れているのは技法の人による仮象の奪取である。真理愛好者をふさわしい高みにまで引きあげるためには、靴職人を仮象の世界から追放する必要がある。哲学者は仮象世界の扉に二度鍵をかけた。一回目は、模倣者を追放して職人を「彼らにふさわしい」場所につける分業によって。二回目は、仮象の二重化をつかさどる霊感の妄想によって。あるいは、そういったほうがよければ、哲人王は二つの学問を発明した。社会学は、有用な機能の世界から仮象を追い払い、美学は、有用物を扱う官吏たちの前から哲学の正統性を守る仮象を退却させる。そして職人の左右にそれぞれ配置されるのが、役割を外れた職人特有の非正統性〔非嫡出性〕の影響を、その消極的態度で引き受けるソフィストと、哲人王の妄想の随伴者、詩人である。後者は哲人王付きの道化役者ともいえるだろう。職人の作品のまじめさのせいで、哲学者は、ひとたび節制の師としての信用をなくしてしまうと、この仮象と系譜学の専門家を登場させることができるのである――靴職人が関与していると言い張るような一切の美と真理を、ごまかしたり否認したりする共犯者を。

プラトンの挑発力は、驚くべき率直さにある。プラトンは未来の認識論や社会学が必死にごまかそうとすることをはっきり述べている。すなわち、真理の序列が知についての知にもはや基礎を置くことができないのは、社会の序列が分業にもはや基礎を置くことができないのと同じだということである。社会関係と言説序列は同じ虚構、職人を虚構の領域から追い出す虚構に属している。技法の嘘の排除、自覚なしに実践される嘘。哲学の序列と社会の序列の接合部で唯一機能しているのは、自然〔の素質〕という高貴な嘘である。

働く、、、ように嘘をつく職人に対して、哲学者〔プラトン〕は自らが語る嘘の正統性は真理に関する知に基礎づけられていると主張する。だがそれは逆立ちした嘘だ。模倣の規則のほうが、自らの系譜についての神話を語ることのみを通して、哲学の正統性を基礎づけているのである。

哲学とは根本的に系譜学であり、高貴さに関する言説であると同時に自然に関する言説である。そこから、不平等な社会的序列を正当化したり、人々を哲学的な観念の「全体主義」に閉じ込めたりするために応用された「奴隷制」哲学の言説を指すと理解すべきではない。哲学にとって肝心なのは、他者を閉じ込めるよりも他者から自分を守ること、真理を押しつけることよりも仮象を保つことである。周知のように、高貴さはまずこのことから成り立っている。

したがってプラトンの説く序列と妄想が表しているのは、既成の政治的序列と哲学との妥協でもなければ、混乱する国家への哲学的真理の強制でもない。それはむしろ哲学という制度そのもののパラドクスである。哲学が自律の円を描くことができるのは、ひとえに自然〔の素質〕と高貴さについての恣意的な言説によってである。すなわち、哲学のテロスつまり完全な自然を模倣することで、自らの緊張を可能にする言説によってである。簡単に言えば、この模倣は自らの戯画とつねに並行して進むことを運命づけられている。哲人王は自らの猿たちと暮らさざるをえないのである。

この論理と脅威は、ツァラトゥストラの哲学者によって、社会主義の時代の希望と恐怖のなかで、再発見されることになる——唯一、プラトンに反してその論理と脅威を述べるということと引き換えに。ニーチェは、生の嘘と仮象の高貴な情熱とを、真理に対するソクラテス的で平民的な情熱に対して賞賛することになるだろう。また、農地開拓者クセノポンの〔描く〕平民的ソクラテスや、民衆哲学者アンティステネスに向けられた哲人王の怒りをおそらくたんに引き延ばすことになるだろう。真理は自らの正統性を、よい生まれの魂と、鍛冶屋の金槌の音と集会の騒ぎのために生まれた魂とを区別する、高貴な嘘によってのみ保つ。これこそニーチェが追認することになるプラトンの教えである。

しかしニーチェは、近代への彼固有の貢ぎ物を納めている。ギリシャ神話の「地中海的な」品位をビゼーのスペインに移しかえ、また『饗宴』の舞台であるアガトンによる宴をオペラ『カルメン』に登場する葉巻造りの女工、闘牛士、リーリャス・パスティアの酒場の荒くれ者たちの宴へと移しかえたのである。肝心なのは、その酒場がセギディーリャ〔アンダルシアのダンス歌曲〕が教えるように、城壁の足下にあることだ。哲学の城壁といえば、臆病な——あるいはしたたかな?——アンティステネスは、それがまさに職人民衆を守るために建てられたにもかかわらず、哲学者たちは彼らを守ろうとしないと非難していたのであった。

ではいったいなぜ葉巻造りの女工たちは、民主主義と社会主義の時代に、まさに哲学者を守らなければならないのか。いかなる転倒によって、工場が職人の反対に賭け、街頭の女神〔街娼〕たちが、哲学者-芸術家の賭け金を取り戻しにくるのだろうか。ビゼーがワーグナーに反してツァラトゥストラの哲学者になるのは、カルメンの踊りが聖杯騎士団のミサよりも軽やかであるからだけではない。おそらくパルジファル、ジークフリート、ローエングリンといった戦士たちのおめでたい愚かさよりも耐えがたいものがあるからだろう。それこそが〔一六世紀のマイスタージンガーで、ワーグナーの楽劇『ニュルンベルクのマイスタージンガー』など、ドイツ・ロマン主義の諸作品のモデルとなった〕靴職人のハンス・ザックスのつつましい詩的自負なのである。

マルクスの労働

いっそ「実践家」になろうと決意をして、この年のはじめには鉄道事務所に入るはずだった。幸か不幸か、僕の悪筆のせいで、この地位には与れなかったのだ。

（マルクス、一八六二年一二月二八日のクーゲルマンへの手紙）[*1]

靴職人と騎士

靴職人が自前の屋台店のなかで歌うのなら、あるいは民衆の祭りで合唱に加わるのなら、そこには問題はない。仕事のリズムにあわせて歌うとき、あるいは休息の時間を使って歌うとき、歌は、労働者が肩書以上のものでその地位に結びついているかのような、愛の見かけを保つ。耽美主義者がわざわざ聴きに来る義理はない。

しかし『マイスタージンガー』[*2]の一幕でハンス・ザックスが行うのは別のことである。年に一度、民衆に音楽の内容を審査させようと提案するのだ。さらに、この仕方でマイスターの一員にしようと彼が望んだ最初の歌手とは、一人の騎士であった。

一つめの過ちはなんとか許せもしよう。〈美〉の審判にあたって手を打ち鳴らすこと、〈イデア〉の統一性を形式および投票に基づく複数性と一緒にすること、これは工匠たちの気質に適ったこととみなせる。もしそれが職人組合の仲間うちでの職人歌の審査であれば、さほど問題ではない。

しかしハンス・ザックスは混同していない。群衆の祭典に彼が推挙するのは自分の徒弟ではない。一人の騎士なのだ。彼が後押しするのは歌手ではない。詩人なのだ。この詩人騎士が靴職人によってニュルンベルクの職人たちに紹介されると、すべてはめちゃくちゃになるようだ。武器も、道具も、韻律も。職も、学問も、霊感も。金も、銀も、鉄も。

靴職人の蜂起

この混乱は、音楽家のゴシック的想像力から来るのではない。一八六八年、ワーグナーがミュンヘン・オペラ座の舞台にかけた、このたがの外れた聖ヨハネ祭には、哲学、芸術、政治の専門家たちを数十年来にわたり悩ませていたテーマの一つが描かれている。それまで〈善のイデア〉を知る学者たちや、美しい形式に霊感をうけた恋人たちのための領域だったところへ、靴職人が侵入してくるというテーマである。

たしかにずいぶん前から警察にはおなじみになっていたことがあった。パリでもニュルンベルクでも路上で靴職人の徒弟たちが、仕立屋の小僧らと騒いでいたのである。これは彼らのコンセプトにぴったりだった。何せとびきりの群衆であること、雑多でやかましい集まりであることなのだから。劇場の支配人たちもそのことをよく承知しており、彼らを喝采役の小物師(さくら)として雇っていた。

おそらくそこに間違いがあったのだ。警察は賢明にも、劇場に小物師は必要ないと思っていただろう。最大の不幸は、この群衆のなかにはなかった。それは、その解体にあった。労働者に着込ませた上品な服装、拍手するよう命じられた貴族の恋愛、お招きに与ったためくるめく舞台、労働者たちがそれらを気に入ったのは明らかだ。そこから一直線に、彼らは縁なし帽と共和国の名前で夢中の秘密結社に、あるいは上流階級の人々が労働者たちと仲良くしているサン＝シモン派の集まりになだれ込むようになる。なかにはひるむことなく、詩人や哲学者の神聖な楽しみにまで一気に駆け上がろうとするものもいる。

靴職人の蜂起である。歴史家たちの社会学的な説明は、そこに靴職人の徳の高まりを見ようとするだろう。こうした熟練労働者の誇り、来るべき無資格労働の世界を前にした彼らの不安によって、靴職人たちとその切っても切れない子分である仕立屋たちは、その精神と腕に武器を取ったというわけだ。

ただ靴職人――そしてすべての労働者――は知っていた。靴職人の徳などありはしない。あるいは、こう言っても同じことだが、プラトン以来変わらぬ徳がある。靴職人とは、靴を作る以外のことはできない者のことである。

＊1　訳注――「マルクスからルートヴィヒ・クーゲルマン（在ハノーファー）へ」一八六二年一二月二八日付、『マルクス＝エンゲルス全集30』大月書店、五一八頁。

＊2　訳注――『ニュルンベルクのマイスタージンガー』は一八六八年に初演された、ワーグナー作曲の楽劇。台本もワーグナーの手による。

このように「特性〔qualité〕」と禁止が結びついていることは、学者にはもはや理解しがたくなっていたが、労働者たちにはよくわかっていた。この結びつきを受け継いできたのは彼らだからという単純な理由である。またこの何世紀か、この結びつきは彼らの内的な階層秩序の規則となってきたからであり、労働者たちが自らの運命を成就するためと同時に、この運命を最下層民すなわち靴職人へと押しつけることによって否定するための手段となってきたからである。

「幾何学を知る者以外なんぴとも入るべからず」[*3]。同業組合の人々は、自分たち幾何学を知る者〔測量技師〕の王を見つけていた。大工、すなわちソロモン神殿の建造者らの末裔のうち第一の高位にある者である。大工は労働者の世界を組織した。そこでは――鍛冶屋であれ樽屋であれ、錠前屋であれなめし皮屋であれ――それぞれに持ち場があり、そこで果てしなく技術を習得することに彼らは人生を捧げる。この一芸職人(モノテクニシャン)たちは、模倣者も、金属の混合もあまり好まない。彼らの名誉を回復しようとした詩人が少なくとも一人いた。ホフマンである。ホフマンの描くマルティン親方は、樽つくりを至高の技法とみなして、絵描きが仕事場にいることも、娘と騎士が結ばれることも望まないのだ[*4]。

禁止と階層秩序の世界である。とくに測量技師つまり大工から始めて、その技法が雑になるごとに、測量術〔幾何学〕が不要になるごとに下りていき、ついには靴職人の地獄へとたどり着く。靴職人は一九世紀にあっても、まだプラトン的序列に反した罪を償い終わっていなかったのだ。靴職人とは、その大きな前掛け、粗野な道具、臭い松ヤニを同業仲間の歌のなかで笑いものにされる小男である。職人組合の秘儀の手ほどきを不正に受けた、横取り奴隷である。大工の掟は、義務(ドゥヴォワール)を意識するすべての職人仲間に、この「へぼ職人(サブラン)」が職人組合の徽章をつけているのに出会ったら殺せと命じている。

一九世紀なかばには、この序列は退廃の域にさしかかっていたが、まだそこかしこに、図々しさを罰せられた靴職人のしかばねが転がっていた。いずれにせよ、身分秩序の現実によって、象徴秩序の禁止の数々は引き続き維持されていた。靴職人は職業のなかでも最下位である。労働者がいるはずのないところで、たいていどこでも靴職人が最前列にいるのは、最も数が多いのに、職人の名誉にこだわったり惑わされたりしないからである。靴職人の蜂起は、こうした靴職人の特性に賛成するためではなく、反対するための闘いだった。この拒絶の典型例を見てみよう。ある若き詩人を、学校に勤める父親が靴職人の職に無理やり就かせようとした。「彼は聖人然として父に逆らった」と自伝は私たちに述べる。そうして「仕事道具をめちゃくちゃにした。そんなもののために生まれたのではなかった。そして彼は自分自身の意に従うことで再び自由の身となった」[*5]。

ここに事態の根本がある。いまや誰であれ、自然〔の素質〕よりも法律を重んじ、自分自身で判断することができる――いずれ彼に押しつけられることになるであろう外部の強制から独立して、彼が、靴職人にせよ他のどのような職業にせよ、それに就くために生まれたにせよまったくそうではないに

*3 訳注――プラトンのアカデメイアの入り口に掲げられたモットー。

*4 「樽屋の親方マルティンとその若衆たち」〔E・T・A・ホフマン『ホフマン全集4-II』深田甫訳、創土社、一九八八年〕は、ワーグナーに「マイスタージンガー」の着想を与えたとみなされている。もっとも、似ているのは物語の枠組みと、芸術家と職人の関係というテーマだけである。

*5 Hyppolite Tampucci, *Poésies*, préface, Paris, 1833.〔未邦訳、イッポリト・タンプッチ『詩』〕

せよ。身分秩序を保証してきた「他の何者でもない」が、いまや二つの側面から異議を述べられるようになっている。一方で、熟練労働者たちは、仕事を変えるに際して、資格を得るのにそれほど時間がかからないこと、ある職業から別の職業に移るのにまったく支障がないことに気づいていた。[*6] 他方で、仕事の熟練自体が、禁止の裏返しだと感じはじめた人々がいた。彼らは、むしろ見かけの楽しみや、弁論術のための休暇を手に入れようと決心した。例えば、仕事の応募にやってきたぐったりした指物師はこう言い訳している。「ずっと前にソクラテスを見つけて、突然、やるべきことを放り出して彼を追いかけたい、一緒になって(一日中でも)人生のほんとうの善についてああだこうだおしゃべりしていたい、となったのです」[*7]。

自然〔の素質〕の失敗。職務の混乱および金属の混乱。一芸職人たちは模倣者たちの雑然たる世界に移行し、そこで神聖な芸術に霊感を受ける騎士たちや、民衆に秘密を打ち明ける哲学者たちと出会う。秩序の人間も、霊感の人間も同じようにこの無秩序を心配するが、彼らの告発の中心にはいつも同じ原型が置かれている。一八四一年、異端の誕生に立ちあった元サン=シモン主義者レルミニエ教授は、こうした労働詩人たちへの賞賛に激しく抗議している。そこに彼は、靴職人サビニアン・ラポワントの象徴的な存在を認めている。労働詩人たちをもてはやす共和主義者たちに対して、彼は近代共和国の祖〔ルソー〕の忠告をつきつける。「私は、エミールが手に職をつけることを強く望む。〔…〕音楽家や俳優や売文屋にはなってほしくない。〔…〕詩人よりは靴職人になってもらいたい」。美学的無秩序、政治的無秩序、象徴的無秩序、現実的無秩序、すべてはつながっている。靴職人に詩人の筆を与えるような共和国には、「最高権力をめざす者がごまんと現れ、法に従う臣民はいなくなるだろう」[8]。

逆の面で、『芸術家』誌の編集者たちは、政治的には進歩的であったが、一八四五年のサロンの際、民主主義が芸術の領域に侵入しはじめたことへの危惧を表明している。彼らも要所を外していない。「自然は、万人が天分をもつことを許していない。ある人には詩を作れと言い、別の人には短靴を作れと言う」[9]。霊感を受けた人の権利が、序列を説く理屈に無理なく結びつき、序列の理屈の方向性を力づくでなく変える。いかなる卑しい恐れも、優しいシャルル・ノディエ[10]を駆り立てていない。コルネイユ風の悲劇を作る靴職人たちを懸念する彼は、今度は自分で諸悪の根源を診断する。書き言葉（エクリチュール）の度を越した民主主義だ。いまや書き言葉は印刷業か民衆教育になってしまい、それによってあちこちで「世の役に立つ人夫と正直な職人」が「泥棒、詐欺師、偽文書屋」[11]に変わってしまっている。それならば、国家、民衆、詩人を同時に満足させるのにうってつけの解決策とは、民衆文化を民衆に返す

＊6　A. Corbon, *De l'enseignement professionnel*, Paris, 1855.〔未邦訳、A・コルボン『職業教育について』〕
＊7　G. Gauny, lettre à A. Barrault, 26 juin 1854, *Fonds Gauny*, Bibliothèque municipale de Saint-Denis.〔未邦訳、ルイ＝ガブリエル・ゴニからA・バロー宛の一八五四年六月二六日付書簡、ゴニ文書庫、サン＝ドニ市立図書館〕
＊8　Lherminier, « De la littérature des ouvriers », *Revue des Deux Mondes*, novembre 1841, p. 972.〔未邦訳、レルミニエ「労働者の文学について」〕
＊9　*L'Artiste*, avril 1845.〔未邦訳、『芸術家』〕
＊10　訳注――シャルル・ノディエ（一七八〇－一八四四）フランスの作家。多数の幻想的文学作品を執筆し、ロマン派運動を牽引した作家として知られる。

ことである。哲学者たちに没収され、廃止されていた神話という根拠を彼らに返すことである。反革命に基づく反哲学的な恨みと、唯物論に基づく反イデオロギー的な強さとのあいだの道なかばで、ノディエはまったく素直に、こうした裏返しのプラトン主義を表明する。そこでは民衆説話が、いまや空文となった書き言葉と同一視される哲学を告発するはずである。

したがって、あたかも近代国家の運命は、またもや例の象徴的分割において表象されうるかのように事は進む。ある階級に属する個人が実在しなければならない。彼らの職業は、すべての職業人にとっての必然性、自分の仕事以外何もしないという必然性を象徴している。それは、余暇という――とくに最も禁欲的ですらある――特権と相容れないものとしての労働の必然性を要約した職業である。ところがこの靴職人が靴以外のものを作り始めると、あちこちで序列が脅かされる。逆に、誰であれ身分序列を乱すひとのことを靴職人と命名できる。こうして『エコノミスト新聞』の博識な編集者は、フランス政府が扇動的な文章を理由に国外追放した一人のドイツ人共産主義者が何者であるか、一瞬も迷わなかった。カール・マルクス氏は靴職人である、と彼は読者に伝えたのである。

聖ヨハネ祭の夜

こうした文脈で、リヒャルト・ワーグナーは一八四五年に、騎士と靴職人の話を構想する。まずはもちろん、彼を誹謗する者へ反駁するために[*12]。しかし、それから二三年後にこの話を上演させたときには、勝負が決着していないことを示すためでもあった。この作曲家の作品中でも『マイスタージンガー』[*13]が唯一無二のオペラであるのは、それがまさに決別の表現にほかならないからだ。靴職人の蜂起はもう片付いた。芸術家は、自然〔の素質〕と天才という属性を完全に自分の手に取り戻している。さらには、嵐のような四〇年のあいだに、民衆にこの属性の見張りを任せるようになっていた。エファはいつでも王冠をヴァルターの頭から取って、〔靴職人の〕ハンス・ザックスに載せることができる。だがそこで騙されるひとはいないだろう。実際に起こっているのはまさに正反対のことである。詩人靴職人の勝利は、同時に退位でもあるのだ。それは民衆による洗礼式であり、それによって洗礼者聖ヨハネの代理は霊感を受けた芸術家騎士を聖別するのだ。そして騎士に、職人たちに騙し取られていた、貴族のミンネゼンガー〔宮廷歌人の総称〕の王冠が返される。民衆と女性への崇拝において靴職人と詩人が同盟を結ぶのである。しかしこの同盟は、結ばれたと思いきや、ただちに乗り越えら

＊11　Charles Nodier, « De l'utilité morale de l'instruction pour le peuple », *Rêveries*, rééd. Plasma, p. 182-183.〔未邦訳、シャルル・ノディエ「人民のための教育の道徳的有用性について」〕

＊12　訳注——問題のオペラ『ニュルンベルクのマイスタージンガー』は、ワーグナー主義の批判者で形式にうるさいE・ハンスリックへのあてこすりと言われている。

＊13　訳注——『ニュルンベルクのマイスタージンガー』のあらすじは以下のとおり。ニュルンベルクにやってきた騎士ヴァルターは、金細工師ポーグナーの娘エファと出会い恋に落ちる。ポーグナーが、聖ヨハネ祭で行われる歌合戦の優勝者にエファを与える約束をしたことを知ったヴァルターは、恋敵の書記官ベックメッサーの妨害を受けつつも、靴職人ハンス・ザックスに助けられて自らの歌を完成し、これを歌って見事、歌合戦に優勝する。

れる。たった一日の権力である。技術よりも天才、記憶術よりも霊感の優位が復興されているあいだだけ営まれる祝祭の王政なのだ。そこには一つの媒介だけがあればよい。ベックメッサー、市の書記を務める男、石版に印をつける男、しつこい記憶の男である。彼こそ、近代のソフィストだ。あるいはむしろ、ソフィストに及ばない男。なぜなら、彼は正しく諳んじることも、自分で靴を作ることもできないのだから。この三文ソフィストは、いまはプチブルと呼ばれている。

「民衆文化」という新たな夢が美学的にも進歩主義的にも洗練された末に、近代性を示す主要形式の一つとして「ゴシック」オペラが現れる。『タンホイザー』[*14]と『マイスタージンガー』、ヴァルトブルクの歌合戦とニュルンベルクの歌合戦とのあいだで、民衆と女性に捧げられたサン゠シモン流もしくはフォイエルバッハ流の賛辞は、かなり限定された移行を行っている。そこでの職人の徳の向上には、貸与と返済のゲームが伴う。そこでは、霊感を受けた芸術家は、民衆の気質(エトス)に天才あるいはダイモーン[*15]があるとみなす。民衆は、すぐさまこれを芸術家に返還し、その者を民衆の芸術家として聖別する。機械的な模倣者とは違って、働き手にして騎士である芸術家だ。こうした芸術家の聖別は、芸術家から政治家や学者へと提案されるモデルでもある。かつてのプラトン流の序列は、ごった煮と雑駁さへの恐怖から肯定されていた。逆に、ニュルンベルクの祝祭が示すのは、この雑駁さの近代的用法だ。それは、それぞれの金属の色を薄め、かつての序列の目に見える輪郭を消し去る。近代の守護者、また近代から霊感を受ける者に、新たな正統性を与えるために。この新たな正統性は、いま重要と言えるたった一つの力能に基づいている。すなわち下からの力能である。

皮肉にも、一人の批評家が、こうした作用が及ぶ範囲を、誰よりもよく予感していた。若き革命家リヒャルト・ワーグナーである。『オペラとドラマ』[*16]において、彼は、この民衆的天才の核心にある往還運動についてこの上なく鮮やかな分析を加えている。この往還運動はオペラに新たな精気を与えるはずである。それは、居並ぶナポリ漁師たちのあいだを狂ったように駆け抜ける騎士オベールの騎行であり、アルプスの麓で笛の音に耳を傾けるその好敵手ロッシーニの散歩であり、舞台にのぼったマイヤーベアの民衆である。[*17]たしかに、そこにあるのは、靴職人ハンス・ザックスとその徒弟が動かし始めた演劇装置の隣にある、簡単な料理レシピである。

この種の民衆文化は、少なくとも二人の哲学者にとって、彼らの古典趣味からして嫌悪を催させるものだった。フリードリヒ・ニーチェとカール・マルクスのことである。ただしニーチェの場合、一時期、聖ヨハネの火祭りに漂うあやしげな民衆的魅力に屈していたことがある。彼が一つの診断へと

＊14 訳注――『タンホイザーとヴァルトブルクの歌合戦』は一八四五年にドレスデンで初演された、ワーグナー作曲の歌劇。

＊15 訳注――天才 génie のラテン語語源ゲニウス Genius は、古代ローマの信仰における精霊・守護霊を指す。ダイモーン *daimon* は、古代ギリシャにおいてこれに対応する語。

＊16 訳注――『ワーグナー著作集3 オペラとドラマ』三光長治監修、第三文明社、一九九三年。

＊17 訳注――ダニエル・フランソワ・エスプリ・オベール（一七八二－一八七一）フランスのオペラ作曲家。代表作に『ポルティーチの唖娘』など。ジョアキーノ・ロッシーニ（一七九二－一八六八）『ウィリアム・テル』などで知られるイタリアのオペラ作曲家。ジャコモ・マイヤーベア（一七九一－一八六四）ユダヤ系ドイツ人の作曲家で代表作に『エジプトの十字軍』など。

たどり着くには、それからしばらくの時間が必要だった。それは奇妙にも老プラトンのそれを思い出させるものだった。靴職人の蜂起の演劇的解決は、やはり靴職人の勝利である。それが演劇であるということだけで。すなわち劇場支配制（テアトロクラシー）である。まさに〔プラトンの〕『法律』から復活した概念である。[18] ニーチェはこれによって「ワーグナー症例」に片をつける。靴職人の話が芸術家の聖別の役に立つだけなら、たいした問題ではない。というのも、まさしく模倣芸術家の力――ニーチェの言う俳優の力――こそが、音楽に関する退廃の始まりとなり、それゆえ哲学と政治の退廃の端緒となるのだから。音楽の規則を芸術家の判断に委ねること自体が、短期的に民衆の手に判断を委ねることなのだ。「劇場は一つの大衆蜂起である」[19]。ニーチェがバイロイト劇場を激しく批判する際のイメージには、プラトンの亡霊の姿が見いだせる。そこは魔法使いの洞窟であり、良家の青少年は堕落させられてしまうだろう。だがそれは「水療法施設」でもあって、そのお粗末な衛生状況は、かつて脱走奴隷が身づくろいをした公衆浴場を思い出させる。結果は――言葉づかいを除けば――プラトンの診断とほとんど変わらない。俳優の君臨が帰結としてもたらしうるのは、「労働者を階級として可能ならしめる本能」[20]の破壊以外にない。これに対抗して頼みの綱となるのは、ほとんど、南中する太陽の下の蟬の円環だけであろう。

イデオローグ、靴職人、発明家

〈北〉対〈南〉。模倣者たちと大衆の一斉到来を迎えうつ思想防衛の一つの地形だ。だが、マルクスの風景はそれとは違ったふうに組織されている。トリアー生まれ、ロンドン暮らしの人間〔マルクス〕にとって、南仏は、北の野蛮と対比される文明の地ではない。文明とは、それぞれ同等な野蛮の領土から流出してきた交易品の大河なのである。ニュルンベルクは〈南〉である。ひしめきあう村々の国、南ドイツの古びた不潔さと古い感傷の国であり、大地主と軍人と役人の〈北〉〔プロイセン〕に対抗している。マルクスにとって、ここにある動かしがたい矛盾が、ドイツ革命の喜劇のうちに反映されている。ドイツ革命を完全に要約しているのが、一八四八年の二人の「英雄」の相補的性格である。マルクスが毛嫌いする二人。ヴィリヒ少尉の冒険主義的な軍事主義と、詩人キンケルの感傷的な大言壮語である。[*21]

革命の直後、マルクスが話題にしたのは、まさしくニュルンベルクと、その詩人靴職人であった。

＊18 訳注――本書一〇二―一〇三頁を参照。

＊19 F・ニーチェ「ヴァーグナーの場合」『ニーチェ全集14』ちくま学芸文庫、一九九四年、三三一頁。

＊20 同書、一三二頁。

＊21 訳注――アウグスト・ヴィリヒ（一八一〇―一八七八）元プロイセンの軍人であったが、政治的信念からこれを退き、共産主義同盟に参加する。一八四九年にはバーデン＝プファルツの蜂起に義勇軍隊長として加わる。その後、一八五〇年の共産主義同盟分裂に際しては、カール・シャッパーとともにマルクスに対立した。ゴットフリート・キンケル（一八一五―一八七二）ドイツの詩人。ドイツ革命には一兵卒として参加した。彼が一八四九年の軍法会議で行った弁論をマルクスは告発している。以下を参照。マルクス＝エンゲルス「ゴットフリート・キンケル」『マルクス＝エンゲルス全集7』三〇六―三〇九頁。

彼はダウマーの『新世紀の宗教』の書評を行っている。現代の野蛮に取り囲まれた「文化」の退廃に対して、ダウマーが提案するのは、自然と女性に支えられた新たな人間的宗教である。しかしその批判者マルクスにとって、この「自然」とは、日曜の散歩に興を添えるためにクロップシュトック[*22]の頌歌を詠じるたぐいの、偏狭な都会者のばかげた田園詩にすぎない。また女性の復権は、前世紀の文芸婦人のモデルにとどまっている。退廃についての嘆きに関しては、著者のモデルがどのようなものかをよく示している。「ダウマー氏がその失墜をめそめそ嘆いておられるところのこの文化とは、ニュルンベルクが帝国自由都市として栄えていた頃の文化である。すなわちニュルンベルクの産業たる芸術と工芸の折衷が重要な役目を果たしていた時代である。まさにドイツのプチブル文化であり、それがプチブルと一緒に去り行くところなのだ。以前の諸階級——例えば騎士階級——の没落が、名作悲劇の素材となることができたとしても、俗物趣味〔Spiessbürgertum〕は、狂信的な意地悪さと、サンチョ・パンサ流の格言や説教の寄せ集めとを弱々しく提示する以上のものにはならないだろう。ダウマー氏はハンス・ザックスを継ぐ者である。ただしユーモアの根こそぎ枯れたハンス・ザックスである。ドイツ哲学が、育ての父たる俗物趣味のいまわの際(きわ)で泣きながら祈っている。これが『新世紀の宗教』がわれわれに描き出す感動的な絵図なのだ[*23]」。

一見したところ、この裁定は単純であり、マルクスの思想の二つの主要テーマと関連づけられるだろう。まず、生産力の発展に対する無理解としてのイデオロギー批判である。続いて、歴史の二つの演劇的比喩形象。一方で、旧世界と新世界の闘いの正統的表現としての悲劇。他方で、すでに役目を終えた歴史とすでに死んだ価値のばかげた反復としての喜劇。こうしてダウマーとは、その思想において実践生活におけるプチブル「以上のものでない」イデオローグの代表である。プチブルと同じく、産業時代における分裂のうちに解放の要素を見てとることができない彼は、それに対して、やはりプチブルと同じく、資本主義以前に回帰するという不可能な夢を立てることしかできない。ドン・キホーテの時代にすでに騎士道とともに失われた歴史に対する闘いが、グロテスクに反復されているのだ。

以上は単純な読み方である。ただしこれは、マルクスにも少なからずある偽の窓から覗くことと引き換えだ。一八四八年がいかに大革命の悲劇を笑劇として反復したか、私たちはみなマルクスを通して知っている。また大革命が、封建制の足かせからブルジョワの新世界を解放するために、古代風の仮装をしていたことを知っている。さて、ここでの問題はそれとは異なる。俗物趣味の喜劇は悲劇の反復ではない。それは自分自身の反復である。ダウマーがグロテスクなのは、すでにおかしな社会形象をさらに品位を下げながら反復しているからである。そのおかしな比喩形象は、放浪騎士たちのむなしい闘いではない。黄金時代のニュルンベルクの産業の生産活動である。

＊22　訳注――フリードリヒ・ゴットリープ・クロップシュトック（一七二四－一八〇三）ドイツの詩人。

＊23　K・マルクス「『新ライン新聞、政治経済評論』一八五〇年二月、第二号の書評」『マルクス＝エンゲルス全集7』二〇九頁。このテクストならびにマルクスが参照した文学作品については、以下の著作を参照せよ。S. S. Prawer, *Karl Marx and World Litterature*, Oxford University Press, 1976〔未邦訳、ジークベルト・サロモン・プラワー『カール・マルクスと世界文学』〕。

ここでのマルクスの標的は、実は、同業組合内の階級制度や、職業用語の狭量さではない。中世自由都市の一つで栄えた産業が標的である。進歩主義史観は、習慣的に、そこにブルジョワ支配と民衆解放という新世界の萌芽があると見てきた。歴史家によれば、たった一つのことがこの生まれかけの資本主義の首都を衰退させた。地理的位置が災いして、交通路に使えそうな河川や海から遠く、しかもしばしば軍隊の通り道となって荒らされてしまったのだ。

しかし、史的唯物論の父〔マルクス〕は、興味深いことにそのように推論しない。彼にとってこの時代遅れの産業は、死産の産業だった。二重のもの、雑種、折衷物、矛盾する二つの自然〔の素質〕の混合、つまり産業活動の自然〔の素質〕と芸術創造の自然〔の素質〕とのかけ合わせである。しかしマルクスの時代、この結合は、時代遅れの職人たちの夢であっただけでない。産業と社会の改革者たち、工芸の開発者たちの抱いた夢を示すものでもあった。死に体のニュルンベルク文化についていえば、進歩人たちの歓心を買うのに必要なものをまたもや見つけていた。一八六七年の万国博覧会で、労働者代表団はニュルンベルクの機械仕掛けの玩具の前で賛嘆したのである。彼らは、これらの玩具が子どもにもたらす科学教育に対して、フランスの子どもに斜陽階級の柔弱と腐敗を学ばせる愚にもつかないお人形を対置した。[24] 要するに、工芸とニュルンベルクの玩具は、未来の共産主義世界の「多芸（ポリテクニーク）」教育のためのモデルを提供することができるというのだ。これは、時にマルクスが身を委ねる曖昧な牧歌風景についての皮肉なヴァリエーションよりも、ずっと説得的なモデルであろう。つまり画家ではなく、たんに、さまざまなことのうちから選んで絵を描くことにした諸個人がいるような世界。この同じ諸個人が時間とともに、漁師になり、狩人になり、牧人になり、批判的批評家になることができる世界である……。

しかし正確にいえば、マルクスがいう進歩とはそのようなものではない。彼にとってプラトン的禁止の乗り越えは、詩人靴職人でも、工芸でも、機械仕掛けの玩具にあるのでもない。ブルジョワ的自由と民衆解放の未来は、ハンス・ザックスの時代には、帝国の自由都市の花形産業のうちにはなかった。それが始まったのは、イギリスかオランダで、貿易のための海岸に建てられた機織工場の煉獄においてである。そこには、水と火の革命的結婚が先取りされていた。この結婚は、後に時計屋ワットと彫金師フルトンの発明が大産業と世界市場に道を開いたとき現実に根をおろした。「靴職人は、靴のことだけやっていろ〔Ne sutor ultra crepidam〕！ 手職とマニュファクチュアの知恵であったこの『度を越すな〔nec plus ultra〕』は、時計屋ワットが蒸気機関を、床屋アークライトが縦糸織機を、彫金師フルトンが蒸気船を発明した日に、馬鹿げた呪いとなった[*25]」。

靴職人がこの呪いから脱け出すのは、詩人になることによってでも、工芸家になることによってでもなく、機械を発明することによってである。ご存じのように、逆説的なことはその場合、より多く

＊24 K. Marx, *Rapports des délégations ouvrières à l'Exposition de 1867*, Enquête sur le dixième groupe, t. I, p. 5.〔未邦訳、K・マルクス『一八六七年博覧会での労働者使節団の報告』〕

＊25 K・マルクス『マルクス＝エンゲルス全集23a 資本論第一巻第一分冊』六三五頁。きわめて稀な例外を除き、ここで私たちが用いる翻訳は、エミール・ボッティゲリ、ジルベール・バディア、ジャン＝ピエール・ルフェーヴル監修のエディション・ソシアル版が提案するものである。

の靴を作るどころか、より少なく作ることさえありうるということである。機械の革命とは、限られた作業に従事していた手仕事や工場の働き手が、よりいっそう限られた作業を行うようになることにある。要するに、狂気の沙汰や呪いが古い知恵を超えるのは、それが万人にとっての知恵であるときに限られるのである。それはブルジョワにとっての呪いである。この器用な職人はブルジョワに、短期的には繁栄を、長期的には死をもたらす。なぜなら、大産業は、「死刑をちらつかせつつ」断片的個人を統合的個人へと置き換えていかなければならないが、それが可能となるのは、まずブルジョワを踏み台にすることによってのみだからである。それはプロレタリアへの呪いでもある。彼らが統合的個人の世界を手中に収めるのは、もっぱら、ブルジョワの工場の熱狂に、おのれの能力と職人的自由を引き渡すのと引き換えにしてだからだ。職人発明家たちが兄弟を解放するのは、彼らに自殺を強いることによってである。職人は、ブルジョワを自殺の悪循環に巻き込むために、おのれの実定性すべてを手放すことに同意しなければならない。

この死の床での涙の物語は、おそらく目くらましでしかない。というのも歴史はまさに死に直面するところで「前進する」からである。そこにはもう祈りのために組まれた手もなく、泣き言もなく、ただ狂気の沙汰と呪いがある。逆に、ハンス・ザックスの死とニュルンベルクの産業の崩壊とは、喜劇、死の戯画でしかない。結局、俗物都市ニュルンベルクは、輝かしい産業新時代の黎明期にいる。「感傷的なロバ」ことリープクネヒトは、やがてそれをマルクス主義による労働者党の戦略拠点の一つにさえするだろう。[*26] まさにこのことが遅れを特徴づけている。この遅れは厳しい運命を背負っている。三〇年後、エンゲルスはベルンシュタイン[*27]にその思い出を語っている。俗物根性が「ドイツでは三〇年戦争以来、あらゆる階級に広がった。〔…〕王座でも、靴直しの屋台でもこれが権勢を奮っている」[*28]。遅れとは、時代遅れの歴史ではなく、うまく出発できなかった歴史である。悪しき歴史、下品あるいは意地悪な歴史であり、これが正統な歴史の裏に張りついている。折衷とは、〈二〉を表す悪い比喩形象である。二つに割れるのではなく、二重化に満足している。あたかもその下劣さのもとである混合のうちに、矛盾の火に焼かれることを避けて生き延びるための力を見つけているかのようだ。この歴史の下品さとは、偽の上品さである。芸術と工芸の混合、製造と模倣の混合、実益と余暇の混合。貴金属と卑金属の混合。折衷とは、かつてのニュルンベルクの銅たる労働者たちが、ついに金の労働を完全に模倣できるようになる器用さでもある。また、芸術作品が実用的であることを望む哲学労働者プルードン[*29]の陳腐さでもある。マルクス博士のほうは分離に賛成である。彼が好むのはギリシャ芸術と古典の名作。彼の娘たちが持つのは機械仕掛けの玩具ではなくお人形である。マルクスは、娘たちを喜ばせようと、馬になるために四つんばいになったり、ホフマン風の魔法使いの物語を聞か

＊26 訳注──ヴィルヘルム・リープクネヒト（一八二六－一九〇〇）ドイツ社会民主主義労働者党の創始者の一人。後にスパルタクス団などで活躍するカール・リープクネヒトは彼の息子。

＊27 訳注──エドゥアルト・ベルンシュタイン（一八五〇－一九三二）ドイツの社会主義者。ドイツ社会民主党党員。著書『社会主義の諸前提と社会民主主義の任務』（一八九九年）で社会改良に重点をおく改良主義を主張し、党内論争を招いた理論家として知られる。

＊28 「エンゲルスからエードゥアルト・ベルンシュタイン（在チューリッヒ）へ」一八八三年三月一日付、『マルクス＝エンゲルス全集35』三八八頁。

せたりしている。借りを返せなくなったせいで自作の見事な品を悪魔に売らなければならなくなるが、最後にはいつもそれを取り返す魔法使いの物語だ。[*30] 未来の共産主義についての素朴な牧歌に関しては、おそらく、『パイドロス』の終末論と同じく、まずはそれが除外したものは何かという点に意味がある。つまり工業的製造も、芸術的な模倣も行わない。もちろん、これは、混合しないようにするための最もラディカルな手段である。

逆に折衷は、生産の中心そのものにある嘘の力である。生産諸力の理論家〔マルクス〕は、この点については『奇譚集』[*31] の詩人〔ホフマン〕に同意する。ニュルンベルクの産業はつねに、マルティン親方の工房に還元することができる。そこには、親方の知らないうちに職人仲間が住み着いているが、どいつも偽の樽職人であるだけによりいっそう完全である。画家ラインホルト、彫金師フレデリック、騎士コンラッド。それは〈同〉と〈他〉の反復ゲームで閉じた世界である。製造者と模倣者、職人とイデオローグの世界。それはニュルンベルクの文化が退廃しているとすれば、それは古いからではない。いくらの価値もなくなったから、またずっと価値がなかったからである。いまマンチェスターの製造所と比べてそれがちゃちに見えるのは、すでに以前から、勢いよく伸びていたころでさえ、ずっとそうだったからである。没落騎士の負け戦と、その反映である「名作悲劇」を前にして。

良い歴史は悲劇の側にある。悲劇の主人公たちが歴史に抗して闘うその場で。ここでマルクスは、ヘーゲルを参照してきたにもかかわらず、ヘーゲルとは根本的に違っている。ヘーゲルにおいて悲劇は、世界秩序の衰退期ではなく上昇期に属するものである。典型的な悲劇、つまりギリシャ悲劇は、自然の力能が国法の力能と衝突するようになる瞬間をしるしづける。アンティゴネーはクレオンと対立する。[32]女神アテナは、母の血筋に逆らう犯罪に手を染めたオレステスを許すが、そのときの犯罪は、家系をつなぐ父権秩序のための復讐の欲望から正当化される。[33]

没落する騎士制度は、ヘーゲルにとっては小説の素材である。むしろ、歴史的ジャンルとしての小説の主題そのものである。というのも小説とは、キリスト教的主体性が、いたるところで世界をとら

---

*29 訳注――プルードン(一八〇九―一八六五)フランスの社会主義者・無政府主義者。醸造・樽製造職人の父を持ち、八歳から働き始める。独学で学問を修め、その後社会主義的・無政府主義的な著作を多数発表する。

*30 Eleanor Marx-Aveling, « Karl Marx », *Souvenirs sur Marx et Engels*, Editions en langues étrangères, Moscou, p. 264.〔未邦訳、エレノア・マルクス＝エイブリング「カール・マルクス」『マルクスとエンゲルスの思い出』〕

*31 訳注――一九世紀はじめにフランスで編纂出版されたホフマン全集の一巻の副題。E. T. A. Hoffmann, *Œuvres complets de Hoffmann, contes fantastiques*, livre 1, trad. par F.-A. Loève-Verimars, Paris, Eugène Renduel, 1830.

*32 訳注――ソポクレス『アンティゴネー』のあらすじは以下のとおり。エディプス王の末娘アンティゴネーは、テーバイの王位を兄弟で争った果てに共倒れとなった二人の兄のうち、裏切ってテーバイに攻め込んだポリュネイケスの屍の埋葬が、新王クレオンによって禁じられたことに抵抗するが、そのために閉じ込められた洞窟のなかで自死する。

*33 訳注――アイスキュロス「オレステイア三部作」(『アガメムノン』『供養する女たち』『慈しみの女神たち』)のあらすじは以下のとおり。オレステスは、父王アガメムノンを殺害した母クリュタイムネストラを、父への復讐として殺害するが、続いて自らも復讐の女神に追われることとなる。しかし最後には女神アテナが設ける法廷にて、オレステスは罪を許される。

えきれず、そのなかでさまよう話だからである。典型的な小説的主人公は、もちろんドン・キホーテ、没落する世界のために戦う戦士である。だがそこにはいつもお供がおり、未来の主人となるべく呼びかけられている。サンチョ・パンサ、彼こそはブルジョワ的新世界の散文を代表する者だ。

さて、マルクスの場合、小説は悲劇の物語となることで、意味が変わってくる。小説は、歴史の悲劇的偉大さと、その喜劇的卑俗さのあいだの対立となる。マルクスとヘーゲルの違いが最もよく示されているのはこの奇妙な点においてなのだが、この点はあまりにも頻繁にどうでもよいものと見なされてきた。マルクスにおいて風車に戦いを挑むのは、サンチョ・パンサなのである。夢想家イデオローグ、時代遅れの幻想と中身のない言葉と想像上の戦いのひと、それはこのテクスト〔本書一三〇頁参照〕でも、『ドイツ・イデオロギー』でも、ドン・キホーテではなく、サンチョ・パンサなのだ。腹を満たすことしか考えず、話すにも格言頼りの農夫の息子である。イデオローグというのは、まさにハンス・ザックスや自由都市ニュルンベルクの職人たちのように、身分制の封建的序列を正当化する騎士の夢とは正反対の、散文的で生産的な未来世界を具現するのにぴったりだと思われるひとである。事実、『ドイツ・イデオロギー』では、サンチョは自分の主人の主人となった。イデオローグとは妄想の夢想家ではない。むしろしっかりした精神の持ち主で、騎士道の幻覚を「脱神秘化する」者である。だがおそらくそのために、彼は歴史について何も理解しない。自分の主人の悲劇的な戦いについてばかりではない。大産業の発明家職人たちの地獄のような進歩的作品についても、「天をもおびやかす[*34]」労働者たちの狂気についても、彼らを解放するための大著にすべてを捧げたマルクス博士の狂気についても、何も理解しないのである。

サンチョ・パンサの批判は、靴職人の蜂起を背後からとらえる。この批判は、靴職人の詩的夢想に、職人の二重性の卑俗さだけを見ようとする。マルクスにとって詩人靴職人は悪しき歴史の人間、つまり矛盾の人間とは正反対の二重の人間である。自分の特性を犠牲にすべきときにむしろ豊かにしようとする働き手。製造の宇宙の中で、詩人アンティパトロスの牧歌的夢想、水の精に水車を回させておく労働者の余暇[*35]を、散文化しようとする者である。それとは反対に、余暇の神聖な生命には、「太古的」な距離を残しておかなければならない。機械、科学、闘争の犠牲となりながらも、この生命を勝ちとるために。

生産諸力の歴史から始まる政治的かつイデオロギー的形式については、その明快な起源と単純な評価が、控えめながらも容赦ない価値の系譜学によって裏打ちされる。これは少なくとも、喜劇的退廃の職人と悲劇的没落の騎士を分割し対立させるという点で、ニーチェの系譜学に近い。悲劇とは死における生の偉大さであり、喜劇とは生における死の卑俗さである。ニーチェ、プラトンにとってと同様、マルクスにとって、生まれて死ぬには二通りの方法がある。見かけ上の歴史の独自の意味は、二つの動きの重なり合いだ。プラトンの『政治家』は、世界の逆回転の神話をもたらしてくれた。世界

＊34 訳注——この表現についてはマルクスからクーゲルマン宛の一八七一年四月一二日の書簡を参照せよ。「マルクスからルートヴィッヒ・クーゲルマン（在ハノーファー）へ」『マルクス＝エンゲルス全集33』一七四頁。

＊35 『マルクス＝エンゲルス全集23a資本論第一巻第一分冊』五三三頁。

はあるときは〈一者〉に統治され、また別のときは〈多数者〉の遺棄に委ねられる。マルクスのテクストでは、〈多数者〉の二つのあり方、生と死の二つのサイクルの重なり合いが示される。すなわち混合による腐敗か、さもなければ反対物どうしの白熱か、である。退廃を蔑む人々に対して、生産諸力理論のいわゆる楽観主義は、二つの反対力能が対決するゲームを通じてたちまち二つに割れる。水と火の、生産と破壊の大悲劇か。土と空気の、製造と模倣の卑俗な喜劇か。マルクスの「プロメテウス的」理論のことは、言いたいやつに言わせておけばよい。[*36] プロメテウスの身体は一挙に細分される。そこでは、史的唯物論と革命の弁証法とが、けっして出会えないおそれがある。

＊36 訳注——マルクスはしばしばプロメテウスに例えられる。わが身を犠牲にして人類を救ったというわけである。ガリーナ・セレブリャコワ『プロメテウス——小説マルクス・エンゲルスの生涯』西本昭治訳、全一六巻、新日本出版社、一九八五年。

プロレタリアの生産

しかしながら、「ネズミのかじり批判[*1]」にさらされるままだった『ドイツ・イデオロギー』の膨大な草稿が証明しようとしているのは、ものごとが非常に単純であること、歴史には一つの原理しかないことである。〈イデア〉の天空から始めるのではなく、大地から出発しようとする者は、次の単純にして強制的な真理を確かめなければならない。「歴史をつくる」ことができるためには、まず生きねばならない。「だが生きるためには、何よりも飲み、食い、住まい、衣服をまとい、他にもさまざまなことをなさなければならない。それゆえ第一の歴史的事実とは、これらの必要を満たすための手段の生産である。物質的生そのものの生産であり、そこにこそ、歴史的事実がある。すなわち、今日も何千年前と同じく、人間を生かしておくためだけに日ごと時ごとに満たさねばならない、歴史の根本的条件である[*2]」。

日ごと、時間ごとに。時間のなさをめぐるプラトンの規則の奇妙な反響がある。その機能はもはや鉄の人間を持ち場にしばりつけておくことではない。むしろ、そこに騎士たちを、さらには自分を王と考えている哲学者らを呼び出すことである。「他の何ものでもあるな」という命令は、実際、移動している。労働者の生の規則が黄金律となり、言説の理由となる。「他のもの」の不可能性が歴史の一般法則となって、『ドイツ・イデオロギー』や『共産党宣言』のレトリックのうちに強迫的に鳴り響いている。いわく、私たちは「たった一つの科学しか」、歴史の学しか知らない。歴史は「他の何ものでもなく」いくつもの世代の継起でしかなく、それぞれの世代が前の世代から伝達された素材を活用する。今日に至るまでのあらゆる社会の歴史は、階級闘争の歴史「でしかなかった」。支配的思想は、支配的物質関係の観念的表現「以外のものではない」。近代政府は、ブルジョワ階級全体の共通の関心事を管理する「委員会でしかない」。イデオローグたちの思想は、プチブルたちが実践している「より以上には」行かない。共産主義とは、既存の状況を廃止する現実の運動でしかない。「自らを縛る鎖しか失うもののない」プロレタリアが行うことは、所有を廃止することにより、彼らの条件を社会の一般的条件に変えることでしかない。

それのみ。他の何ものでもない。それ以上には行かない。たんに。あっさりと……。脱神秘化という単調な労働のたんなる推進者(アジャン)にならないためには、これらの副詞、これらの言い回しが、歴史過程の単位をなす肯定的原理、すなわち生産の裏面でなければならない。

生産の序列

ここにおいてこそ、天地の逆転という大事件が起こらなければならない。さもなければ、ただ次のような発見を知らせるためだけに、このような大騒ぎを起こさなければならないわけがあるだろうか。生きるためには食べ、飲み、服をまとい、家に住まわねばならず、さらにほかのいろいろなことが必要だという発見である――ここで『国家』第二巻より詳しくあげることはしないが。そのとおりであるからこそ、些細な必要というかたくなな法を引き合いに出すだけで十分なのだ。この逆転の新しさは、その明証性を思い出させることにあるのではなく、天から地へ下る道を逆にたどろうとするところにあるのでもない。「地上の」であれ、「天上の」であれ、あらゆる活動の本質として一つの概念を強調する点にすべてがかかっている。人間が動物と区別されるのは「人間が生活手段の生産を始めて以後のことである」。「生活手段を生産することによって、人間は間接的に自らの物質的生それ自体を生産する」。「人間たちこそ、人間の表象、人間の観念の生産者である」。さらに人間こそ「物質的生

＊1　訳注――K・マルクス「経済学批判・序言」『マルクス＝エンゲルス全集13』八頁。ここでマルクスは、後に『ドイツ・イデオロギー』として出版されるメモの束が、書斎で「ネズミのかじり批判」を受けるのみであったと述べているが、実際にかじられていたらしい。

＊2　K・マルクス、F・エンゲルス「ドイツ・イデオロギー」『マルクス＝エンゲルス全集3』一二三－一二四頁〔ランシエールが参照するエディシオン・ソシアル版と本訳書が参照する大月書店『全集』版とでは、「ドイツ・イデオロギー」の校訂に関して違いがある〕。

産および物質的諸関係を発展させることで、自らに固有の現実とともに、自らの思想を変容させ、ひいてはこの思想の生産物をも変化させる」。必要ごとの満足すなわち「物質的生の生産」は、必然的に「新たな必要ごとの生産〔Erzeugung〕」にまで、さらに生殖という生産にまで拡張する。あらゆる生産は必然的に、一つの「生産力」でもあるような協業様式と結びついている。この生産力の研究を行わなければならない。それによってようやく「人間の登場以来、はじめからずっと社会的生産物であり続けている」意識を扱えるようになる。[*3]

したがって、逆転は、道のりを逆行することにはない。出発点にかたくなにこだわることにある。豚の国から文明社会へ、地上での種まきから学者たちの育成へ、一足飛びで移行するわけではない。国家の序列も言説の序列も、靴職人の作る靴と同じ資格で生産物である。あらゆる活動の本質であり、労働、戦争、思想の尺度である生産は、変形することしか知らない。労働者の労働から生産諸力の発展へ。生産諸力から支配階級の利益へ。支配的な利益から支配的観念へ。支配的観念から観念の支配へ。この連鎖はつねに再構成されうるが、そのようにして確認されるのは、思想の金のうちには生産の鉄の変化以外のものはないという事実である。しかしまた、この変形はどうやら鉄の人間に有利なようにも働く。哲学者も他の人々と同じように生産者であり、ただ彼の生産が他の人々と異なっているだけである。哲学者の生産は、生産が自らの模造へと変形していくプロセスの限界なのである。哲学者の金はもはや通用停止された貨幣でしかない。生産活動という交換可能な金属の虚しい反映である。

別の洞窟

洞窟の人は、いまやプラトンの至高の模倣者になるだろう。それは生産者のうちで最も後列に下げられた模倣者である。というのも、哲学者の孤独には、どうやらイデオロギーの暗室で対象を転倒させるような単純なメカニズム以上のものがあるからだ。マルクスによれば、ドイツの哲学者は洞窟を愛する点でフランスの農民に似ている。『ブリュメール一八日』では、洞窟を住まいとする一六〇〇万人のフランス農民のことが語られる。[*4] マルクスの書簡では、ブルーノ・バウアー[*5]がドイツに戻って百姓生活を送る前に、弟エドガーが住む、ロンドンの中心から離れた「豚小屋」[*6]を訪れたことが噂話

＊3　K・マルクス、F・エンゲルス「ドイツ・イデオロギー」一七、二二、二四、二五、二六頁。丸括弧内で原語を示す場合を除いて、ドイツ語原語はすべてProduktion（生産）である。

＊4　訳注——K・マルクス「ルイ・ボナパルトのブリュメール一八日」『マルクス＝エンゲルス全集8』一九七頁。

＊5　訳注——ブルーノ・バウアー（一八〇九–一八八二）青年ヘーゲル派（ヘーゲル左派）の指導者。弟エドガー・バウアー（一八二〇–一八八六）とともに、「批判的批判」の名のもとで現実世界を観照する態度を進めた。マルクスとエンゲルスは『聖家族』および『ドイツ・イデオロギー』で彼らへの批判を展開している。

＊6　訳注——K・マルクス「マルクスからエンゲルス（在マンチェスター）へ」一八五六年九月二二日付、『マルクス＝エンゲルス全集29』五七頁。

として語られている。鎖につながれた哲学者の典型的な住まいはベルリンである。田園に囲まれたこの都市は、産業交易を行うための海へ出る手段がない。板壁――おそらく石ではこの穴居人にとってあまりに贅沢だからだろう――が門となって彼をさえぎる。どのような門でもいいわけではない。ハンブルク門である。マルクスが『資本論』を出版することになるあの産業交易の都市へとつながる門である。この洞窟で、「純粋思考」は、正反対のものに還元される。純粋な欲動的動物性である。「ベルリンから出たことのない田舎教師や文筆家の場合、彼らの活動は一方でやりがいのない仕事か、他方では思想の享受に限られている。また彼らの世界はモアビートからケーペニック〔どちらも以前のベルリン郊外〕までしかなく、あたかも板壁に禁じられているがごとく、せいぜいハンブルク門で行き止まりだ。この世への関わり方は、その貧しい物質的状況によって最小限にまで切り詰められている。もちろん、こうした類のひとにあって思想の必要が抱かれるならば、避けがたくこの思想には抽象化が加えられる。〔…〕この類のひとにもいまだ残るいくつかの稀な欲望は、人間の交友から発するというよりは、肉体的体質から発する欲望であり、もはや跳ね返りを通じてしか表には出ない。すなわち限界づけられた発展の枠内で、思考と同じ残忍で一方的な特徴を帯びるのである。それら欲望は、長くあいだを空けた後で、主要な欲望の増殖により刺激されて（例えば下腹部の圧迫のような直に身体的な原因に支えられて）のみ、現れるのである[*7]」。

鎖につながれた奴隷哲学者は、その職業の力学とその条件の低さによって、心も体も傷ついている。公衆浴場に身体を洗いに行き、若い新郎の格好をして高貴な孤児の娘をくどきにいったあの禿頭の鍛冶屋[*8]に、いまやこの孤独な哲学が対応する。「その乾いたからだを白粉と奇抜な服で飾る、枯れたやもめであり、最も不快な抽象に還元され、色男を求めてドイツから出ていった」哲学である。この「批判的批判」のために「労働者が作り出すものはない」とされる。なぜなら労働者の活動は、欲求とその満足の特異性のうちに閉じ込められているからだ。だがそこに、唯物論とプロレタリア階級の若きチャンピオンは賛辞を返す。「批判的批判は何も生み出さない。労働者はすべてを生み出す。その知的創造物によってすら、あらゆる批判を恥じ入らせるほどである」[*9]。

批判を恥じ入らせること。おそらくそれが問題の根本ではない。王が奴隷の場を占めたとしても、まだ奴隷が王の力能からどのような属性を受け取ったかを知る必要がある。さて、ここで事態は混乱する。おそらくある種の「明晰さ」の過剰によってであろう。「どのような深い哲学問題も一つの経験的事実のうちで完璧に解決される」以上、明らかに「哲学は、それが自律的に存在する場を持たなくなる」[*10]。もはや、靴職人がそこから排除されえたような哲学的序列はない。しかしさらには、靴職人が到達しえたような場所もない。もはや科学のために取っておかれた場所などないのだ。しかしおそらくは、万人が製造者でありかつ模倣者であるような世界、真理のありかが臆見（ドクサ）のありかと同じになるような世界では、科学に割り当てられる場所はもはやないということなのだ。自分の仕事とは別

＊7　K・マルクス、F・エンゲルス「ドイツ・イデオロギー」二七〇頁。
＊8　訳注――本書七四‐七五、八四頁を参照。
＊9　K・マルクス、F・エンゲルス「聖家族」『マルクス＝エンゲルス全集2』一五‐一六頁。
＊10　K・マルクス、F・エンゲルス「ドイツ・イデオロギー」一二三、三九頁。

のことをするための時間のなさが、おそらく職業の幻想とは別のものを生産するための場のなさになったのだ。

労働の足場

もはや「現実にあり、かつ現実に起こったような」ものごとを理解することしか問題にならない。しかし問題は、誰がこの歴史の「経験的観察」に身を委ねられるかということである。すべてが生産であり、人間が観念の生産者であると同時に物質的な生の生産者であるなら、人間の脳内に映し出される幻影が、「経験的に確認可能な」物質的生のプロセスの単純な結果であると請け合ったとしても、おそらく無駄だろう。このプロセスを「確認する」人々は、同時にこのプロセスが生産する幻影のうちに「自ら現れる」[*11]人々でもある。言いかえれば、ドイツ・イデオロギーはないのである。バウアーやシュティルナーは「事実をありのままに」見なければならないだろう。しかし残念ながら「ライン川の向こうのものごとについては、いかなる経験もなしえない」。彼らは歴史を無視する。ところがまさしくドイツでは、「どのような歴史ももはや起こってはいない」[*12]。幽霊しかいないとしても、幽霊の哲学者もよい観察者だろう。別のものを見るため、あるいは同じものを別の仕方で見るためには、別のところにいなければならない。「ドイツの外に位置する視点」から、ドイツという舞台の騒動を検証しなければならない。パリで階級闘争の現実が、政治的幻想の現実でもあることを発見してもよい。あるいはロンドンで大産業の現実が、経済的幻想の現実であることを発見してもよい。『ドイツ・イデオロギー』は、実際、ブリュッセルで執筆されている。そこには一見したところ幻想は最小限しかない。しかしおそらく見るべきものも最小限しかない。

言いかえれば、おそらく「イデオロギー」とはたんに、各人が「自分の仕事」を、製造と模倣、真理と臆見（ドクサ）が権力を交換しあう世界のなかで行っているということなのかもしれない。その場合、見ること、見ないこと、裏から見ることは、どれも同じことであり、さらには模倣者の幻影と製造者の洞察も同じことになるだろう。例えばプルードンは「たしかにものごとを見ているが、さかさまから見ている」[*13]のである。しかしそれはまた、彼は今のことだけを見て、これからのことを見ていないからである。彼は機械のうちに解放（再構成された労働）を見ている——今のところ機械は解放ではないのだが。なぜなら彼は、これからの機械を見ていないからである。また逆に、解体された労働から、労働者たちの全特性の喪失から生まれることになる、全体的個人を見ていないのである。しかし、このようなイデオローグの視野不全は、労働者の徳に特有の近視眼にほかならず、職業用語を聖別しているのだ。

＊11　訳注——マックス・シュティルナー（一八〇六—一八五六。本名ヨハン・カスパル・シュミット）青年ヘーゲル派の論客。マルクスとエンゲルスは『ドイツ・イデオロギー』で彼を「聖マクス」と呼び批判している。

＊12　K・マルクス、F・エンゲルス「ドイツ・イデオロギー」二一六頁。

＊13　K・マルクス「哲学の貧困」『マルクス＝エンゲルス全集4』一五八頁。

イデオローグは余暇の人ではない。星空を眺めていて井戸に落ちた天の夢想者ではない。イデオローグとは労働の人である。近代のヒッピアスよろしく植字工、船の食糧係、文献学者、経済学者、哲学者をかけもちしたプルードンのように、労働の地上と学問の天空のあいだに足場を組み上げようと骨を折る下働きなのだ。まさにこの時代遅れの人間には、私たちがもはやターレスの時代にいないことがわかっていないのである。真理はもはや天空に住まっていない。真理は地上にある。そしてこの地上では観察だけが重要であるのに、誰もよく見ていないのだ。

なぜなら「見ること」は、各カテゴリーの「生産者」が「自分の仕事」の生産に加える幻想の生産ではないとすれば、この世界のどこにも割り当てられない活動になったからだ。さらに、この世界で重要なのは、もはや「観照する」ことではなく、「変形する」ことである。プルードンのように、〔イデオローグという〕下働きは、けっして足場の二段目以上に上がることがない。つねに横に落ちることとなる。彼は、見るべきところで製造し、変形すべきところで観照することになる。

このようにイデオローグの悪徳は、おそらく労働者の美徳でしかないだろう。イデオローグの幻灯は、ノウハウすべてが世界観として模倣される仕方を、大げさに映し出す。労働者の「知的創造物」と鎖でつながれた哲学者の愚論との対立など、まったくの錯覚である。産業はおそらく「人間性の本質的な力についての開かれた書物」[*14]だろう。しかしこの書物を構成している文字そのものは読めない。おそらく人間性の高貴さは、勉強のために集まったパリの労働者たちの額(ひたい)の上に輝いているだろう。しかし、商品のほうはもっと鈍い額(ひたい)を示している。そこにその商品が何であるかが書かれているとして、それは労働者たちには読めないヒエログリフ〔聖刻文字〕の形式においてである。労働者たちは自分たちの額に、見捨てられた選民であることを示す印、「彼を資本の所有物として主張する、労働の分割の刻印[*15]」をつけている。仕立屋ヴァイトリング[*16]――まさしく彼の話であるので――の「知的創造物」はいつも批判を「恥じ入らせる」ことができるだろう。しかし、まさにそれしかできない。ブルジョワ階級に対して、労働者も専門のイデオローグと同じか、さらにうまくやれることを証明するだけである。この証明が労働者に向けられるとき、あまりにもうまく管理されたものでしかない。ヴァイトリングによって義人同盟の靴職人や仕立屋に教え込まれ、知性の足りない職人に反復され、新加入者がそらで覚えるこのヴァイトリングの「創造物」が、いったい何なのかがはっきりしてくる。製造物、プチブルのイデオローグたちのやり方で生産、再生産される製造物である。するとこんどはそれは、これをそらで覚える靴職人や仕立屋の針仕事と異なるものではない。ベックメッサーとハンス・ザックスは、要は、たった一人の同じ登場人物なのである。イデオロギーとは、労働の別名でしかない。

＊14　K・マルクス「一八四四年の経済学・哲学手稿」『マルクス＝エンゲルス全集40』四六三頁。
＊15　K・マルクス『マルクス＝エンゲルス全集23 a 資本論第一巻第一分冊』四七三頁。
＊16　訳注――ヴィルヘルム・ヴァイトリング（一八〇八―一八七一）ドイツ人革命家。仕立職人として欧州を渡り歩き、独学で社会主義思想を確立した。パリではドイツ人職人組合の結社である義人同盟に加入し、活動した。

科学の非-場

イデオローグの鎖は、それゆえ働き手の鎖である。そこから出るには、生産的世界から、もはや哲学者ではない哲学者と、もはや労働者ではない労働者とが出現しなければならない。つまり学者とプロレタリアである。そのとき、ドイツの窮状には、その非-場である亡命地からの眼差しが対置される。ベルリンの洞窟の学校教師に、かつての同窓が対置される。もはや分業のどの位置にも狭く閉じこもることのない学者が。

しかし、この科学に欠けているのは、その道筋を説明することである。この科学が「経験論的に確認可能な」証拠を積み上げるのは、次の問いに答えられないからだ。物質的生の生産とその模倣物とからなる織物に、科学の裂け目をもたらしうるものは何か。『共産党宣言』は、地質学的な大言壮語でそれを切り抜けるだろう。階級闘争が決着のときへと近づく瞬間、古い社会の解体プロセスは、「支配階級の小部分〔…〕とくに歴史運動の全体を理論的に理解するまでになっていたブルジョワ・イデオローグの一部を」[*17]離脱させ、闘うプロレタリア階級に加担させる。

絶壁と頂上の混同が次のことを十分に示している。科学は説明不能な現象なのである。イデオロギーは説明されたし、説明されすぎてさえいる。それは模倣物の製造であり、製造物の模倣であり、社会的序列の工場的現実の凡庸さそのものである。一方、科学は偶然である。製造と模倣の規則正しいゲームのなかの、ありそうもないサイコロの一振りである。科学は、あらゆる場のうちの突拍子もない非-場なのである。たんに見かけの下に「真実」を見ることができるだけでなく、生のうちに死を、存在のうちに非-存在を見ることができる力である。解消の力なのだ。マルクス博士は、哲学書を書かず、歴史書も、政治書も、経済学書も書かず、批判書を書くだけなのだ。

この力については、マルクスの著作全体のなかで一つのテクストだけが理論を提示している。一八四四年、『フランス=ドイツ年報』に公表された『ヘーゲル法哲学批判序説』である。逆説的な理論である。すなわちドイツの遅れこそが、解消的批判を可能にし、実践的解消の力を可能にしているというのである。現実において近代史を生きることを妨げられたドイツは、思想においてそれを生きなければならなかった。ヘーゲルは、近代政治国家の理論を作ったが、そうした国家はイギリスやフランスにしか実在しない。それゆえ、ヘーゲル理論への批判は、すでに近代世界の精髄への批判であり、来るべき人間世界の必然的な予見である。要するに、ドイツの遅れは哲学を、古い封建世界と新しいブルジョワ世界という絶対的な非-場として基礎づけるのである。さらにこの同じ遅れのせいで、現実の階級はすべて別の階級の名で政治革命を行うことができないが、かえって人間革命の来るべき主体が浮き彫りにされる。すなわち、諸階級の純粋な解消であり、存在と非-存在の純粋な同一性であるプロレタリアである。

『宣言』の奇妙な地質学はそこから説明される。それは『ドイツ・イデオロギー』でカンナをかけておいた批判の哲学的かつ政治的なパラドクスである。「他の何ものでもない」という歴史的かつ唯物論的な法は、ドイツの窮状(ミゼール)が貧困(ミゼール)の哲学とは別のものを生み出すことを禁ずる。しかし、革命的な科

---

*17 K・マルクス、F・エンゲルス「共産党宣言」『マルクス=エンゲルス全集4』四八五頁。

学の発生について、他に示すべき説明はない。マルクスは、批判の解釈を変えることはできない。抹消するしかない。その結果、科学は指定できない差異に基盤を置くことになる。しかし、そのさい科学は裏返しのリスクを負うことになる。もはや「現実にある限りでの」事物の科学でしかないというリスク、俗物主義の実証科学でしかないというリスクである。確かに、牧歌的なフォイエルバッハに対して、次のように説明するのは教育的である。いま見ている桜の木はずっとそこにあったわけではない。限られた歴史的状況のなかで実現された移入に由来するものである。したがって、この世のあらゆるものと同じように、「世代を重ねるたびに先達の肩の上に乗り、産業や商業を洗練させ、社会体制をその欲求の変化に応じて改良してきたその結果[*18]」なのだ、と。しかし、こうした樹木改良の確実な哲学は、究極的に、若きマルクスが激しく非難した歴史の道徳にかなり近い。すなわち、「偉大で気高いツィンベルの民」の死体が、いかにして「マルセイユの俗物[*19]」たちの果物畑、ぶどう畑の理想の肥料となったかを、得意げに語る俗物プルタルコスの歴史の道徳に。マルクスに見られる継承(デサンダンス)の歴史は、しばしば退廃(デカダンス)の歴史である。巨人の肩の上に——時には尻であることも——立つのは、一般的にいって小人である。牧歌的まなざしの錯覚を実証的歴史の名で脱神秘化するのは、俗物たちに任せておいてよい。彼らはいつもそうやっているのだから。それはすでにロマン派の法学者たちが「あるがままの」事態を正当化するための芸当だった。脱神秘化の論理は保存の論理である。批判的科学の論理は破壊の論理なのである。

労働と生産――急進ブルジョワ階級のひそかな魅力

したがって生産の歴史のうちに、決断する正義の審級を再発見しなければならない。育成する労働の審級ではまったくない。生産が『ドイツ・イデオロギー』において強迫観念として戻ってくるとすれば、おそらくそれは『経済学・哲学草稿』でそれと競い合っていた概念、労働の概念から距離を取るためである。それ以降、労働という観点は別の者たちの理論、すなわちイデオローグの理論となる。ソフィスト労働者プルードンの理論だ。彼を時代遅れの職人階級のスポークスマンだとしても、たいした慰めにならない。創造的労働は、近代的ドイツ社会民主主義の第一のかけ声となり、その運命を決定的なものとすることになるだろう。生産諸力の無際限な蓄積への信頼である。マルクスは言葉とその底意をつきあわせて分析しようとする際に、時に不公正なほど容赦ないが、それは何より、唯物論的な歴史理論に内在する矛盾を追い払うための方法なのである。マルクスいわく、フォイエルバッハにおいては、歴史と唯物論はけっして合流しない。世代が重なり合った唯物論的歴史が、いかに革命的弁証法と合流するのかを知る必要がある。歴史とは「ほかならぬ、前の世代すべてから伝えられた物質、資本、生産をそれぞれの世代が利用していくことの連続である[20]」としても、どうしてこの歴

＊18　K・マルクス、F・エンゲルス「ドイツ・イデオロギー」三九頁。
＊19　K・マルクス「デモクリトスの自然哲学とエピクロスの自然哲学との差異」『マルクス＝エンゲルス全集40』二五四頁。

史が分断の火を経験するのかは見えてこない。「状況の変形」についての唯一の視点は、ドン・キホーテ精神を大いに損ないながら生産道具の革命を続け、エジプトのピラミッド、ローマの水道、ゴシック様式の聖堂をはるかに凌ぐ傑作を生み出しているブルジョワ階級の視点である。おのれの革命をけっしてやめることのないブルジョワ階級の視点なのだ。ヘーゲルの〈絶対精神〉になぞらえて、絶対ブルジョワ階級と呼んでおこう。

面白いことに、まさにここで、しばしばひとは間違えて、ヘーゲルの血統のうちにマルクス主義があるのだと見なそうとする。文化育成的労働という模範的理論のうちに。例えば、最初は自らを恐怖で縛りつけて服従させていたあの「奇妙な存在」を、労苦に従うことで支配するようになった奴隷。あるいは『美学』が言うように、精神の実現である以上、自然のあらゆる美にまさる道具。あるいは静物画の家財道具の輝きのうちに反映された、産業がもたらすオランダ・ブルジョワ階級の幸福。[21] プロメテウス、デルフト市民……。さらには、固く閉じすぎた殻を次々に生み出す歴史の働き――〈精神〉がこの殻を砕き、やがて理性の狡知が、ブルジョワ世界のサンチョ・パンサ風の散文のうちに、その「善無限」を見いだすまでになるだろう。そして立憲君主制、経済的利益の代表、出世しない善人がからかわれるような、諸精神が集う大学の王国。見習い修行の熱狂的な年月を終えた若者たち。そしてさらに――ただし小さな声で、わかっている相手にだけ、後ろを振り返って誰も聞いていないことを確かめながら言うのだが――宗教的な彼岸信仰。[22]

主人と奴隷のヘーゲル主義とは、すなわち、急進ブルジョワ階級のひそかな魅力なのである。『経済学・哲学草稿』の後、マルクスは労働のうちに、ヘーゲル的否定性の力を見つけるのをあきらめることになる。それ以降、彼の関心は『論理学』のヘーゲル主義である。そこでは、育成的労働も、歴史における理性も語られておらず、かわりにもっぱら存在と無の激突、あるいは量から質への跳躍が語られている。またそこで、自然哲学の危うい先取りや、電気と磁気についての思弁に迷い込んでいるとしても、大した問題ではない。それは火と水の思想なのだ。すなわち、破壊の予感を抱くことでしか力をもたない生産の思考である。それは、唯物論と弁証法の出会いであり、生産から生まれた流通と交換の大きな手段のおかげで社会化〔共有〕された余暇であり、それらは切断を超えたところでしか起こりえない。そこで労働はプロレタリアを「育成する」が、それは逆に彼らからあらゆる社会的所有を剝ぎ取っていくことによってでしかない。

生産の歴史はしたがって、二分割されるはずである。〔一方で〕複数の世代の労働がある。変形の蓄積、腐植土と垢の蓄積である。〔他方で〕革命的正義があり、これが労働を「厄介払いする」〔beseitigt〕。もはや階級ではない階級によって実行される正義である。それは、たんに支配階級を転覆するためだけではなく、社会の「背中に張りついた古い垢をきれいにする」ためである。[*23]

＊20　K・マルクス、F・エンゲルス「ドイツ・イデオロギー」四一頁。
＊21　ヘーゲル「美学」竹内敏雄訳、『ヘーゲル全集20b』岩波書店、一九七五年、一九一七頁。
＊22　ハイネが語った逸話。H・ハイネ「告白」『ハイネ散文作品集3』木庭宏ほか訳、松籟社、一九九二年、一八〇頁。
＊23　K・マルクス、F・エンゲルス「ドイツ・イデオロギー」六六頁。

プロレタリアの学校

「荒々しいが鍛えられる労働の学校[*24]」を、以下のように理解しなければならない。労働が育成するのはプロレタリアではなく、たんにその脱自己固有化である。プロレタリアがそこで学ぶのは、自らの働き手としての特性を失うことである。この学習は労働が完全に異なる力能となったところで達成される──プロレタリアのためになればいいのだが！　もしプロレタリア階級が歴史の推進者(アジャン)になるようなことがあるとすれば、それはプロレタリア階級が「すべてを創り出す」からではなく、すべてを奪い取られるからだ。自分が「創り出した」「富」を奪い取られる、とりわけ「創り手」としての力を奪い取られる。つまり、「おのれの」生産物のうちに実現される「限られた」労働者の限界を奪い取られるのである。「もし社会主義者の著者たちがプロレタリア階級にこの歴史的役割を与えているのなら、それは、〈批判的批判〉がそう信じるふりをしているように、彼らがプロレタリアを神々だとみなしているからではまったくない。ことはむしろ反対である。完全に発展したプロレタリア階級においては、あらゆる人間性の抽象が、人間性の見かけの抽象でさえもが、実践的に達成される。［…］プロレタリア階級のうちで、人間は実際自らを失った。しかし彼は同時に、この喪失の理論的意識を獲得したのだ。［…］あるプロレタリアの一人が、あるいはプロレタリア階級全体が、どのような目的を一時的にでも思い浮かべているのかを知るのは問題ではない。プロレタリアとは何ものか、さらにこの存在に応じて歴史的に何をせねばならないのか、それを知ることが肝要だ[*25]」。

したがって、労働者としての徳に依拠した階級意識ほど、想像するにグロテスクなものはない。存在を規定するのは「行い」ではない。まったく逆である。プロレタリアとは、なすべきことがただ一つしかないものである。つまり革命である。自らが何ものであるかに応じて、それをせずにはおれないものである。というのも、プロレタリアが何ものかといえば、あらゆる属性の純粋喪失であり、存在と非‐存在の同一性だからである。〔ヘーゲルの〕『論理学』の空虚な同一性ではまったくない。労働の学校を経由した同一性、すなわち労働者の無と富の全との対立を経由した同一性である。この純粋な一致は、ここでは同時に〔zugleich〕という弁証法の主動力の率直さとともに提示される。この同じ一致をマルクスは、プルードンの労働文化と対置することになる。「すべての特殊的発展が止むその瞬間に、普遍性の欲求、すなわち個人の総合的発展へと向かう傾向が、感じられ始める[*26]」。「同時に」、「その瞬間に」……こうした革命的弁証法の副詞句が、唯物論的歴史の「他の何ものでもなく」、「それのみ」を立て直しにくる。革命的弁証法のもう一つ別の時間は、否定的なものの想起（レミニサンス）の純粋時間である。プロレタリアはメノンの奴隷である[*27]。タブラ・ラサ、無垢の表面である。そこでは——彼を主体たらしめる〈宣言〉がわずかでも彼に示されれば——〈革命〉が、四角形の対角線と同じ必然性とともに、書き込まれることになるだろう。

＊24　K・マルクス、F・エンゲルス「聖家族」三四頁。
＊25　同前。
＊26　K・マルクス「哲学の貧困」一六三頁。
＊27　訳注——本書九〇頁を参照。

こうしてプロレタリアは、労働者の否定以外の何ものでもない。そして反労働者であるまさにその限りにおいて、反イデオローグである。また逆に、まだプロレタリアでない労働者に、完全に等価ないくつかの名前をつけることもできよう。職人、ルンペン、プチブル、イデオローグ……。このうち三番目の不吉なものは、労働者とその状態についての意識とのあいだに位置づけられるものとされるが、いかなる実質も持たない。製造する労働者と模倣するイデオローグは兄弟である。ちょうど、ベルリンの助産師と二人ながらねんごろになり、プルードン‐フーリエ君と命名された私生児の父たる資格を分け合った、あの「自由人」学生と屈強な機械工の関係のように、兄弟なのである。[*28]

したがって、プロレタリア意識の発展を遅らせる「客観的条件」のおごそかな調査に期待するような人々は、ふざけているのだ。遅れは歴史的カテゴリーではない。問題の「意識」は「客観的条件」の発展に属していない。職人、プチブル、ルンペン、これらの社会歴史的カテゴリーは、喜劇の仮面でしかなく、労働者とプロレタリアの距離、つまり発展の時間と革命の時間の非一致がまとう変装でしかないのである。

こうして、禁止の諸項目、〔すなわち〕かつては職人に固有の徳を時間のなさに結びつけていた「他の何ものでもない」が、再配分される。原則として、プラトンの命令は、技術（テクネー）の称揚のうちで覆された。しかし技術（テクネー）はすぐさま二重化される。技術（テクネー）が、本来の姿——生産——になるのは、破壊の火をくぐってのことである。この火は、まさに労働者の鍛冶場の火ではない。職人は、多なるものの共産主義的王国に到達し、自らの自由な活動を哲学者の余暇と同じものとするためには、まず自分自身の純粋否定にならなければならない。彼を哲学者から切り離していた障壁は、いまや実現すべき革命の障壁である。しかし、この障壁に近づくことは、彼自身のパラドクスに、自分の引き算の要請に対峙することである。有髪を禿頭に変える引き算よりも、いっそうひねくれた引き算だ。革命の「他の何ものでもない」の主体になるために、いつになれば職人はその特性を十分に脱ぎ捨てられるのだろうか。

こうして、唯物論的「転覆」のなかで、序列の障壁が再形成される。それを職人の前に立てるのは、ほかならぬ職人自身である。生産諸力の発展の職人労働者、革命戦士のプロレタリア、共産主義の未来の哲学的生産者、この三つの登場人物は、それぞれ異なる時間に属している。

遅れた労働者あるいは共産主義のパラドクス

この異質性を、マルクス主義の伝統は、たんなる過去の重みや、死者が生者にとりつくことと同一視する。障害がもたらされるとすれば、遅れた職人たちからだ。大産業が一掃した職業と、世界市場に断罪された店先とに、へばりついたままの職人たちである。共用のナイフやフォークを鎖でつなぐべきでないかどうかについて議論するヴァイトリング派の仕立屋たち[*29]や、プルードン由来の理論をグリューン[*30]のところで学んできた親方にならって、その理論をそらで唱える指物師たち[*31]は、偽のプロレ

*28 「マルクスからエンゲルス（在マンチェスター）へ」一八五四年五月六日付、『マルクス＝エンゲルス全集28』二九〇頁。

タリアだというわけである。彼らは旧式の職人であり、ドイツで遍歴職人(シュトラオビンガー)と呼ばれる、往年の職人組合の時代に戻ることを望んでいる。

このような説明はばかげている。そんなことはマルクスもよく承知している。仕立屋たちをヴァイトリングに、指物師たちをグリューンに惹きつけているのは、みんなで仲良く針仕事やカンナがけができるようになるという見通しや、指物と引き換えてもらうために帳場に衣服を持っていくようになるという見通しではない。衣服や窓枠とは別のものを作りたいという願望であり、社会のなかで知恵の友人となりたいという願望である。マルクス自身、パリで、熱狂のさなかに示された一つの啓示にそのことを痛感した。「共産主義の労働者たちが集まるとき、まずは教義と布教が彼らの目的である。しかし同時に彼らはそこで新たな欲求を自ら抱いている。社交の欲求である。手段だと見えるものが目的となったのだ。[…]集会、結社、会談において今度は社交が目的となる。これに彼らは満足する。人類の兄弟愛は彼らのうちでは虚しいセリフではなく、一つの真理なのだ。人間性の高貴が、労働で鍛えられた顔の上で輝いている」[*32]。

だがそこには、共産主義者の熱狂を革命家の失望へと変えてしまうのにふさわしい問題がある。額(ひたい)の上ですでに輝いている人間性の高貴さである――この額(ひたい)は、未来の人間性の高貴さを生み出すためには、その見かけに至るまで輝きを失ってしまっている必要があるのだ。布教者エンゲルスは、二年後に、人間性が輝くこの額(ひたい)たちを説得にかかろうとして、自分を待ち受けているものを知ることになる[*33]。彼のミッションの最大の障害は、ライヴァルである「プチブル」の影響力ではない。この新たな欲求の本性そのものである。それは、引き算すべきところで足し算をするだけにとどまらず、さらにはぶしつけにも今ここで欲求を満たすことを求める。共産主義者の遍歴職人（シュトラオビンガー）が革命的プロレタリアに変わるのを妨げる障害は、彼らの職人としての特性ではなく、共産主義者としての特性である。職人組合の過去の重みではなく、共産主義の未来を先取りしようとする軽薄さである。

要するに、マルクスの科学は、正確にいってカベのユートピアと同じ問題を抱えている。[*34] どのようにして、新しい世界を、それを欲する人々とともに作り上げるか。カベにとってはこれこそが円積問題〔＝解決不能な難問〕である。イカリアを作り上げるためには、序列と兄弟愛の人間が必要である。しかし、そうした序列と兄弟愛の人間は、イカリアによってのみ教育できるものである。イカリアの設立に居合わせる人々は、無秩序と闘争からなる人間、つまり旧世界が自らに似せて作り上げた革命

---

*29　訳注――「エンゲルスから共産主義通信委員会（在ブリュッセル）へ」一八四六年八月一九日付、『マルクス＝エンゲルス全集27』三四頁。

*30　訳注――カール・グリューン（一八一三－一八七二）フォイエルバッハやプルードンの影響のもと「真正社会主義」を提唱した。マルクスとエンゲルスは『ドイツ・イデオロギー』などで彼を批判している。

*31　訳注――「エンゲルスから共産主義通信委員会（在ブリュッセル）へ」一八四六年九月一六日付、『マルクス＝エンゲルス全集27』三八頁。

*32　K・マルクス「一八四四年の経済学・哲学手稿」四七五頁。

*33　訳注――パリを追放されて移ったベルギー・ブリュッセルにて、一八四六年二月頃、マルクスとエンゲルスは共産主義通信委員会を結成し、共産主義者の国際的組織化を図る。エンゲルスはパリへ赴いて、オルグのために義人同盟と接触した。この接触はやがて共産主義者同盟へ発展する。

*34　訳注――本書二一一頁注7参照。

家たちである。それゆえイカリアは、本当に始まることなく死んでしまうだろう。共産主義革命はこの同じ問題に裏側から出会う。この革命を実現しようと申し出る人々は、すでに共産主義者であるという点で間違っている。理想郷で使うナイフとフォークについて議論する愚か者だとは限らない。たんに、手段を目的に、目的を手段に変えてしまう人間である。まだ若い革命的科学がそれを超えるものを何も見つけていないだけの未来の理想を、自分はすでに生きていると主張する人々なのだ。シュヴァーベンという感傷的な南ドイツの理想、一言でいえばシラー風の理想、人間の美的教育の理想である。

ラップ人の地の共産主義者

布教者のミッションは、そのとき、負けるが勝ちのゲームに似てくる。エンゲルスは仕立屋たちを遍歴職人(シュトラオビンガー)ヴァイトリングに任せ、指物師たちをプチブルのグリューンから引き離す。*35 しかし、もしエンゲルスが(二対一三票で)彼らに認めさせた新たな目的が、*36 このシュヴァーベン生まれの人々〔指物師〕にとって、ただちに未来の社交性を模倣するための手段に再びなってしまうのであれば、何の意味があるだろう。唯一の帰結は、プロレタリア党のなかに遍歴職人(シュトラオビンガー)の軍勢を増やすことであり、事実、やがてそうなってしまうのである。

なぜなら、こうした「遅れた」指物師、仕立屋、靴職人らはみなたんに、カンナや針やピッチといった「古びたがらくた」に別れを告げさせてくれる近代的な理論をあまりにも理解したがっているだけだからである。機械がひとりで大量生産を行う世界に、彼らはいつも乗り気だ。理論にとって厄介なことは、職業の殻に閉じこもった同業職人たちからやってくるわけではない。彼らはいつでも組織化と生産の最良の兵隊になるだろう。むしろ厄介なことが来るのは、職業の虚しさのせいで、古い職業の殻を脱ぎ捨てる道を最も遠くまで行くことになった労働者たちから、すなわちプロレタリアの定義に最も近い人々からだ。理論に敵対する人々から来るのではない。理論を熱狂的に採用するものたち、その布教のためならいつでも道具や工房を捨てる用意のある人々から来るのだ。遍歴職人(シュトラオビンガー)の最良の人々、ロンドンの共産主義者たちが、どれほど喜び勇んで、この教義をスカンディナヴィアの地に広めに行ったかを見るだけで十分だ。「ここから派遣された密使が、ヘルシンゲル〔デンマークの都市〕からスウェーデンまで行き、この国を歩き回った後、五月二三日にウプサラから手紙を寄こした。彼は何ももっていなかったので、カバンには共産主義の宣伝ビラをいっぱい詰めていた。幸いにも彼は国境を無事通過し、ビラはスウェーデンまで運ばれた。彼が書いていることによれば、彼は、どの都市でもドイツの労働者がいると聞けばその仕事場に訪ねていって、われわれの文書を配ったそうだが、この布教が彼らに大きな反響を与えているのがわかったという。残念ながら、彼には仕事が見つ

＊35 訳注――「エンゲルスから共産主義通信委員会〔在ブリュッセル〕へ」一八四六年九月一六日付、『マルクス＝エンゲルス全集27』三七-四四頁。

＊36 訳注――一八四七年に義人同盟が発展解消して形成される共産主義者同盟において、古いモットー「人は皆兄弟である」が、「万国のプロレタリアよ、団結せよ」に置き換えられたことが示唆されているか。

からなかったので、どの場所にも、コミューンを設立できるくらい長くは滞在できなかった。ストックホルムでは、地域コミューン〈北〉における共産主義の前哨基地〉に、中央当局から最初の二通の通達を手渡した。そのニュースは彼の地のわが兄弟たちの募る熱情を鼓舞した。彼はストックホルムを発ってウプサラへ向かい、さらにそこからイェヴレへわたり、しばらく仕事をした。現在彼は、ウメオとトルニオ〔スウェーデンとの国境付近にあるフィンランドの都市〕へ向かう道なかばにある。ラップ人の地にある共産主義の密使よ！」[*37]。

持ち物のないこの労働者が、ウメオでもトルネオでも、もうドイツ人労働者に会おうとしないというのはありそうなことだ。おそらく配るためのビラも残っていないだろう。そこで仕事を見つけるあても……。以後、彼は、純粋な共産主義的存在であることを、〈北〉の孤独のなかを歩む道づれとする。共産主義の布教は、そこに真理を見いだす。兄弟愛の猪突猛進、彼自身の快楽を満たすための旅である。ラップ人自身、このスカンディナヴィアの広大な大地を特権的な放浪の場とする「悪無限」の旅人である。しかし、この地はライン河の人間にとっては野蛮の国を象徴している。これについて、エンゲルスが友人マルクスに述べていることを見ておくだけでよい。「この国全土にはほんものの都市は二つしかない。それぞれ住民は八万人と四万人。第三の都市ノルチェピングには一万二〇〇〇人しかいない。残りは一千から二千、せいぜい三千のあいだ。〔駅馬車の〕宿駅ごとにひとが一人。デンマークと、どっこいどっこいだ。デンマークにはたった一つの都市しかないが、そこでは、バーゼルやブレーメンとはかけ離れた、いまいましい組合訴訟の弁護が行われている〔…〕そこでは、恐ろしくたくさんのヘーゲル派とも出会う」[*38]。

無限の散乱を組合主義者の結束の固さに結びつける逆転の弁証法的必然性を理解するために、デンマークのヘーゲル主義者になるには及ばない。悪無限の領土は、同時に、直接性の領土である。ここを喜んで歩き回る布教者は、スカンディナヴィアの民のなかでも最も野蛮な人々と同じ世界に属している。ノルウェー人、すなわち「自らの地、ノルウェーで、高貴なクヌート大帝の時代と同じ種類のばかげた農業が営まれるのを自慢する」人々。あるいはアイスランド人、すなわち「西暦九〇〇年の垢まみれのヴァイキングと同じ言葉を喋り、タラの肝油を飲み、掘っ立て小屋に住み、腐った魚の悪臭がしない環境では生きられない[*39]」人々である。

偽の出口 —— 階級と党

これが遍歴職人(シュトラオビンガー)の遅れの背景である。すなわち、彼らの共産主義以外の何ものでもないのである。共産主義革命の途上にある最初の障害は、共産主義者たち自身によって形づくられているのだ。一見

*37 Bert Andreas (documents réunis par), *La Ligue des communistes*, trad. Grandjonc, Aubier, 1930, p. 159.〔未邦訳、B・アンドレアス『共産主義者連盟』〕

*38 「エンゲルスからマルクス(在ブリュッセル)へ」一八四六年一二月付、『マルクス＝エンゲルス全集27』七〇頁。

*39 同書、六九頁。

したところ、これに対してすべきことは何もない。ロンドンの共産主義者たちとのつきあいから、エンゲルスは醒めきった結論を引き出している。「この件からわれわれが学んだのは、遍歴職人(シュトラオビンガー)は、そのエリートのやつらですら、これから組織される運動が存在しない限りは、どうすることもできないということだ。こいつらはわれわれに、自分が人民であり、プロレタリアであると言う。われわれは共産主義プロレタリア階級にすがることしかできない。それはまずドイツで作られるべき階級である」[*40]。

共産主義プロレタリアたちに対して、いまだ存在しないことだけが玉(たま)に瑕(きず)の共産主義プロレタリア階級を引き合いに出すことで、彼らが共産主義プロレタリアではないと証明することは、最高の弁証家にとってさえ骨の折れる仕事だ。したがって、唯物論者がその解決を引き継ぐ。典型的な唯物論的解決は、待つことである。こうした理論を持たない共産主義者たちを理論的に反駁するのは無駄だ。ものごとを眠らせておくしかない。労働者コミューンも共産主義者の文通も再び眠りにつかせるのだ。そうして、来るべき共産主義プロレタリア階級と、その組織された運動を待つのである。

あらゆる唯物論的解決と同じように単純である。しかし、やはり同じように効果はない。職人の障壁は哲学者の障壁でもある。近代産業が共産主義プロレタリア階級を生み出すのを待たなければならないのであれば、科学の人は、兄弟愛の徒歩旅行者とくらべて大して先には進めない。産業発展が近代労働者階級を形づくることは、おそらくありうるだろう。しかし、必要なのは階級ではないない。近代的階級ですらない。非階級なのだ。あらゆる階級はそれ自体、カーストである。つまり奴隷制と封建制の過去の遺制である。プロレタリア階級が革命「階級」であるのは、それがあらゆる階級の解消、そして何よりも「若い」労働者階級そのものの解消である限りにおいてのみである。
それゆえ、二〇世紀末にもなっていまさら「マルクス主義理論」と「労働者運動」の「融合」を祝うなど、ノスタルジーにふけっているだけのことである。マルクスとエンゲルスにとっては、一八四七年の年末以前に、重要なのは別の役割であることを理解する必要があった。すなわち、階級の構築とその解消との結合である。

　なぜなら、こう問わなければならないからだ。なぜ彼らは意見を変えたのか、と。論理的に言えば、『共産党宣言』は存在すべきではなかった。マルクスとエンゲルスは、ロンドンの遍歴職人（シュトラオビンガー）との文通を、そっと眠らせておかなければならなかった。そんなところでなぜ、彼らと共産党の宣言を鳴り物入りで出版するために手を組むのか。どのような共産党か。いまだ実在しないプロレタリア階級の党か。遍歴職人（シュトラオビンガー）の党か。よく言われるように、時間がたって遍歴職人（シュトラオビンガー）たちも反省したのかもしれない。そのあいだに彼らはマルクス主義の思想を吸収したのかもしれない。だからどうだというのか。マルクス主義の遍歴職人（シュトラオビンガー）はあいかわらず同じ遍歴職人（シュトラオビンガー）である。そのこと自体が、この悪辣な連中の特徴なのだ。彼らにはたまたま手に入ったあらゆる思想を「吸収」する能力があるということだ。「観念の大食家」、あるサン＝シモン派の司祭は呆れてそう言ったものだ。すばやく「消化」する人々のことを、マルクスとエンゲルスは折にふれ懸念していた。

　ではなぜ、真のプロレタリアにはけっしてならないような人々と、党を作ろうというのか。おそら

＊40　同書、六八－六九頁。

く、彼らがけっして真のプロレタリアにならないという、まさにその理由からである。党はまず何より結びつけるためにあるのではなく、分割するためにあるからだ。「万国のプロレタリアよ、団結せよ！」とは、同時に「各国の労働者よ、分割せよ！」の意味でもある。科学とこうした取るに足りない労働者前衛とのあいだの同盟とは、まず何よりも実現した分割である。党とは本質的に、プロレタリア階級の原理を、その二重の相のもとに、分割として実現する点である。党は絶対に〈一〉であるものとしてプロレタリア階級を代表する。旧世界のすべての勢力からの憎しみによって、それとして構築された〈一〉である。しかし同時に、党とは、この〈一〉の解消でもある。つまり、内部から階級を攻撃する非階級なのである。

したがってある意味で、党とは、哲学者による次の断定的な言葉に要約することができる。そこでは純粋な分割力がその普遍性を、旧世界の全勢力と自らの特異性との対立のうちに見いだしている。「僕はかれらにきっぱり宣言した。プロレタリアの党の代表として僕たちを任命するのは、たしかに僕たちだけだ。しかしこの任命には、旧世界すべての分派とすべてのカーストがあまねく僕らだけをもっぱら憎んでいる、という副署が付いているのだ、と」[*41]。哲学者は彼ひとりで、否定的なものの悲劇的な力能として党なのである。その周りに一体になろうとしてやってくるもの——知的自負をもつ遍歴職人（シュトラオビンガー）と半分休暇中のインテリとのあいまいな交雑——はすべて、自分のものではなく、変形することしかできないテクストを喜劇的に繰り返すことを運命づけられている。それは道化の講義であり、この亡命中の王哲学者は喜んでそれなしで済まそうとするだろう。きわめて壮大に洗礼を施した党を、音もなく埋葬するときのエンゲルスの歓喜の証言。「結局またもや［…］われわれには人気も、なんらかの党の支持も必要ないことを、示す機会となった。〔…〕何年もむかしから、まるでそこらの有象無象すべて、われわれの党を為しているかのように、われわれは振る舞ってきたのではないか。だがそのあいだ、われわれには党などなかったのであり、これまで少なくとも党員仲間に数えていた人々も、われわれのうち度しがたいばか者と呼ぶことは控えるにしても、われわれの教義のイロハも理解していなかったのだ。〔…〕われわれにとって「党」が何ほどのものであろう。われわれと同等だと思ってわれわれのみを頼りにしているあほうの集まりの何が重要なのか[*42]」。

遍歴職人の天才

しかし哲学者は、この度しがたいばか者たちをなしで済ますことはできない。分割の純粋非存在〔プロレタリア階級〕は体を持たなければならない。ドイツではいまだ構築されていないプロレタリア階級を先取りするためであるが、しかし同時に、この階級はつねにその共通利益と共通利益の近代的代表者によってかなり早く構築されることになるので、この階級を分割するためでもある。おそらく

*41 「マルクスからエンゲルス（在マンチェスター）へ」一八五九年五月一八日付、『マルクス＝エンゲルス全集29』三四一頁。
*42 「エンゲルスからマルクス（在ロンドン）へ」一八五一年二月一三日付、『マルクス＝エンゲルス全集27』一六七頁。

〔第一〕インターナショナル〔国際労働者協会〕がまずそうした体となるだろう。それから非階級としての労働者組合(ユニオン)である。さらに――イギリス、フランス、ドイツでは――階級としての労働者の利益を主張しすぎることしかしないこの近代組織に対抗するための武器がいる。そのために、一般的には党の道化たち、特殊には遍歴職人(シュトラオビンガー)たち以上にうってつけのものはない。ドイツの労働者協会の組織化を邪魔するためには、南ドイツの感傷的なロバことライプツィヒのリープクネヒトが。ドイツ全土で六枚すらもインターナショナルの会員証を撒かなかったリープクネヒトを監視するためには、[*43]老獪な陰謀家、ジュネーヴのベッカーが。[*44]ベッカーを監視するためには、典型的なマルクス主義遍歴職人(シュトラオビンガー)、仕立屋エカリウスがうってつけだろう。ロンドン亡命の際に読み書きを覚えたが、句読点はまだおぼつかないこの「働き者〔son of toil〕」は、指導部兼情宣部としての新たな人生に「仕立屋の地獄」で失われた人生の報復を見いだしてすっかり舞い上がっている。

　間違いなく道化たちである。敬意を表すべき不屈のベッカーは別として。彼らは主導権を握れば、ほとんどへまばかりやってきた。しかし、何も代表していないという点では信頼できる。『真夏の夜の夢』でライオンを演じた彼らの仲間、指物師スナッグ流に、滑稽劇調で人民の役を演じるには他に代わりはいない。詩人たちであり、ダイモーンの人々である。例えば仕立屋ウルマーを見よ。この風采のあがらない男は、特別な「天才」を吹き込まれている。憤慨から彼が詩人となるとき、彼の天才は彼をトランス状態に入らせて、民主主義者の集まりで恐怖を撒き散らす。「さらに、自分が無謬だとわかっている共産主義者の誇りもある[*45]」。

　解消と反代表〔表象〕の人々である。シラー派ラッサールの代表団に相対するシェイクスピア的個人たちだ。エンゲルスは、ラッサールを咎めるとき、おそらく自分自身の「党」のことを考えている。エンゲルスによるとラッサールは、彼の作になる〔歴史劇〕『フランツ・フォン・ジッキンゲン』[*46]の中で「主要登場人物が特定の階級と傾向の代表である」とみなしながら、「ファルスタッフ風の背景」をすべて忘れているという。つまり、「封建勢力の解消」の世紀を特徴づける「乞食王、飢えた傭兵、あらゆる種類の山師たち[*47]」を忘れている。悲劇という文学的問いは、一八五〇年代においては、

＊43 訳注――マルクスはリープクネヒトに、ドイツでのインターナショナル個人会員の勧誘を期待し、会員証を数枚送っている。リープクネヒトはそれに応えなかった。一八六五年一一月二一日付、マルクスからリープクネヒト宛の手紙を参照（「マルクスからヴィルヘルム・リープクネヒト（在ライプツィヒ）へ」『マルクス＝エンゲルス全集31』四〇八頁）。

＊44 訳注――ヨハン・フィリップ・ベッカー（一八〇九―一八八六）ドイツの革命家。一八四九年のバーデン革命に参加。その後はスイスのジュネーヴで社会民主主義者として活躍。インターナショナルには創立から参加した。

＊45 「マルクスからエンゲルス（在マンチェスター）へ」一八五一年八月二五日付、『マルクス＝エンゲルス全集27』二七六頁。

＊46 訳注――ファルスタッフはシェイクスピアの喜劇『ウィンザーの陽気な女房たち』の主人公。『ヘンリー四世』にも登場する。『ウィンザー』は一六世紀後半のイングランドの中流階級の生活を扱っており、ヴェルディはこれを原作とするオペラを作曲した。

＊47 「エンゲルスからフェルディナント・ラサール（在ベルリン）へ」一八五九年五月一八日付、『マルクス＝エンゲルス全集29』四七三頁。

革命という政治的問いでもある。そこではブルジョワ階級は「二度目となる一六世紀を」[48]生きている。革命の悲劇的次元に接近するためには、代表〔表象〕に基づくブルジョワ的――シラー的、ラッサール的、社民主義的な――ドラマを、解消に基づくシェイクスピア的悲喜劇によって二重化しなければならない。「大産業の第一子」の正統性を、乞食哲人王と共産主義の飢えた傭兵――遍歴職人（シュトラオビンガー）――との折衷によって二重化しなければならない。革命的もぐら[49]は、生産力の発展の合理性を、革命的もぐらの伝説によって二重化しなければならない。革命的もぐらは、そのヘーゲル的な仲間、〈理性〉の狡知に混同されることがあるが、それは同時にシェイクスピアの登場人物でもある。だが、このもぐらは舞台を変えた。ヘーゲルがそのもぐらを借りたのは、ハムレット王子の悲劇からであった。この悲劇にヘーゲルは、新たなブルジョワ的個性の最初の苦しみを見た。唯物論者カール・マルクスは、明らかに夢幻劇のほうがお好みだ。イギリス産業の「第一子たち」の栄誉を祝う宴で、彼は老モグラに再び命名して若返らせる。マルクスが彼らに言うことには、この古いモグラは、実は、ロビン・グッドフェローという名である。つまり『真夏の夜の夢』の妖精パックなのだ[50]。エロスという魔の近代的な姿、ポロスとペニアの息子パックは、もはや狡知に富むのではなく、皮肉なだけの歴史の天才である。

＊48　「マルクスからエンゲルス（在マンチェスター）へ」一八五八年一〇月八日付、『マルクス＝エンゲルス全集29』二八二頁。

＊49　訳注――シェイクスピアの悲劇『ハムレット』第一幕第五場での、ハムレットが亡父の霊に呼びかけるセリフ（「老いたモグラ！」）を、ヘーゲルは『歴史哲学講義』（初版）で、地下を進む霊（＝精神）の働きの暗示として取り上げている。のちにマルクスは『ルイ・ボナパルトのブリュメール一八日』（『マルクス＝エンゲルス全集8』一九二頁）で、このハムレットのセリフを、革命を準備するものの暗示として取り上げた。

＊50　K・マルクス「一八五六年四月一四日ロンドンにおける『ピープルズ・ペーパー』創刊記念祝賀会での演説」『マルクス＝エンゲルス全集12』四頁。

かすめとられた革命

このように、プロレタリア階級が党を通じて存在するようになり、また党がその宣言を通じて存在するようになるためには、いくつかの迂回が必要である。しかし、科学や党についての宣言はすべて、これらの迂回を、歴史の楽観的合理性の背後に抑圧しなければならない。つまり、皆に見えるとおりのものの「他の何もの」でもない歴史であり、また皆に見えるとおりのもの「以外の何もの」をも作らない歴史である。この抹消作業が『共産党宣言』(マニフェスト)の言説の横糸となっている。このとき宣言には二重の意味がかかっている。万人の目に明らかなもののほかには、何も主張すべきことはない、と主張しているのだから。「われわれは確認する」、「われわれは立ち会っている」、「われわれは見ている」、「われわれは見たところである」、「われわれは見た」。歴史はこれまで、階級闘争の歴史でしかなかった。つまり、最終的に、特定の所有関係を基盤に発展してきた生産力の歴史でしかなかった。しかし特定の所有関係は、こうした生産力の発展の足かせになった。それらを打破しなければならなかった。そして、それらは打破された。別の関係を作り出すことになるかもしれないが、それも最終的な自己固有化／脱自己固有化までには打破されるであろう。それは墓掘り階級プロレタリアの仕事である。これは、ブルジョワ階級によって生み出され、地震のようにブルジョワ階級を地に埋める。「現行社会の下層階級たるプロレタリア階級は、公式社会を構成している上部構造層すべてを吹き飛ばさずには、立ち上がることも、身を起こすこともできない」[*1]。

マルクス博士は地理学を愛し、地理的比喩を好んだ。それらに保証を求めることは、プロレタリア階級を支える近代社会という地面、また、プロレタリア階級を自らの進歩とお下がりによって太らしていくブルジョワ階級に対する全幅の信頼を示している。『共産党宣言』が、起草者たちの共産主義の経験と不釣り合いな楽観論をおおっぴらに示しているのは、まさに、共産主義の可能性が、舞台にまだあがっていないプロレタリア階級の力能ではなく、ブルジョワ階級の力能に基盤を置いているからだ。発展と矛盾の力のすべては、ここでブルジョワの活動（アクション）と情念（パッション）のうちに移される。

絶対的ブルジョワ階級

それは『宣言』の主体を舞台にあげることで始まる。共産党である。共産党が存在するのは、もち

*1 K・マルクス、F・エンゲルス「共産党宣言」『マルクス＝エンゲルス全集4』四八六頁。

ろん遍歴職人（シュトラオビンガー）のコミューンによってではない。しかし同様に、大産業の申し子たちの潜在的な力によってでもない。その亡霊を前にした全勢力の恐怖によってである。「共産主義の亡霊譚に対して党それ自体の宣言を」対置するというわけである。しかし「党それ自体」は亡霊譚の裏面としてしか生きられない。党の力は、全勢力が恐れるような亡霊だということである。その正統性は——逆でさえあるが——この亡霊を追い払うために手を組む法王と皇帝（ツァーリ）から、メッテルニヒとギゾー[*2]からやってくるのである。

主体があるためには、亡霊を転倒するだけでよい。この近道のおかげで、フォイエルバッハ的な転倒という回り道を避けられる。フォイエルバッハにおいて、神の亡霊の転倒は〈人間〉をもたらしたわけではなく、人間たち、つまり差異の多形的現実をもたらしただけだった。この減速作用が、転倒の力となっていたが（この転倒はもはや転倒できない）、弱点ともなった。本質はもはや、実現すべき総和としてしか存在しなかった。兄弟愛の悪無限としての共産主義である。「人類の総和こそが自然を認識し、人類の総和こそが人間的なものを生きる[*3]」。ラップ人アンデル風の無限旅行のプログラムである。

当然の論理として、マルクス的転倒も同じ結果を招くはずだろう。『ドイツ・イデオロギー』においては、思弁に対立するのは「生きている諸個人」だった。『宣言』の場合も、共産主義的亡霊への反駁は、それ自体では、共産主義者たちの——げんなりする——現実に送り返されるだけだろう。その先に行くためには接合が必要である。つまり、加算と乗算という唯物論的原理——「生きている諸個人」の原理と、けっして止まることのない世代の原理——に、死の弁証法的原理つまり除算を接合することである。除算のみが有効である。というのも、それは統一つまり〈全〉を想定しているからである。それは乗算によってはけっして到達できない。一つの〈二〉であるような〈一〉、除算自体が前提にしている全体性が必要なのである。

これが亡霊に対するブルジョワ的恐怖によって与えられるものである。この恐怖が党を〈一〉として産み、残りのすべてが〈一〉に対立する。つまり、ブルジョワ的「恐怖」は、子どもや老人の恐れとは関係ないということである。共産主義の亡霊を発明する力は、鉄道を発明したのと同じものである。ブルジョワ階級が恐れるのは、多少漠然とではあれ、プロレタリア階級を自らの分身として、つまり自らが生産諸力の神――あるいは悪魔――と交わした契約の裏面として、知っているからだ。ブルジョワ階級の恐怖は、再びその力能の顕在化なのだ。ブルジョワの情念（パッション）が共産主義の存在を支えているのは、ブルジョワ的活動（アクション）がプロレタリア階級の存在を支えているからなのである。

というのも『宣言』において、ブルジョワ階級には推進者（アジャン）としての力能しかないからである。普遍

---

*2 訳注――クレメンス・フォン・メッテルニヒ（一七七三―一八五九）オーストリア帝国の政治家・外交官。フランソワ・ギゾー（一七八七―一八七四）フランスの政治家。両者ともにナポレオン戦争後の保守的ヨーロッパの再建に活躍したが、一八四八年革命で失脚する。『共産党宣言』の冒頭では、二人の名前が挙げられている。

*3 シラーへ宛てたゲーテの手紙。フォイエルバッハが以下で引用している。L・A・フォイエルバッハ「ヘーゲル哲学の批判のために」『フォイエルバッハ全集1』船山信一訳、福村出版、一九七四年、二七三頁。

の文明の推進者(アジャン)である。その都市、工場、鉄道、船舶、電報が、カーストやネーションのあらゆる障壁を打ち壊し、地上すべてから原始的野蛮さと農村的遅れの痕跡を一掃する。それはまた自己破壊の推進者(アジャン)でもある。それは、悲劇的な力があまりにも浸透していて、運命から身を引き離せず、自らを生産道具の絶えざる革命へと巻き込み、自らを深淵に導くはずの力を解き放つことになる。『宣言』は、ブルジョワの自死についての信仰告白なのだ。

この劇においては、プロレタリアが神々になる可能性はまったくない。端役がいいところだ。殺し屋とは言わないまでも墓掘り人。何になるにせよ、プロレタリアはそれをブルジョワの活動(アクション)あるいは情念(パッション)に負っている。産業の一兵卒、労働の道具、機械の付属品。人間であるとしても、プロレタリアどうしを分割する競争によってのみ、あるいは彼らを機械に対立させる職人的な遅れによってのみである。彼らは外部から力を受け取らなければならないのだ。彼らが統合を拡大していくのは、産業集中のおかげ、肩書の均等化のおかげ、鉄道の速度のおかげである。彼らは政治主体としての特性をブルジョワたちから受け取ったのであり、ブルジョワがプロレタリアを、封建的序列に対する自分たちの闘いに結びつけたのだ。さらに彼らの永続的な政治教育も、支配階級の解消のたまものだ。支配階級が彼らに、その学校で育成された闘士集団と、彼らの闘争を指導するための哲学者たちを、たえず送り込むのである。

少なくとも一つの特権がプロレタリアたちに残っているはずだ。「無」の特権である。何の特性もない、所有も家族も宗教も国家ももはや存在しないような人間に固有の醒めきったまなざしという特権である。ところが、これさえもブルジョワ階級の事実なのだ。プロレタリアとその妻子との関係は、

「ブルジョワ家族のそれとともはやいかなる共通点もない」。しかし、ブルジョワ的結婚がすでに「妻の共有制」[*4]である。プロレタリアに祖国はない。しかしブルジョワ階級自体、普遍的階級としてしか存在できず、国家のしきたりや利益を取り巻くあらゆる「万里の長城」を抹消したのだ。「法律、道徳、宗教」はプロレタリアにとって「ブルジョワ的偏見であり、その裏には同じだけのブルジョワ的利益が隠されている」。しかし、ブルジョワ階級はすでに、宗教的法悦や道徳的熱狂からくるあらゆる身震いを、「利己的計算の冷や水」[*5]のなかで溺れさせてしまった。特性のなさはプロレタリアにおいては純粋な受動であるが、ブルジョワの側では、永久運動のもと、固定したあらゆる決定を打ち消し、古いごみをすべて片付けていく精神の力能である。ブルジョワ階級が革命的であるのは、たんに大産業を作ったからばかりではなく、それがすでにあらゆる階級、固定され硬化したあらゆる決定事項を解消する運動だからなのである。ブルジョワ階級はすでに、非階級であるような階級であり、生産と破壊の悲劇的一体化である。たんなるブルジョワ革命の分身あるいは裏面であるプロレタリア階級は、その際、この生と死の一体化を承認するだけである。それは弁証法的ではなく、たんに唯物論的な活動である。墓掘り人は、ブルジョワ革命が成し遂げたことを承認するのである。

＊4　K・マルクス、F・エンゲルス「共産党宣言」四八六、四九二頁。
＊5　同書、四七八、四八六頁。

ブルジョワの裏切り

こうして『共産党宣言』はブルジョワ階級に一つの任務を委ねる。この任務に値するプロレタリアは、その概念に照らす限りいないからだ。すなわち、唯物論的な脱神秘化と、弁証法的な破壊との一体化という任務である。ブルジョワ的なラディカルさに与えられた信用は、歴史の政治的可読性への信頼と対になっている。

ところが、この信頼は、一八四八年革命によって二重に失墜した。一八四八年革命とは、失敗した興行、笑劇と化した悲劇である。タイトルは「神秘を抜け出そうとして神秘にとらわれた人々」とでもなるだろうか。

しかしあらゆる条件は、『宣言』の「証明」を追認するために揃っていた。一八四八年六月は、同書の真理を街頭のスペクタクルと化した。バリケードのこちら側とあちら側に、目に見えるかたちで階級が分割される。弾圧の流血のなかで再洗礼を受けた共和国は、非常に厳密に言って、階級としてのブルジョワ全体による独裁である。権力の本性を隠していた古い安メッキが剝がれた独裁である。

この時点までに、あらゆることが『フランスの階級闘争』の観察者〔マルクス〕の理論を裏づけていた。しかし、この先からすべてが混迷に陥る。ブルジョワ支配の完成が見られるはずだった。そして政治史が、階級闘争として本を開くように淀みなく姿を現すはずだった。しかし、明らかなこと〔宣言〕の啓示の書物は、ヒエログリフ〔聖刻文字〕で覆われていた。政治の舞台から、正規の役者たち、ブルジョワとプロレタリアはいなくなり、場は一団の代役たちに任される。彼らの滑稽劇は、道化のルイ・ナポレオンの勝利によって幕を閉じる。事物に対する名前の明白な勝利。生産に対して窃取が、歴史に対して遅れが勝利を収めたのである。

こうした啓示の舞台上で繰り広げられる、一連の演劇的あるいはサーカス的効果には、ある明確な意味がある。それが表すのは、諸々の階級は一般に、階級自身の政治的代表という資格でそれのみが階級への権利付与を行うような水準では、存在することができないということである。

まだ死んでいない古い階級とまだ生まれていない新しい階級のあいだの場所を占めるプロレタリア階級が、まだその役割の高みに達していないということであれば、それを待つこともできただろう。だがこの階級は、自分の役割を果たすにはあまりに脆弱だった。ようやく二月になって、プロレタリア階級はブルジョワの利益のそばで、自らの利益を代表することができたが、六月には「独唱の」葬送曲に身を任せることになった。問題が到来したのは、革命的な力をまだ保持している階級、ブルジョワ階級のほうからだった。一八四八年の厄介な出来事は、権力の座にあるブルジョワ階級には、権力の座にあるブルジョワ階級を懲らしめることが絶対にできないということだ。征服者の階級は、大産業の諸力を解放し、政治とイデオロギーを脱神秘化しながら、魔法使いでさえない魔術師に屈する。この階級は、戦わずして一人の詐欺師に権力を委ねる。寄生者団体のボスである一人の無骨者に。取り巻きの詐欺師仲間を超えて、農民の古きフランスの遅れからのみ代表者としての力を得ているあの無骨者に。

もちろん唯物論的説明もある。恐怖である。ブルジョワ階級は六月のバリケードの上で、あまりに間近で自らの死を見てしまったのだ。その政治支配の「純粋」形式が、階級闘争をむき出しにして荒れ狂わせ、最終対決の場を一掃したのを目の当たりにしたのだ。自らの死を予告するこの勝利に、ブルジョワ階級は怖じ気づいた。彼らは、「自己統治(セルフ・ガヴァメント)の危険から逃げるよう」[*6]自分自身の利益に命じられていることがわかった。その社会的な力を無傷のまま残すために、ブルジョワ階級はその政治権力を、愚かだと思われる名義人に与えたのである。ところがこの名義人は、ブルジョワ階級を罠にかけた。ブルジョワ階級のほうは彼に見かけだけ権力を与えるつもりだったが、彼はブルジョワ階級がこの権力の現実を放棄せざるをえなくしたのである。お返しに彼は、ブルジョワ階級に、その関心事に適した序列を与えた。要するに、ブルジョワ階級は端的に、自分の政治的利益を、社会的利益のために犠牲にしたのである。

しかしこの説明は、問題を後退させるだけである。確かに、慎重さは唯物論的な美徳である。しかしこの慎重さは、歴史の弁証法的推進者(アジャン)としては、失敗のあかしだ。政治的利益に従って集まったのに、階級闘争において自分の政治的役割を果たすという考えにおびえて、最初に来た山師にそれを与えてしまおうと判断するような集団を、なお階級と呼べるのか。『宣言』のブルジョワ階級は別ものだった。歴史的任務を最後まで果たし、その生産と破壊の権力を完全に実行することを義務づけられた、ラディカルな階級であった。私たちがここで見たのは、反対に、ブルジョワ階級がまだ任務の序の口なのにさっそく後ずさりしている姿である。ある階級が流れの終盤で生き延びる手段に必死でしがみついているというのであれば、まだわかる。しかし、産業ブルジョワ階級はフランスではまだ権力の座にもついていない。「産業ブルジョワ階級は、近代産業があらゆる所有関係を自分の仕方で調整しきった場所にしか君臨できない。産業がこの権力を獲得できるのは、世界市場をこれが征服した暁に限る」[*7]。だが保護主義のフランスはまだ遠い先である。

ブルジョワ階級はこうして、円熟期に到達するまえに耄碌してしまった階級として振る舞うのである。政治的支配の実践から後退したばかりでなく、自らの仕事である生産諸力の発展からも後退した。「パリ－アヴィニヨン間鉄道敷設をめぐる審議が一八五〇年の冬のあいだに始まったが、これは一八五一年一二月二日になってもまだ、終わりへ向けて進んでいなかった」[*8]。こうして征服階級は、過去における遅れと未来への恐怖のあいだで解体してしまうように見える。

したがって、神秘を抜け出そうとして神秘にとらわれた人々の寓話は、水を撒かれた水撒き人[*9]の寓話に還元されない。その寓話は、階級そのものとしての一貫性のなさとひ弱さを示している。この上なくグロテスクな個人主義の勝利、そして普遍的ブルジョワ階級と世界市場の時代における純粋な固有名の支配は、たんに歴史のいたずらではない。それは各階級が模範的な姿を示さなければならない過程にあるときに、各階級に襲いかかる解体過程の限界である。このとき、階級のそれぞれが、自らの戯画によって二重化され、解体される姿を見せるのである。あるいは正確に言えば、そのルンペンによって。

＊6　K・マルクス「ルイ・ボナパルトのブリュメール一八日」一四八頁。
＊7　K・マルクス「フランスにおける階級闘争」『マルクス＝エンゲルス全集7』一七頁。
＊8　K・マルクス「ルイ・ボナパルトのブリュメール一八日」一四八頁。
＊9　訳注――フランスのリュミエール兄弟の映画に、同じタイトルの作品がある。

ルンペンの勝利

それぞれの階級を二重化するこの解体は、一般的にルンペン・プロレタリアートの記述においてのみ知られてきた。『宣言』によれば「古い社会の下層部の受動的腐敗」であり、『フランスの階級闘争』によれば「あらゆる種類の盗人と犯罪者の温床であり、社会の落ちこぼれ屑を拾って生きる」この下層プロレタリア階級は、とりわけ一八四八年六月には、本物のプロレタリア階級による蜂起を掃討する機動隊に人員を供給した。

社会学的説明はまったくこれと一致しない。確かめられていることとしては、機動隊はむしろ、プロレタリア階級のうちでもエリートに属していたのであり、クズが集められたのではなかった。[*10] ルンペンとは階級ではなく神話である。良い歴史に寄生しにくる悪い歴史という神話である。その意味でこれは、既定の政治神話に書き込まれている。泥棒、売春婦、「脱走囚」が、労働者や共和国のあらゆる騒乱の隠れた原動力であるとして、ブルジョワによって告発される。働き手であり闘士である本物の人民と、パリの街路やバリケードを騒がす輩との当事者による混同であるとして、労働者によって告発される。マルクスは明らかに、居酒屋の革命家たちに対するカベ主義的告発を読んでいた。[*11]「ルンペン」の語のほうは、おそらくハイネから来ている。[*12] ハイネは一八三二年、レジティミスト〔正統王朝派〕の騒動と、新たな清掃車に反対するぼろ屋の暴動との結びつきを分析しながら、そこに職業組合の過去を擁護するすべての人々による象徴的な闘争を見た。「ごみの伝統」、「あらゆる種類の腐敗の利益」、要するに今の生活を毒する「中世のこえだめ」を擁護する人々の戦いだと。[*13]

しかしマルクスにとって腐敗とは、たんに道端を埋め尽くす過去のゴミではない。対立する二つの異なる姿をとるかもしれない階級が解体されることによって生み出されるものである。能動的腐敗がある。カースト的序列を攻撃し、階級を死へと押しやる良い解体である。受動的腐敗がある。階級をそれ自身の手前に引き戻すような悪い解体である。階級の「ルンペン化」とは、最低限の自己保存への回帰のことである。それは同時に、階級を諸個人の純粋な加算へと解体することである。ルンペ

＊10　以下を参照。P. Caspard, « Un aspect de la lutte des classes en France en 1848 : le recrutement de la Garde nationale mobile », *Revue historique*, 1974, t. II, p. 81-106.〔未邦訳、ピエール・カスパール「一八四八年のフランスにおける階級闘争の一側面――国民機動隊の徴募」〕

＊11　シュニュの著作に関するマルクスの書評を参照せよ。K・マルクス「市民コシディエール配下の前警備隊長A・シュニュ著『陰謀家』――秘密結社、コシディエール配下の警視庁、義勇兵団、パリ、一八五〇年。リュシアン・ド・ラ・オッド著『一八四八年二月における共和国の誕生』、パリ、一八五〇年」『マルクス＝エンゲルス全集7』二七一―二八八頁。

＊12　訳注――独語 Lumpen には「ぼろ布、ぼろ服」の意味がある。「公衆の塵芥を自らの管轄物と見なす幾千もの人々（…）はいわゆるぼろ屋と称される人々で（…）汚れたぼろ服姿で通りをぶらつき、塵芥の中からまだ使いものになるいろいろな品を拾い集め、それらを売りさばくすべを知っていた」（H・ハイネ『ハイネ散文作品集1』木庭宏編訳、松籟社、一九八九年、一七一頁）。

＊13　『ハイネ散文作品集1』一七二頁。また以下も参照。Prawer, *op. cit.*, p. 201-202. とくにマルクスとハイネの関係については次を参照。P.-L. Assoun, *Marx et la répétition historique*, PUF, 1978.〔未邦訳、ポール＝ロラン・アスーン『マルクスと歴史的反復』〕

ン・プロレタリア階級とプロレタリア階級の対立は、悪い解体と良い解体の対立である。一つの階級ですらない階級が、一つの階級ではもはやない階級に対立しているのだ。ブルジョワに雇われた浮浪者軍団という幻のイメージの裏には、もっと恐ろしい秘密が隠されている。すなわち労働者階級を迎え撃つ軍隊は、いつでも労働者階級のなかから募ることができるのである。労働者の「兄弟」に向けて発砲する機動隊の例外的な裏切りは、後になって、労働者たちのありふれた裏切りによって正当化される。彼らは一八五〇年の産業的繁栄のせいで、自分たちの中の三〇〇万人から投票権を取り上げる法にまったく反発しなかったのだ。「つかのまの幸せのために自らの階級の革命的利益を忘れるほどに、労働者たちは、征服階級であることの名誉をあきらめていた[*14]」。あらゆる階級は、その成員が自らの「社会的利益」を守る限りで、潜在的にそれ自体ルンペンなのである。

ブルジョワ階級の敗走は他の仕方では説明できない。ブルジョワ階級が最も絶対的になる瞬間に自らの権力を失うというパラドクスも、同じプロセスから考えられる。ブルジョワ階級はつねに、社会的利益を確保するために政治的利益を破壊することによって、自分自身の手前にまで後退してしまう。たえず階級的利益を成員の物質的利益のために犠牲にするのである。プロレタリア階級の解消とまったく同じように、このブルジョワの解体にも二つの名前がある。ブルジョワ階級がその概念に逆らって進むのが見えたと思われたところに、ブルジョワ固有の「ルンペン」を認めなければならない。近代の産業ブルジョワ階級は寄生者に蝕まれている。その名は金融貴族。生産による富を使って生きる窃取の階級である。したがって、ルイ=フィリップのいわゆる「ブルジョワ」専制は、実は金融貴族が本当のブルジョワ階級の血を吸血鬼のように啜ることだったのである。「法を発令し、国家管理をまわし、あらゆる構成された権力をほしいままにした」のは金融貴族だった。社会全体に自分たちの原理、反‐生産の原理を押しつけたのも彼らだった。一般化した混合の乱痴気騒ぎを押しつけたのも彼らだった。「宮廷からいかがわしい飲み屋に至るまでのあらゆる領域で、同じ身売り行為、同じ恥知らずの詐欺、すでにある他人の富を守るのではなくかすめとることで金持ちになろうとする同じ渇望が再生産されている。とくにブルジョワ社会のてっぺんでは、きわめて不健全で無軌道な欲が解き放たれ、ブルジョワ的な法律そのものと絶えずぶつかっている。というのも、享楽が下劣を極め、金と泥と血があい混じるようなところでは、ごく当然ながら、賭博から生じる富がその成果を訴えるのだから。金融貴族は、その稼ぎ方でも享楽でも、ブルジョワ社会のてっぺんでのルンペン・プロレタリア階級の復活にほかならない」[*15]。

　当然の論理として予想されたことだが、一八四八年の共和国は、ブルジョワ的生産諸力の発展の推進者（アジャン）のためのみを思い、この寄生者ルンペン貴族階級を一掃することにした。残念ながら、生産的な真の階級と、非生産的な偽の階級の対置はすぐに打ち消される。ブルジョワ共和国の文脈のもと、いわゆる金融貴族階級がまさしくその自然〔の素質〕において現れる。この者たちは他でもなくブルジョワ階級それ自体である。国債から利益を引き出す「すべてのブルジョワ階級や半ブルジョワの階級の無数の人々」[*16]による民主制である。税と金利の吸血主義（ヴァンピリスム）は産業資本を犠牲にして国家機構と偽の

＊14　K・マルクス「ルイ・ボナパルトのブリュメール一八日」一五一頁。
＊15　K・マルクス「フランスにおける階級闘争」一二一頁。

金融貴族階級を生かすのだが、これはたんに、産業資本がその支配に必要な序列を購うための対価ではない。それは、ブルジョワ階級がその身を切って、生きた原子の凝集のうちに解かれるような解体プロセスである。統治者たるブルジョワ階級は、自らがそうあるところのものとして自らを明らかにする。大産業の具現された力ではなく、たんに、あらゆる手段で財布を膨らませることを渇望する烏合の衆として。彼らには国家が資本にどのようなコストをかけるか、どのような収穫をもたらすか、計算しようとする気づかいすらない。彼らはただ、自分たちの小さな関心事にかまける。国家の吸血主義を彼らが受け入れるとすれば、一方でそれは、彼らの投機取引を静かに行うことができるからであり、他方では、「利潤、利子、地代、謝金といったかたちのもとで」取り立てることのできるものを、「俸給というかたちのもとで」是が非でも埋め合わせたいと欲する、彼ら自身が吸血鬼だからである。[17] いわゆる「社会利益」のために、ブルジョワ階級は自分の政治利益を犠牲にしたが、この社会利益とは、社会成員の「最も了見の狭く、最もいかがわしい」[18]特殊利益の総体、ひしめきあいでしかない。ボナパルト家のいかさま師とそのペテン師団の勝利は、そのときほんとうの意味をもつ。ブルジョワ産業の栄光の階級は、一団の相場師たちでしかない。第二帝政の産業発展もまた、「投機取引、金融詐欺、株式投資の馬鹿騒ぎ［…］、上流階級の下劣な情念すべての伏魔殿［…］、売春の絶頂である」[19]。近代のブルジョワ階級はいまだ遅れた烏合の衆に過ぎず、泥棒仲間の悪行、中世的腐敗、農村の豚小屋を再生産している。一八七一年春、コミューンの防衛者はこうしたブルジョワ階級に対して、労働者階級の「男らしい息吹」と「ヘラクレスのごとき力」を対置することになる。[20] しかし労働者階級も階級の一般的運命から逃れられないことは、すでに示されたのではなかったか。すなわち彼らは、その成員たちの集まりへと実質上、解消したのではなかったか。下劣な乱痴気騒ぎの幻は、あの加算と分散の世界への失墜を示す仮想通貨でしかない。

沼の花

この加算的解体は、二つの神話的形象をとる。細分化された農民階級とナポレオンの悪党集団である。マルクス主義の伝統に従えば、農民階級に関する『ブリュメール一八日』のテクストは、社会階級のマルクス主義的分析の原型とみなされてきた。しかしそれどころか、むしろそこに読み込めるのは、階級という用語で政治を説明することがまったく話にならない、ということである。世界へ開かれた窓のない住まいで生きる、この言うも汚らわしく数え切れない野獣のかたまりの幻覚的描写や、ジャガイモのように足し合わされるしかないこの人口集団への軽蔑は、もちろん何らかの経済的、社会学的、政治的な分析とは何の関係もない。あきらかにマルクスは、農家の戸と窓の数を、その名を

＊16 同書、七五頁。
＊17 K・マルクス「ルイ・ボナパルトのブリュメール一八日」一四四頁。
＊18 同書、一八〇頁。
＊19 K・マルクス「『フランスにおける内乱』第二草稿」『マルクス＝エンゲルス全集17』五六四頁。
＊20 K・マルクス「『フランスにおける内乱』第一草稿」『マルクス＝エンゲルス全集17』五二三頁。

持つ税の申告をもとに数えており、政治的態度に従って耕作がどれだけ近代的かを判断している。少し前までモルビアン県に住まいを割り当てられることは偽装された死刑宣告だと考えていたこの知識人にとって、セヴェンヌ山脈がフランス農業の未来なのである。無数の集落の穴居農民たちは、ただ一人の人物、いやルイ＝ナポレオンというただ一つの名前においてしか自らを表に出さない。この農民たちが表しているのは、たんにあの悪しき解消の幻影である。中世の古い垢のイメージや、純粋加算の数字によって表されたのと同じ幻影だ。さらに気前のよいことにマルクスは、「農民青年の花」を「田舎の下層プロレタリア階級の泥沼の花」で二重化する。[21] しかし証明はもう十分だった。遅れた農民階級とは、「近代的」階級の暴き出された秘密である。つまり、この階級は、純粋保存という現実のうちで継続的に分散するということ、そして、どの階級もきまって、おのれの概念の要請に応えることができないということである。

こうして、さまざまな社会階級の唯物論的分析だと主張されているものは、同一性は永久に逃げ去っていくこと、諸階級は共通して孤独であることを示す神話なのである。すでにわかっていたように、労働者はいつもプチブルでしかなく、イデオローグは豚の見張り番でしかなく、遍歴職人（シュトラオビンガー）はラップ人でしかなかった。いまやおわかりのように、大産業の企業家なるもののうちには、ヴァンデ県の沼地の穴居民や、腐った魚を愛好するアイスランド人、まどろむ泥棒の王もいる。農民階級と同じくブルジョワ階級も、田舎者ルイ＝ナポレオンという人物に代表されている。いかさま俳優ティエール[22]の場合とまったく同じように、ルイ＝ナポレオンがブルジョワ階級を魅了することができるのは、ただ彼が「ブルジョワ自身の階級的腐敗の最も真実なる知的表現[23]」だからでしかない。この俳優は、保守の単純な喜劇に呑み込まれた歴史をゆがめずに反映している。

革命の敗戦は、したがって階級闘争の裏面である。歴史の推進者(アジャン)の分割された〈全〉のかわりに、革命の笑劇が解き放つのは、彼ら推進者(アジャン)の代役のグロテスクな総和でしかない。まさにその点にこそ、一二月一〇日会[*24]というナポレオン盗賊団の本質がある。「生業も出自もあやしい落ちぶれ道楽者や、ブルジョワ階級から落ちこぼれた山師やら、くずやらに加え、浮浪者、退役軍人、前科者、島抜け、詐欺師、いかさま師、ラッツァローニ〔ものごい〕、スリ、かっぱらい、博徒、女衒、女郎屋の亭主、人足、三文文士、手回しオルガン弾き、くず屋、研師、錫めっき職人、乞食、要するにフランス人がボエーム〔ボヘミアン〕と呼ぶ、ごたまぜ、ばらばら、ぶらぶらしいの大衆である」[*25]。

穴居住宅を数えることと同じ理由で、検証不可能、ごまかし不可能なリストである。二重化を使った枚挙のめまいである。この泥棒仲間は、プラトンのポロイ[*26]〔民衆〕の雑多な群衆でもある。この想

---

*21 K・マルクス「ルイ・ボナパルトのブリュメール一八日」一九九頁。

*22 訳注──ルイ・アドルフ・ティエール(一七九七-一八七七)フランスの政治家・歴史家。普仏戦争後の第三共和制の臨時政府で初代大統領を務め、パリの武装解除を指示。それを機に反発したパリ市民は市内に自治政府(パリ・コミューン)を組織し、ティエールの臨時政府と戦闘状態に入ることとなる。

*23 K・マルクス「『フランスにおける内乱』第一草稿」四八一頁。

*24 訳注──ピア将軍を主幹とするナポレオン支持派の政党。

*25 K・マルクス「ルイ・ボナパルトのブリュメール一八日」一五四頁。

*26 訳注──本書一〇五頁を参照。

像上のガヴァルニ[27]画集は、加算だけの法則に支配された歴史が純粋に無意味であることを幻想的に描きだしている。裏返しの世界、混合の支配、演劇的大衆からなるプラトンの神話である。美学的かつ政治的な近代性によって、彼らは役者であると同時に観客となる。この人々こそ、俳優ルイ＝ナポレオンが全国を連れ歩き、道々熱狂する人民を演じさせた、喝采役の小物師（さくら）である。ただそれは、指物師スナッグがライオンの役を演じたあの意図的にまちがった仕方で演じられた。[28]

俳優王と乞食王

階級闘争の最高潮の瞬間に道化師ナポレオンを勝たせてしまうというパラドクス、ブルジョワ的な経済合理性によって政府が安直に操作されようとする瞬間に国家吸血鬼の腹を膨らませてしまうというパラドクスは、社会構造を丹念に研究することで見つけ出せるどのような歴史的遅れにも還元されない。フランスの遅れの原因分析で手間取るのは無駄である。近代イギリスでも、穴居民のフランスでも、悪は生まれつきである。「ブルジョワ階級は、直接的な権力行使に必要な素地を持たない」[29]。国家が社会に寄生するのは、社会自体が「生ける諸個人」の集合に寄生し、たえずそこに溶け込んでいる限りでのことである。この生ける諸個人は、「歴史をつくるまえに」、まずは食べたり、飲んだり、服を着たり、住んだり、再生産したり、さらにその他きりがないほどのことを行わなければならない。歴史的悲劇の中心にある遅れは、それが到来するための唯物論的諸前提の喜劇である。生産と破壊の革命的弁証法は、保存と再生産の唯物論的歴史によって腐敗させられる。階級闘争の代役を立てるという政治的愚弄は、科学の皮肉な裏面でもある。唯物論的弁証法に内在する矛盾が、その対象の愚弄において戯画化されるのである。ルイ゠ナポレオンとそのボヘミアンの取り巻きは、唯物論理論の象徴であると同時に戯画である。政治的、イデオロギー的な幻想を経済的現実に還元することは、借金取りから逃げるために「歴史をつくる」ことを余儀なくされる人という滑稽劇の姿をとる。[*30] 人間は葉巻やシャンパン、鶏肉、ガーリックソーセージといった抵抗できない力によって統治されると確信する道化王の宿命論のうちに、哲人王は自らの学問の戯画を見る。王冠を戴くこのスリは、脱神秘化する学者の分身である。彼は、自分の——実践的かつ限定された——やり方で、唯物論的な歴史科学のプログラムを実現する。すなわち、天空から大地へと戻ること、政治的衝突とイデオロギー的誇示を、

＊27 訳注——ポール・ガヴァルニ（一八〇四－一八六六。本名シュルピス・ギヨーム・シュヴァリエ）一九世紀のフランスで活躍した挿画家。多くの風刺画で知られる。
＊28 K・マルクス「ルイ・ボナパルトのブリュメール一八日」一五五頁。
＊29 「エンゲルスからマルクス（在マーギット）へ」一八六六年四月一三日付、『マルクス゠エンゲルス全集31』一七三頁。
＊30 K・マルクス「ルイ・ボナパルトのブリュメール一八日」一八三頁。『フランスにおける内乱』でのジュール・ファーヴルの肖像を参照せよ。やはり詐欺で訴えられないように、歴史をつくることを余儀なくされた男である。さらに、マルクスからエンゲルス宛の書簡を参照のこと。「フランスのブルジョワの大部分は、支払い期日が近づくのを不安とともに眺めている。クーデター以前のブストラパ（ルイ゠ナポレオン）とほとんど同じ状態にある」（「マルクスからエンゲルス（在マンチェスター）へ」一八五八年一月二九日付、『マルクス゠エンゲルス全集29』二一三頁）。

各個人の利益という「くどくどしくない」現実へと還元することである。「彼は、諸国民の生活や活動、さらに国家の活動も、語の最も俗悪な意味で喜劇であると考える。おおげさな衣装、台詞、ポーズのどれも、最も卑しいごろつきの正体を隠すためだけの仮面舞踏会であると考えるのである」[*31]。

道化王とその取り巻きのボヘミアンのばかげた同一性に魅了されていることのうちには、科学による、それ自身の場とそれ自身の同一性についての問いただしが反映されている。悦に入って描写されたこのボナパルト派ルンペン・プロレタリア階級、フランス革命を一掃したこの「人工階級」は、マルクスが生きている社会の隠喩でもある。亡命革命家たちの社会だ。マルクスがルイ＝ナポレオンに、ドイツ人亡命者ハイネが亡命ポーランド騎士たちを描いた戯画〔「二人の騎士」という詩〕から借りてクラピュリンスキーというあだ名を与えているのは理由のないことではない[*32]。そもそもクラピュリンスキーとは、ロンドン在住のマルクスが毛嫌いしている人物のことでもある。未来のドイツ共和国の「異境(イン・パルティブス)の大統領」ゴットフリート・キンケルだ。過去の職人の汚物の管理者であり、偽の詩人、真の俳優である彼は、自分の作品を読み聞かせるために乾物屋を追い回し、上流社会のために湖畔への詩的な遠足を企画する――そこではシラーの朗読が義務づけられる。ボナパルト派のルンペンのものとされる笑うべき特徴は、ボヘミアン、寄生者、亡命中のドイツ革命くずれといった連中の滑稽な行動でもある。例えば、カバことシャッパーは、「気高い意識の騎士」[*33]ヴィリッヒの酒場仲間。マルクスの「秘書」ことピーパーは、ロスチャイルド家で授業をし、金目当てに野菜商の真っ青な娘に言い寄り、立派とはいえない仲間と一緒に梅毒をもらい、どのような状況でも自分を天才だと思い込み続けた。義弟エドガーは、テキサスに木こりの真似ごとをしに出かけ、戻ってきたときには再びテキサスに行って酒屋(ワイン・ストア)か葉巻屋を始めるという夢しか持っていなかった。トランス状態の「天才」ウルマーもいる。それから、カリフォルニアに黄金を探しに出かける「仕立屋のごろつきたち」。彼らの同僚ルンプフはとどまっていたがおかしくなって、マルクスを首相と思い込んで社会問題の解決を提案する。[*34] 件の「ラップ人」アンデルスは、公道で振動せん妄発作(デリリウムトレメンス)[*35]に襲われる。[*36] コンラート・シュラム、通称ルンパチウスは、肺結核のせいで混沌とした生活から足を洗う。教師にしてボヘミアンのビスカンプは、慎ましくも『フォルク〔人民〕』と題した新聞で「資本に対する労働闘争」を行うために田舎の学校を飛び出した。彼は「カント風の道徳感覚と慎みのない陽気さ」の混合物だった。ロバことリープクネヒトは、マルクスの本よりも彼のベーコンに食欲を示し、ロンドン滞在中に、リープクネヒト・ジュニアの他はほとんど何も作ることができなかった。またおそらく純粋分子中の純粋分子たちの奇抜な行動についても話さなければならないだろう。プロレタリアの「勇敢、忠実、気高い先が

＊31 K・マルクス「ルイ・ボナパルトのブリュメール一八日」一五五頁。
＊32 訳注——同書、一一六頁。
＊33 訳注——K・マルクス「気高い意識の騎士」『マルクス＝エンゲルス全集9』四七七－五〇八頁。
＊34 訳注——「マルクスからエンゲルス（在マンチェスター）へ」一八五三年六月一四日付、『マルクス＝エンゲルス全集28』二一九頁。
＊35 訳注——アルコールの離脱に際して起こる、せん妄の急性発作。
＊36 訳注——「ジェニー・マルクスからエンゲルス（在マンチェスター）へ」一八六一年四月上旬、『マルクス＝エンゲルス全集30』五五三－五五四頁。

け」ことヴィルヘルム・ヴォルフは、マンチェスターの淫売屋で女衒たちに袋だたきにされた。さらに盟友エンゲルスは、パリではお針子たちを追いかけ、マンチェスターでは狐を狩り、飲み友だちを傘で殴り、インターナショナルの会員をマンチェスターでは二人以上獲得することができなかった。このような世界の真ん中で、ボヘミアンの哲人王カール・マルクスの立場はどのように考えられるのか。トルコ問題についての記事をアメリカの読者に向けて書くことと、手形の支払い期日を延ばすための絶望的な手続きとに、日々の時間を振り分けていた彼は、時々皮肉に、銀行家や王族には借金取りを厄介払いする手段があるのに、たんなる個人たる自分にはそれがないことを残念がっている。

答えは必然的に二重である。革命喜劇が終わる前に早々と自分の「党」を清算し、科学的著作に没頭していたマルクスは、一つの選択を行った。今回は経済危機が解消されてしまった以上、危機が戻ってきて動乱の領域を広げながら生産諸力の歴史と革命の歴史とを一致させるのを待たなければならない。「解決は、世界戦争によってプロレタリア階級が、世界市場を支配する人民、イギリスの先頭に立つ瞬間にしか始まらない。革命はそこに終結を見るのではなく、組織化の開始を見る。息の短い革命ではない。現在の世代はモーゼが率いて砂漠を横切ったユダヤ人たちに似ている。征服すべき新世界を前にしているというばかりではない。新世界の高みに立つ人間に席を譲るためには彼らが消え去る必要がある[*37]」。

こうして、「犠牲」と引き換えに、発展の歴史と価値の系譜の一致が可能となる。現行世代は代行者たちの世代なのである。高みに立つブルジョワ階級がいなければ、魔術師ルイ＝ナポレオンが、生産諸力の魔法使いの弟子を演じることになり、乱痴気騒ぎが大生産と大破壊の温床になるだろう。そしてユダヤ人カール・マルクスは、非‐場の砂漠で、科学に打ち込むことになるだろう。この科学を実際に動かすことができるのは、新世界と同じ高さに立つ新たな人間だけである。

したがって、ある意味では、科学の絶対的に〈一〉なるものが、革命の寄生虫の雑多な寄せ集めのなかにあって、来るべき革命を唯一代表するものとして肯定されるのである。選挙に基づいて党の方針を再構築することを望む田舎者の代表団に向けた「面食らう」応答が、その証言になるだろう。マルクスとエンゲルスは、自分たちからのみ、自分たちの任務が「プロレタリア党の代表として」支持されるとしたのである。[*38] 科学だけが、社会的には先延ばしにされ、政治的にはいつもかすめとられる矛盾の刃を研ぎ澄ます。しかし、科学のこうした特異性は、それがドン・キホーテ的でファルスタッフ的な解消と再生の世界に属している印でもある。ロンドンへの亡命という喜劇は、この科学が、『フランス‐ドイツ年報』によって哲学に与えられた逆説的な地位にあるということを確認させてくれる。すなわち遅れの極みによって生み出された純粋な非‐場だという地位である。また、かすめとられた革命の喜劇は、唯一の理性の狡知に還元されない。この喜劇が肯定するのは、再来した一六世紀における歴史のシェイクスピア的側面である。この世紀は、ブルジョワ階級を最初に実在させた世紀として、ブルジョワ階級を墓に導くはずである。すなわち、死後の生の遅れのうちに閉じ込もる諸

*37 K・マルクス「フランスにおける階級闘争」七六頁。
*38 「マルクスからエンゲルス(在マンチェスター)へ」一八五九年五月一八日付、『マルクス＝エンゲルス全集29』三四一頁。

階級に引導を渡すための解消の権力である。それはまた、「科学の勝利が、特徴の喪失で購われるような」[39]世紀、労働の分割が差異を諸個人、諸階級に移したので、ライプニッツでも種差を見いだすのに手こずり、シェイクスピアでも同郷の徒の見分けるのに手こずる[40]ような社会的単調さが生まれた世紀における、個性の権力である。革命悲劇は悲喜劇でしかありえないだろう。科学が結ぶ二重の同盟——一方で近代生産諸力の合理性との、他方で放浪騎士の狂気との——は、たんなる状況の要請ではない。科学は同じ「状況」の一部である。おそらく、状況が熟するのを待たなければならない。しかし、科学の作品は「革命の夢まぼろしから一向に癒えない青二才[41]」のものだ。科学の作品は、諸階級の序列を、また工場を支配するその合理性を蝕みながら、同時に自らもそれに蝕まれる乞食根性の軍団のものである。カール・マルクスは、悪魔と肉屋への支払いのために、自分の発明品を悪魔に売らなければならない魔法使いハンス・レクレ[42]である。また彼は、資本家と労働者のすねをかじって生きる乞食王でもある。マンチェスターでアーマン&エンゲルス商会の従業員たちが働いているのは、その出資者エンゲルスが資本を使うためであり、それはマルクスが「労働」に駆り出されずにすむようするためであり、そうして彼を、やがてプロレタリア階級を資本の破壊の純粋主体たらしめることになる作品に没頭させるためである。

＊39　K・マルクス「『ピープルズ・ペーパー』創刊記念祝賀会での演説」三頁。

＊40　K・マルクス「イギリス人気質」『マルクス＝エンゲルス全集15』四四二頁。

＊41　「マルクスからヨハン・フィリップ・ベッカー（在ジュネーヴ）へ」一八六二年二月二六日付、『マルクス＝エンゲルス全集30』五〇一頁。

＊42　訳注――ハンス・レクレとは、マルクスが娘のエレノアに語って聞かせた物語の主人公。魔法使いのハンスは、巨人やこびと、国王や王妃、労働者や雇い主の木製の人形を陳列した小さな玩具店を営んでいたが、（マルクス同様）貧困にあえぎ、悪魔に玩具を売りとばす。しかし玩具は様々な冒険のあと、いつも必ずハンスの店に帰ってきたという（都築忠七「エレノア・マルクス」『一橋論叢』五五号、八〇八－八三一頁）。

芸術のリスク

革命の失敗によって、科学は時代の中に置き直される。かすめとられた革命の秘密は、おそらくこの革命自体がかすめとるような質のものであったことだろう。一八四八年二月のパリ革命は、結局、経済危機を乗り越えようとする矢先だった社会に対して向けられた、「ありがたい平手打ち」にすぎなかった。[*1] またこの革命は、繁栄が戻ってくれば逆向きに進むことしかできなかった。しかし、『政治家』でのプラトンによる神話に見られるように、この遡行は若返りでもある。老境から生誕へと時間が遡ることで、正常な序列が戻ってくるためのまっさらな場所をつくるのだ。それは、生まれ、死に、生産諸力を変形していく諸世代の時間である。奇術師ルイ゠ナポレオンに階級闘争がかすめとられることによって、世界は経済的な周期と危機〔恐慌〕からなる正常な時間に戻る。時代遅れの泥棒一味がブルジョワの政治的合理性に勝利したことによって、フランスはイギリスに対する経済的な遅れを挽回することができた。同様に、一八六六年、プロイセンの古い「乞食根性」がオーストリア文明に予期せず勝利したことによって、田舎貴族ビスマルクは、今度はブルジョワジーが有する生産諸力を、その写しであるプロレタリアとともに解放せざるをえなくなった。フランスの帝国的パロディも、ドイツのナショナリズム的喜劇も、この両国が歴史の「イギリス的な」正常進行へと近づくための道なのである。

この発展の中心地ロンドンへの亡命において、科学の特異性は、経済的利益と政治的策略の特異性を生産の普遍化へとひっくり返す動きに従う。科学は自らの蓄積のために、この「ぞっとするような平和の時代」を利用する。[*2] 科学の目に見えているのは、未来のいくつかの徴候、すなわち生産と破壊の拡大である。この拡大こそが革命のために、それにふさわしい劇場を開くはずなのだ。

まずは生産と交換の拡大があり、それがマルクスとエンゲルスの念願であった。太平洋の岸辺で生まれつつある新世界のことである。マルクスは、四八年の笑劇の結果を総括しながら、次のように出版人の息子の誕生に敬意を示すのを忘れていない。「新たな世界市民に幸あれかし！ 今日ほど恵まれた時代に、世界に生まれ降りることはできない。ロンドンからカルカッタまで七日で行けるようになる頃には、とっくにわれわれなど首を切られているか、耄碌しきっていることだろう。オーストラ

＊1　K・マルクス「ルイ・ボナパルトのブリュメール一八日」一一〇頁。

＊2　「マルクスからエンゲルスへ（在マンチェスター）」一八五九年二月二五日付、『マルクス＝エンゲルス全集29』三二一頁。

リア、カリフォルニア、太平洋！　新たな世界市民はもう、われわれの世界がどれほど狭かったか、わかるまい」[*3]。しかし、ライン川沿いの二国それぞれの市民をずっと抑圧してきたこの狭さは、すでに克服されつつある。「半年後、世界をめぐる汽船の活躍は最高潮だろう。太平洋の優位に関するわれわれの予言は、われわれに予想できたよりもずっと早く実現するだろう」[*4]。

　また、大きな連絡手段の数々への熱狂と、やがて一つになる大洋の魅惑が、大破壊の動因ともなるはずである。「ロシアは資本と投資を輸入している。そのあいだの距離とそこを何百マイルと続く鉄道のことを考えれば、投資はこれからどんどん盛り上がり、近いうちに大コケすることになるだろう。『北京方面支線つきイルクーツク大幹線』の話が聞こえてきたら、荷物のまとめどきだ。今度の破産は前代未聞のものだろう。あらゆる要素が揃っている。集約的な発展、世界的な拡大、そして有産層、支配層の社会的要素すべてが絡まりあっている」[*5]。

　しかし、交換の水と破壊の火は、それほど簡単にはつながらない。投資家は、太平洋ルートに無闇に身を投げ出すのに躊躇する。そこに身を投げ出すのは別の人々、背中に農民やルンペン・プロレタリアのあらゆる古い垢がこびりついた人々だ。太平洋の岸辺にあるのは、新世界の酩酊(イヴレス)や、危機の驕慢(ヒュブリス)だけではない。黄金の魔術もあるし、金採掘者(ゴールドラッシャー)のごろつきたちもいる。政治的代表制と同じく、経済的合理性にも乞食根性がある。経済合理性はそれに裏打ちされ、また蝕まれてもいる。新世界の征服者は、カリフォルニアの金採掘者(ゴールドラッシャー)や、オーストラリアの徒刑囚のうちに自らの戯画を見る。「カリフォルニアとオーストラリアは『宣言』で予見されていなかった二つのケースだ」[*6]。この予見されなかったことは二重の姿をとる。まずそれは、危機の論理への対抗潮流である。オーストラリアの黄金は、ヨーロッパの人口から余剰分を取り除き、〈旧世界〉の産品を渇望する新たな市場を形づくる。さらにこの住民集団に、ヨーロッパを羊毛であふれさせたその羊たちのことを忘れさせもする。しかし、通常の歴史的発展に対するこの対抗潮流は、同時に、戯画的な歴史の生産でもある。それが保証するのは、ブルジョワ階級とプロレタリア階級のあいだの世界的な軋轢の場でルンペンが勝利することである。［…］太平洋の優位についてのわれわれの予言は、考えられるよりもずっと早く実現するだろう。この機会に、イギリス人たち自身も外に通いだすだろう。そして殺人、強盗、強姦、スリのために流刑に処された人々が住まうこの連邦は、札付き悪人たちの国家にどのような奇跡が達成可能であるか、驚くべき実例を世界に示すだろう。［…］カリフォルニアではまだ悪人たちが私刑にかけられるのだが、オーストラリアでは正直者が私刑をくらうことになる。〔トマス・〕カーライルは、ならず者貴族制の堅信と神格化を目にすることになるだろう[*7]」。

＊3　「マルクスからヨーゼフ・ヴァイデマイアー（在ニューヨーク）へ」一八五二年三月二五日付、『マルクス＝エンゲルス全集28』四〇九頁。
＊4　「エンゲルスからマルクス（在ロンドン）へ」一八五一年九月二三日付、『マルクス＝エンゲルス全集27』二九三頁。
＊5　「エンゲルスからマルクス（在ロンドン）」一八五六年四月一四日付、『マルクス＝エンゲルス全集29』三三五頁。
＊6　「エンゲルスからマルクス（在ロンドン）へ」一八五二年八月二四日付、『マルクス＝エンゲルス全集28』九五頁。

こうして、経済的近代性の水と火は、政治的老化の土と空気と同じ退化プロセスに従う。逆向きの歩み、ルンペンの喜劇は、「最終審級」の「王道」にも寄生する。それは〈普遍〉劇場の舞台で演じられる、乞食たちのオペラである。そこではまたもや、乞食たちの神格化が隠喩となり、周縁から中心へと戻ってくる。ボナパルト派の泥棒仲間の幻影が、ブルジョワ階級の退廃の隠喩、すなわち、ブルジョワ階級がブルジョワ的物質利益のたんなる運び手にすぎない諸個人の集まりへと解体されることの隠喩となっていた。オーストラリアの泥棒仲間のイメージのほうは、労働者階級の解体の隠喩となっている。この解体は、単純な分散として理解されるべきでなく、むしろこの階級が場合によって「共通」利益で結びついた諸個人の総和へとコンパクト化されることとして理解されるべきである。この共通利益、これが彼らとブルジョワ階級との共通点でもある。

ヨーロッパの労働者階級の腐敗は、実際、二つの形をとる。〈新世界〉の黄金にひきつけられた活動家たちの裏切りがある。この件は、〔第二〕インターナショナルの『創立宣言』[*8]での発展を正当化するために、かなり重要であった。しかし、これらの脱走者たちは、森を隠す木でもある。根源的な腐敗は、世界革命の先頭に立つという任務にたずさわっていたイギリス労働者たちが、一方的に階級として統合され、構成されてしまうことなのである。過剰人口を厄介払いし、新市場の恩恵を被るイギリス労働者階級は、ブルジョワ的序列に味方するものになる。「このすべての国々のなかでも最もブルジョワ的なこの国民は、ブルジョワ階級に加え、ブルジョワ的貴族階級とブルジョワ的プロレタリア階級を持つようになりたいと望んでいるようである。全世界を搾取する一国家においては、それはいくらか当然のことでもあろう。はっきりと悪い数年間のみが、この事態の治療になるだろう。だが黄金の発見以来、そうなることももはや容易ではなさそうだ。そもそも、危機〔恐慌〕を引き起こした過剰生産がどのようにして吸収されたかは、僕にもそれほど明らかではないと言わねばならない。こんなに素早く津波が流れ去るのなど、見られたことはなかったのだ」[*9]。

したがって、すべてはつながっている。労働者階級はあまりにもブルジョワ化したため、危機を通じて自らを革命的に把握することはできない。労働者階級をラディカル化するはずだった危機は、多かれ少なかれ厄介な仕方で吸収される。危機の〈正義〉もまた、混合の領域である。危機の破壊の論理は同じく、かすめとることの論理に寄生されている。革命が政治的にかすめとられることに見られたのと同じ姿が、そこにも列挙されるのだ。例えば投資は、一八四八年六月における対峙の経済的等価物、すなわちシベリア横断鉄道の自殺的大冒険を前にして怖じ気づく。また、株式市場と近接する諸市場が欠席証人の代理をするが、しかしそれは、階級それぞれが隣の階級の任務を行うという仕方によってである[*10]。「擬制市場」の創設が、国家的寄生の「人工的諸階級」に対応する。そして中心点、つまり発展の出発点かつ回帰点では、かすめとることが勝利する。イギリスには革命的プロレタリア

＊7　「エンゲルスからマルクス（在ロンドン）へ」一八五一年九月二三日付、『マルクス＝エンゲルス全集27』二九三－二九四頁。
＊8　訳注――K・マルクス「国際労働者協会創立宣言」『マルクス＝エンゲルス全集16』三－一一頁。
＊9　「エンゲルスからマルクス（在ロンドン）へ」一八五八年一〇月七日付、『マルクス＝エンゲルス全集29』二八〇頁。

階級はなく、ありえない。「イギリスの労働者たちが植民地政治をどう考えているかとお尋ねでしたね。そうですね、彼らが政治について一般に考えていることといえば、ブルジョワたちが考えているようなことです。ここにはご存じのように労働者の党はありません。保守党と自由急進党しかないのです。労働者たちはイギリスの独占が運んでくるもののうち自分の分け前を無造作に食べているのです[*11]」。

イギリスが島国であることは、この国を交換の中心としていると同時に、革命の火から孤立させてもいる。交換の海のほうもまた、商品が不正に流れ出る沼となり——この商品の蓄積こそが起爆剤となるはずだったのだが——この沼で、破壊の階級は保守という「下流」のぬかるみを進む。イギリスが中心であるのは、科学の脱中心化のためでしかない。プロレタリア階級のほうは、別のところに到来するはずである。

馬乗りたちと俳優たち

科学と革命にはたしかに遅れと結びついた部分がある。一八四四年の真理は、再び一八八四年の真理となる。この日エンゲルスはベーベルとカウツキーに、ドイツ的パラドクスが取る新たな形態を説明することになる。フランスとイギリスでは産業革命が大部分達成されている。工業、職人仕事、農業のあいだの切断もすんでいる。プロレタリア階級の生活条件は、資本家の発展が労働者の対抗圧力に勝るくらいの枠で落ち着いている。したがって革命的奇襲のためには、機会、好機をうかがうのみだ。一方、ドイツに運があるとすれば、それはドイツが最も不利な状況で産業革命を経験したことである。近代的条件がドイツにやってきたとき、この条件は、職人、農民の古い序列に属しつつも、ばらばらになった成員たちと真正面からぶつかることになった。結果としてバランスが失われることになり、その結果それぞれの社会的同一性に影響を与え、総じてもつれあいながら、これらの階級を混ぜ合わせることになった。国内の職人階級は機械と戦っている。やっていけなくなった小農は、国内の職人階級に身を投じる。労働者たちは稼ぎを増やすために、ジャガイモ栽培に手を出さざるをえなくなる。このもつれあいは、遅れの古典的イメージを思い出させるが、エンゲルスが与えるのは別の名前である。エンゲルスにとって、それは「生の条件すべての直接革命」である。この革命によってドイツ全体が、「社会革命」に導かれる。そして社会革命は「要するに農民と職人の収用に帰着する」。ドイツのこうした構造に対して、いつも同じ逆説的な幸運が対応する。この革命が実現するのは、「まさしく一人のドイツ人に対し、資本主義的生産の〔…〕本性すべてが解明されたそのとき」なのだ。[*12]

しかしこの一致をどのように正しく理解すればよいか。発展の腐敗と遅れの好機のあいだで、科学

＊10 「イギリスが被ったこの産業・商業の大危機が、ロンドンでの金融崩壊という頂点に達さずに終わったのなら、この例外現象はわけてもフランスの貨幣のおかげであった」（「マルクスからニコライ・フランツェヴィチ・ダニエリソーン（在サンクト－ペテルブルク）へ」一八八一年二月一九日付、『マルクス＝エンゲルス全集35』一二八頁）。

＊11 「エンゲルスからカール・カウツキー（在ウィーン）へ」一八八二年九月一二日付、『マルクス＝エンゲルス全集35』三〇六－三〇七頁。

の地位はどのようなものか。「自分の個人的傾向にしか耳を傾けなかったとしたら、僕はきっと、この表面上の凪がまだ数年は続くようにと願うことだろう。これはまったくのところ、科学的仕事を行うためにはうってつけの時期である〔…〕[13]」。学者のこの欲望に応えるのが、革命家のあいまいな知である。危機——経済的あるいは政治的な——は、階級がまだ定着していないところに切断を行う好機である。「二週間以内に、プロイセンで始まるだろうと思う。この機会を利用せずに逸してしまい、連中もこれに甘んずるとすれば、そのときわれわれは静かに革命のための手持ちいっさいを片付けて、大理論へと没頭することができるわけだ[14]」。

この際にすべてを片づける必要はない。待望の機会——オーストリアに対するプロイセンの敗北——は、サドワの戦い〔ケーニヒグレーツの戦い〕の地でひっくり返るからだ。マルクスは、あらゆる好機(カイロス)理論の皮肉を茶化すことができた。「もしかすると（ああ、このベルリン人ども！）革命につながるかもしれなかったプロイセンの大敗北を除けば、せいぜい起きえたましなことは彼らの大勝利くらいだった[15]」。

しかしこの勝利をどう解釈するかについてはそれ自体曖昧さが残る。マルクスはそこに、唯物論理論の、皮肉だが異論の余地ない確認を見ている。プロイセンの針打式銃〔速射力に優れる後装のボルトアクションライフルのドライゼ銃〕こそが、勝利を持ち帰ったのだ。「労働の組織化は生産手段によって決定されるとするわれわれの理論が、人間屠殺産業よりも華々しく立証されるところがどこにあろうか[16]」。それから彼は、エンゲルスが軍事問題の専門家の資格を持つというので、それについて『資本論』の付録論文を書くよう催促している。エンゲルスは「大殺戮産業について何かやって」みることを約束する。しかし奇妙にも彼が関心を向けるのは、この問題の別の側面である。元込め式の銃の装塡なのだ。ついでにと、彼は完全に唯物論理論を混乱させ、銃火器の進歩と騎士道の衰退をセットにしている。彼の予言するところでは、「元込め式の装塡が一般化すれば、騎兵隊が再びその権利を取り戻すだろう」[*17]。

学者マルクスと馬乗りエンゲルスのあいだの暗黙の論争である。これは科学の問いであると同時に倫理の問いである。学者は、友人の馬術の手柄をとかく咎める。乗馬が、ドイツがエンゲルスを最も

---

*12 「エンゲルスからカール・カウツキー（在チューリヒ）へ」一八八四年一一月八日付、『マルクス＝エンゲルス全集36』二一〇頁。エンゲルスがベーベルに宛てた一八八四年一二月一一日の書簡にも非常によく似た分析が見つかる（「エンゲルスからアウグスト・ベーベル（在ライプツィヒ）へ」『マルクス＝エンゲルス全集36』二三〇頁）。

*13 「マルクスからフェルディナント・ラサール（在デュッセルドルフ）へ」一八五八年二月二二日付、『マルクス＝エンゲルス全集29』四三〇頁。

*14 「エンゲルスからマルクス（在ロンドン）へ」一八六六年六月一一日付、『マルクス＝エンゲルス全集31』一九〇頁。

*15 「マルクスからエンゲルス（在マンチェスター）へ」一八六六年七月七日付、『マルクス＝エンゲルス全集31』一九四－一九五頁。

*16 同前、一九六頁。

*17 「エンゲルスからマルクス（在ロンドン）へ」一八六六年七月九日付、『マルクス＝エンゲルス全集31』一九八頁。

必要とするような「専門」だとは思えない。[*18] エンゲルスはまず臆見（ドクサ）の水準で返答する（馬乗りとしての評判がボナパルトの威光をなしていた――障害飛越はエンゲルスより下手だったが）。だが同時に、科学の水準でも返答する。馬術は「戦争に関するあらゆる〔彼の〕研究の唯物的基礎」[*19]だと。

確かに戦争は学者の得意分野ではない。地質学の必要性に対する彼の情熱は、友人の乗馬のリスクへの嗜好に対する解毒剤である。エンゲルスがプロイセンの軍事的勝利の原因と結果を研究しているあいだに、マルクスは、当時パリで出版されたばかりのトレモーの著作『人間および他の存在の起源と変容』に夢中になる。彼によればこの本は、ダーウィンの理論に科学的基盤を与えるものだという。土壌の構成の差異が、さまざまな動物種、人種の進化における差異化を説明する。エンゲルスが、トレモーは「地質学について何もわかっておらず、彼は、原典史料の基本的なものすら、歴史的批判を行うことができていない」[*20]と異議を唱えても無駄である。マルクスは一顧だにしない。「土壌の影響についてのトレモーの根本的考えは、〔…〕それを表明するだけで十分、一挙に科学における市民権を獲得する」[*21]。

次の点を強調しておくよい機会かもしれない。サルトルや他の人々による、エンゲルスの科学主義のせいでマルクスの歴史弁証法がだめになったという判断は、完全に公正さを欠いている。自然科学に関しては、エンゲルスはしばしば友人マルクスよりも慎重だ。それはまさしく、マルクスと比べて彼のほうが、科学を信じておらず、歴史を信じているせいである。馬乗りとしてのせっかちさは、学者としての辛抱強さになる。もし決定が土壌からくることであれば、進化についてははっきりさせることを待てるのだ。こうした慎重さが、『自然弁証法』のようなものを書く危なっかしさと裏腹であるとしても、そこにパラドクスはない。というのもそこにあるのはまず、科学の侵略に脅かされる土壌を革命行動のために守ろうとする軍事作戦だからだ。自然科学の「素朴な」愛好者は、マルクスであって、エンゲルスではない。マルクスの地質学的唯物論は、歴史を蝕む喜劇を追い払う一つの方法である。革命家としての疑念が、学者としてのせっかちさを生む。地質学的人種理論が、ダーウィンの戦争理論よりまさっているはずだ。「近代社会の土壌のいたるところから、まったく自然に生じてくる」[*22]党が、労働者協会や放浪騎士の小集団を一つひとつ消滅させるはずであるのとまったく同じことである。あるいは、生産様式を襲う地震が、革命的喜劇の正義となるはずであるのとまったく同じように。土壌の科学が、覚醒した学者のために、歴史の悪天候を、あいまいさなしに証言するはずな

*18 「マルクスからエンゲルス（在マンチェスター）へ」一八五八年二月一四日付、『マルクス＝エンゲルス全集29』二二二頁。
*19 「エンゲルスからマルクス（在ロンドン）へ」一八五八年二月一八日付、『マルクス＝エンゲルス全集29』二二四頁。
*20 「エンゲルスからマルクス（在ロンドン）へ」一八六六年一〇月二日付、『マルクス＝エンゲルス全集31』二二一五頁。
*21 「マルクスからエンゲルス（在マンチェスター）へ」一八六六年一〇月三日付、『マルクス＝エンゲルス全集31』、二二六頁。
*22 「マルクスからフェルディナント・フライリヒラート（在ロンドン）へ」一八六〇年二月二九日付、『マルクス＝エンゲルス全集30』三九二頁。

のである。

というのも、革命行動を脅かす根本的リスクは、戦いで負けるとか死ぬとかといった危険ではないからである。それは喜劇の危険である。ヘーゲルがみごとに示したとおり、弁証法に関しては虚仮にされたらおしまいなのだ。ルキアノスの風刺は、ギリシャの神々を墓に送った。[23]近代革命は内側から、それに一役買った俳優たちから攻撃されている。

権利上、革命行動は「階級闘争そのものからわきあがる」[24]行動である。しかし土壌について別の合理性が課せられている。定義上、革命は社会法則に従わない。軍事戦略の簡単な規則にも従わない。革命の合理性は物理学に属する。ただしこの物理学は、土壌の化学に反するような物理学、すなわち渦巻きのスペクタクル的物理学である。「革命とは純粋な自然現象であり、平時に社会進化を規定する規則よりも、むしろ物理法則に従うものである」[25]。エンゲルスいわく、党の人間たちは自らの意に反してこの渦巻きに引きずりこまれていく。無党派の自由を守っているほうがましだ。しかし、そこには事後の反省もある。一八四八年のドイツ革命の現場には、革命への期待をもたらすが毎回危機を伴う準備活動の場合と同様、むしろ逆のことが現れる。学者と軍師のほうが「客観的にみて」、「ほら吹き」[26]たちよりも革命家だとしても、舞台を占めるのは「ほら吹き」のほうなのだ。客観性はいつも来るのが遅すぎる。プロイセンの粗暴さと南ドイツの芝居がかった所作を混ぜ合わせたものが、一八四八年の革命の曲芸師たちを特徴づけているが、これらはライン地方の学問作法というより、革命の好機の前髪を摑むのに必要な徳である。ただしそのときこの好機は、たんに喜劇を行う好機へ変わってしまう。あいもかわらぬ俳優王たち。舞台に上り、見栄を切り、声を張り上げ、旗を振りかざす日を待って、稽古をして一生を過ごす人々である。こうして一八五九年、[*27]亡命者たちの期待が膨らんだ転回の年に、マルクスは、もう一度、幸運にも科学の声を掻き消してしまう回転木馬を目撃する。「人々はみな、またもや何か動いているものがあると感じている。みな自然と舞台の上におしかけ、自由の旗を振りかざす。〔…〕さらにわたしの妻は正当にもこう述べています。いままで耐え忍ばなければならなかった窮乏がすべて過ぎた後も、革命のあいだ状況は悪くなるばかりでしょう。ここのでたらめなひとたちが、またもや大陸のほうでも勝利を収めるのを見て満足することになるんでしょうね、と。〔…〕妻は、戦争のときには戦争のときらしく、と言っています。しかし、戦争はありません。すべてはブルジョワなのです[*28]」。

＊23 訳注――サモサタのルキアノス（一二〇頃―一八〇後）ローマ帝政期ギリシャの詩人・弁論家。シリアに生まれ、アテナイに没す。『神々の対話』など、世相や宗教を滑稽に描きとる風刺作品を多く執筆した。
＊24 「マルクスからルートヴィヒ・クーゲルマン（在ハノーファ）へ」一八六六年一〇月九日付、『マルクス＝エンゲルス全集31』四四一頁。
＊25 「エンゲルスからマルクス（在ロンドン）へ」一八五一年二月一三日付、『マルクス＝エンゲルス全集27』一六八頁。
＊26 同前。
＊27 訳注――以下の手紙の正しい日付は一八五八年一二月一一日である。
＊28 「マルクスからエンゲルス（在マンチェスター）へ」一八五八年一二月一一日付、『マルクス＝エンゲルス全集29』二九二―二九三頁。

〈書物〉の義務

すべてがブルジョワである世界においては、生産の発展も戦争による切断もそれ自体では差異を生み出すことができない。差異はすべて、来るべき党の科学に集中しなければならない。科学のみが、ブルジョワ世界の否定を含んでいる。この否定は、哲学者の絶対的余暇であると同時に、活動家の全面的献身である。

　科学の時間とはたんに、二つの危機のあいだで、研究と執筆に集中することを可能にする合間の時間ではない。それはまた、窮乏のただなかでとる、大衆の職業の数々からの絶対的距離である。「ここ一〇年の経験を経て、理性存在（レイショナル・ビーイング）はみな大衆に対しても個々人に対しても、ますます蔑みの念を抱くようになっているはずで、この《衆愚ヲ憎ミ遠ザケル（オディ・プロファヌム・ヴルグス・エト・アルケオ）》がほとんど一つの哲学として押しつけられたほどです[*29]」。

　確かに、この主張の粗暴さは、ただちに訂正される。「これら考察のすべては、嵐になれば吹き飛ぶくらいの俗物ユーモアでしかありません」。この訂正は、哲学者の秘密のダイモーンを前にした、たんなる革命家の後悔ではない。この生産の世紀にあって、余暇は作品である。さらにこの作品は、作者の絶対的犠牲である。

　英仏海峡の両側に少なくとも二人、ブルジョワ喜劇へのあらゆる参加から作者を無罪放免するような、犠牲としての作品の絶対性について考える者がいる。この二人は無限に離れていると同時にとても近い。一方は、クロワッセ村の読み上げ部屋（グーロワール）に閉じこもって暖をとる反動的年金生活者フローベールである。他方、植字工マルクスは、チェルシーに構えた二部屋に家族でひしめき合っている。子どもたちは亡くなり、毎日借金取りが詰めかけ、しょっちゅう病気にかかっている。しかし二人とも、革命の茶番を通じて、すべきことは一つしか残っていないと確信するようになっていた。のさばる狭量な態度の全面的否定となるような作品である。ブルジョワ世界をその再生産によって否定するのだ。

こうした両者の近さは、サルトルが長々とページを割いて追い払ったものである。そこでサルトルが指摘したのは、フローベールのニヒリズムは、彼が一八四八年六月の対決の際に目の当たりにしたプロレタリアの革命的主体を殺そうとするブルジョワ的欲望への同意だということだった。[*30] それでも、この二人のセルバンテス愛好者が、同時にドン・キホーテ的計画に取り組んでいるさまに驚かずにいられるだろうか。すなわち、作者の絶対的犠牲であるような絶対的作品の計画である。おそらくマルクスの科学の計画は、作者の犠牲を通じて作品をブルジョワ世界の否定として実在させるという、フローベールの単純なニヒリズムを超えている。マルクスの犠牲がめざすのは、たんに作品を存在させることだけでなく、現実態にある分割の現実性である党をも存在させることである。しかし、フローベールの反例には、マルクスの犠牲が何でないかがよく示されている。それは、善人たちが信じているように、プロレタリアたちを闘争の「客観条件」についての知で武装させるための科学を生み出そ

＊29 「マルクスからフェルディナント・ラサール（在デュッセルドルフ）へ」一八五八年二月二二日付、『マルクス＝エンゲルス全集29』四三〇－四三一頁。
＊30 Jean-Paul Sartre, *L'Idiot de la famille*, Gallimard, t. III.〔J－P・サルトル『家の馬鹿息子』未邦訳部分〕

うとする、たんなる献身ではない。プロレタリア階級は、勉強のために資本の科学を必要としているのではない。それが必要なのは、実在するためである。プロレタリア階級が実在するのは、〈科学書〉〔＝『資本論』〕のなかに書き込まれることによってのみなのだ。

書き込みは、まず〈地獄〉旅行記である。「あらゆる職種、年齢、性別からなる労働者がわれわれの目の前を通り過ぎる。その数は、地獄に下ったオデュッセウスの前を行く死者の魂よりもずっと多い。彼らが腕に抱える〈青書〉を開かずとも、ひとめで過剰労働の刻印が彼らに刻みつけられているのが認められる。その雑然とした群れの中から、われわれは二人の人物を取り出してみよう。その驚くべき好対照は、資本を前にしてすべての人が平等であることの証拠である。婦人帽子屋と鍛冶屋である」[*31]。

驚くべき光景だ。まったく明らかなことに、資本主義の地獄のこの死霊たちは、腕に青書〔英国で議会や枢密院の出す報告書〕など抱えていない。反対に、マルクスが、作業所調査官や視察官の〈青書〉のうちに、彼らの相貌を見いだしたのだ。彼がひとめで見抜いた過剰労働は、彼自身の過剰労働でもある。マルクスはエンゲルスに打ち明けている。プロレタリアの地獄へ下るこの長い数頁は、病と疲労のために科学的証明を遂行できなくなっていた地獄の数時間の賜物であると[*32]。とはいえこの数時間は、科学の無味乾燥から作者と読者を休ませるための埋め草ではない。むしろそこで科学の神話が示される。科学は絶対的犠牲の作品であり、声なき死霊の群れに、忘却をつぐなう〈書〉を与えるために必要な〈地獄〉下りの作品である。プロレタリア階級という主体を、労働者たちの雑多な群れの代わりに到来させるために必要なのである。科学とはまず、強い意味における想起なのである。

死霊の代わりにプロレタリア階級を置くことは、本質的にこの本を、矛盾が書き込まれたものにすることだ。この意味で、この本には言うべきたった一つのことしかない。すなわち、資本主義的生産、さらにたんなる商業的生産さえ、そのうちに、反対物の同一化という爆発的な力を持っているということである。その証拠が、商業関係の最初の記述のなかにいきなり提示されている。というのも重要なことは、剰余価値を説明することではないからだ。その秘密はみんな知っている。労働の価値と労働力の価値を慎重に区別することには、この関係のもとではいかなる重要性もない。重要なことは、剰余価値のプルードン的解決を前もってつぶしておくことである。つまり生産者間での、労働の自由で平等な交換という解決である。それはおそらく経済学上の異説である。しかし何より、労働の経済学の卑俗な知見の数々のなかで、生産と破壊という大きな論理が瓦解しているのである。この意味で、第一章で提出された次の証拠にすべてはかかっている。「一般的な相対的価値形態と一般的な等価形態とは、商品の同じ一つの社会関係の、相互に想定しあい相互に排除しあう二つの対極なのである」[*33]。商品の等価形態が排他的な形態であることがいったん確定すると、すべてが決まる。プルードン主義

*31 K・マルクス『マルクス＝エンゲルス全集23a資本論第一巻第一分冊』三三二頁。
*32 「マルクスからエンゲルス（在マンチェスター）へ」一八六六年二月一〇日付、『マルクス＝エンゲルス全集31』一四五頁。
*33 K Marx, *Le Capital*, t. I, p. 81.〔この一文は一八七二年にラシャトル社から出版されたフランス語版『資本論』にのみ見られる。以下を参照。『カール・マルクス／フランス語版資本論』江夏美千穂・上杉聰彦訳、法政大学出版局、一九七九年、四二頁〕

は不可能である。ある意味で、同書の証明は、第一章で達成されている。

しかし同書はまた、科学のなかにプロレタリア階級を——あるいは同じことだが党を——書き込むことでもある。そしてこのことによって、作品は無限のものになる。というのも科学は、それのみが党の刃であり、不変でなければならないからである。しかしそれが不変であることができるのは、何度もの危機、何冊もの文書を通じて、資本がそのたびごとに死を免れる振る舞い方を研究することによってだけである。第一巻、第一章におけるこの死の書き方は、資本がその運命から逃れる手段を見つけるかぎり、展開されなければならない。というのも、どうやら資本はヘーゲル的であるというよりもライプニッツ的であるからだ。資本は、あらゆる可能性を汲み尽くさないかぎり、消え去ることはないだろう。それゆえ、プロレタリア階級の科学のために人生を犠牲にした学者は、またもや仕事にとりかからねばならず、とことんまで犠牲をつきつめなければならないだろう。

知られざる傑作

終わりなき作品。この言い方には複数の理解の仕方がある。医師の見方は単純だ。クーゲルマン医師はたえず苛立っている。なぜマルクスは、科学が勝利したこの世紀に、唯一重要な作品からいつも気をそらすのか、『資本論』の完成はどうしたのか、と。病気ならちゃんと養生しなさい！

マルクス家はこの手のお説教が好きではない。看護人としての名誉を傷つけられたジェニー嬢は冷たく返事している。「ほんとうのところ、この本のせいで根っこから良くならないのですよ」[*34]。マルクスは養生のために、この本をあきらめたりしない。「プロレタリア階級の堂々たる大義」への純粋犠牲こそ、「大ドイツ国がその第一巻もお読みあそばされなかった」著作の第二巻なのである。

マルクス自身もこのことに注意を促そうとしている。彼は、「いわゆる実践的な人々」が人類の苦悩に背を向けて、自分の身の心配ばかりしているのを笑い飛ばす。[*35] マルクスは「実践」を別の意味で理解しているのである。しかしそれでも、すべてに折り合いをつける手段があるかもしれない。エンゲルスはマルクスに何度か示唆している。資本の再生産の研究を読者に届けるにあたって、あらゆる国の地代に関する全資料を読んでおく必要はない。少しずつ分冊で出版してはどうか。ただその場合、別の理由が必要である。『資本論』はその辺にあるような科学書ではない。「僕の書き物の長所は、芸術作品として全体が構成されているというところで、その達成が可能なのは、僕なりの進め方があってこそなのだ。僕が自分の目の前でそれを完成しない限りは、けっして出版しないでくれ。ヤコブ・グリムの方法では無理なのだ［…］」[*36]。肝に銘じておけ！　芸術家カール・マルクスは、文献学者や辞書の著者と違って、文筆業者のように仕事をしないのである。

＊34　Jenny Marx à Kugelmann, 3 avril 1871, *Lettres à Kugelmann*, Editions sociales, p. 187.〔未邦訳、ジェニー・マルクスからクーゲルマン宛の一八七一年四月三日付けの手紙、『クーゲルマンへの手紙』〕

＊35　「マルクスからジークフリート・マイアー（在ニューヨーク）へ」一八六七年四月三〇日付、『マルクス＝エンゲルス全集31』四五〇頁。

＊36　「マルクスからエンゲルス（在マンチェスター）へ」一八六五年七月三一日付、『マルクス＝エンゲルス全集31』一一一頁。

それなら、地代を掘り下げることにしたまえ！　そしてそのために、マルクス博士は比類のない共犯者を見いだした。ロシア人である。ロシアの農地問題を解明するまでは、この芸術家には時間がある。そして文書に関してロシア人たちはけちではない。もちろん言葉はこれから覚えなければならない。要するに、こっそりこう言うことができるのだ。「私がロシアのみならず合衆国などからも入手した大量の資料が、最終結論をおおっぴらにする代わりに研究を続けるためのうまい口実となるでしょう」[*37]。

「愚劣さとは、結論しようと望むことだ」と言ったのは、やはりフローベールであった。マルクスは、実は、むしろバルザックを喜んで参照する。バルザックは「たしかに反動的だが」、それでも階級闘争を示したからだろうか。おそらく、ことはもっとねじれている。彼がエンゲルスに薦めたのは『農民』ではなく、『知られざる傑作』であった[*38]。あらゆる嫉妬のまなざしから隠されており、もし他人のまなざしがその秘密を見抜いたなら、造り主とともに滅びることを運命づけられている絶対的作品の物語である。この作品は王様のように裸であるわけではなく、真の本性の色と形で飾ったために、目に見えないのである。

党にアイデンティティを与えるべき同書は、同じ種類の作品である。著者がそれを読者に委ねることを望まないために、果てしなく遅れ続ける作品である。エンゲルスはマルクスの死後にそれを確認することになる。この作品は、ほとんど完成されている[*39]。しかし同時に、体系的に未完成の状態のまま放り出されている。さもなければ、この作品は絶対的犠牲とはならないだろう。さもなければ、この作品は、真似されるもの、繰り返されるもの、辱められるもの、マルクス主義的著作ともなるだろう。

周知のとおり、マルクスはマルクス主義者ではない。それは、彼が「教条的」でないという意味ではない。彼が自分自身の党の党員ではないという意味である。エンゲルスはベルンシュタインに対して、同じように述べることになる。マルクスは「同志」ではないのだと。党員はみな、芸術作品を真似し、繰り返し、喜劇や技法に変えてしまう。そうした理由もあって、この「教条的でない」学者はあれほど定式について厳しいのである。なぜ彼は、あれほど偏執的に『ゴータ綱領』を訂正したのか。階級闘争が、誤解された一語によって決することがよくあるからだろうか。理論的間違いが「重大な」実践的帰結をもたらしかねないからだろうか。そう考えることは、一九世紀においてもまだ政治が飼育術に属していると信じることになってしまう。マルクスはこの点でいかなる幻想も抱いていない。綱領に非の打ちどころがなかったとしても、リープクネヒトはやはりそれをゆがめて適用するだ

*37 「マルクスからニコライ・フランツェヴィチ・ダニエリソーン（在ペテルブルク）へ」一八七九年四月一〇日付、『マルクス＝エンゲルス全集34』二九九頁。

*38 「マルクスからエンゲルス（在マンチェスター）へ」一八六七年二月二五日付、『マルクス＝エンゲルス全集31』二三三頁。

*39 「この本の出来具合をどのようにしてまさしく僕にまで隠しておけたのか、君はそう尋ねるんだね。簡単なことさ。僕が知ったとしたら、この本が完成し、印刷されるときまで僕は昼も夜も彼をうるさがらせただろうからね」（「エンゲルスからアウグスト・ベーベル（在ライプツィヒ近郊ボルスドルフ）へ」一八八三年八月三〇日付、『マルクス＝エンゲルス全集36』五〇頁）。すでに引用した一八六五年七月三一日の手紙で、マルクスは章三つ分を除き三巻分まで完成したと述べている。

ろう。同じように、〔ポール・〕ラファルグや〔ジュール・〕ゲードにフランスの党〔労働党〕の綱領を書き取らせなければならないのは[40]、厳密な適用を保証するためではない。あらゆる「適用」を通して、厳密に綱領を保証するためである。綱領は想起のためにある。彼自身のために、テクストは注意深く尊重されなければならない——たんに理解できないものの複写になってもかまわないので[41]。なぜなら、このテクストは、それ自体、未来への呼びかけだからであり、党の指導者という道化たちの活動が「正当」であるか「間違って」いるかを気にとめない、革命への呼びかけだからである。そしてこの呼びかけは、真似することのできない芸術作品としてのテクストである限りでなされるのである。

芸術、すなわち——これも牧人王たちの時代から変化したが——反技術、反模倣、反労働である。マルクスを最も苛立たせる、「重大な」実践的帰結をもたらす「理論的誤謬」のうち、いつも一番手にくるのが労働という語を含む誤謬である。例えば『ゴータ綱領批判』では、自然を忘れて労働が「あらゆる富の源泉」だと主張する一節に食ってかかっている[42]。また言葉の乱用のせいで「労働力の価値」が「労働の価値」に変わらないように非常に注意している。実は、実践では誰もこの点を間違うことはない。問いは、まったく原理に関する問い、つまり存在論上の尊厳に関する問いである。こうすれば、誰も商品と原理とを混同することはないだろう。革命的破壊を呼びかける純粋生産には、芸術を労働から分ける特徴がある。値がつけられないことだ。芸術作品とは自然の作品である。マルクスは『剰余価値学説史』の奇妙な一節でそう述べている。そこでは、一見すると面食らうような生産的労働の例があげられている。「ミルトンは『失楽園』を、蚕が絹を生産するようにして生産した。つまり、その自然の表出として生産したのである。彼はそれから五一サンチームでその生産物を売った。しかし、ライプツィヒの文筆労働者〔Litteraturproletarier〕は、出版業者の指示に従って本――例えば経済概論――を製造する、生産的な労働者である。というのも、彼の生産物は最初から資本に包摂されており、資本にとってのみ価値として実在しているからである」[*43]。『資本論』がどのような意味で「経済学批判」であるのかがわかる。それは生産的労働の批判なのだ。本当の生産は、ミルトンの側、蚕の側にある。上司も計算もなしに生産する人々の側にある。ドン・キホーテ的作品は、その正しい保証人を、一八七一年のパリ革命のうちに、よじ登られた天の革命、「単純労働者」の統治のうちに、見いだすのである。この単純労働者たちは、国家の「たっぷり支払いをうけるペテン師」に取って代わり、「ミルトンが数リーブルのために『失楽園』をものしたように[*44]」自分の仕事にたずさわる。失われ、再び見いだされた反賃金制の楽園である。この作品のための余暇は、幕間において、つまり革命が突発的に生起する特異な瞬間の数々を分離する別の時間におい

＊40 訳注――「エンゲルスからエードゥアルト・ベルンシュタイン（在チューリヒ）へ」一八八一年一〇月二五日付、『マルクス＝エンゲルス全集35』一九四頁。
＊41 「これらのことの何も理解できないのなら、いっさい手をつけず、わかっている人々にならって書き写して済ますべきだ」（「エンゲルスからヴィルヘルム・ブラッケ（在ブランシュヴァイク）へ」一八七五年一〇月一一日付、『マルクス＝エンゲルス全集34』一二九頁）。
＊42 訳注――K・マルクス「ゴータ綱領批判」『マルクス＝エンゲルス全集19』一五頁。
＊43 K・マルクス『マルクス＝エンゲルス全集26Ⅰ剰余価値学説史第一分冊』五一〇頁。
＊44 K・マルクス「『フランスにおける内乱』第一草稿」五一六頁。以下も参照せよ。Prawer, *op. cit.*, p. 365.

て、この楽園の想起を生産しなければならない。

漂泊の科学

作品の時間と革命の時間のあいだの特異な関係が、経済的発展と階級構成をめぐる合理性すべての向こう側にある。革命的科学の刃を、社会史の諸断片と一致させる政治術はない。資本に関する科学がロンドンでつくりだされるきっかけとなったドイツの窮状は、この科学が漂泊する運命も定めている。この科学は、いかなる対象の制御でも、いかなる主体の育成でもない。この科学は、生産の優位を告げながら、逆説的にも、以後あらゆる技術から無限に隔たったところに位置づけられる芸術の孤独のうちに閉じ込められてしまった。唯物論的「逆転」、天空から地上への回帰は、実践の空間を崩壊させるという予期せぬ帰結をもたらす。あらゆる状況が権利上この科学に依存するようなところに、もはや正しい臆見はない。しかしそこでは、科学はつねに事後的に、状況の急変を解釈することを余儀なくされる。社会的特徴のたくみな絡み合いを編み上げるのに適した政治術はもはや存在しない。確かに、機械動力式織機で始まった新時代に編み物の王を見いだすのは奇妙な話だ。しかし、それより奇妙なことは、革命的未来の急進性が、蚕の革命という古風な比喩形象で示されていることである。蚕というのは、実は二つの反対物の統一である。一方でそれは、自由な自然の高貴さ、賃金収入を気にかけない詩人の活動を比喩で表している。他方でそれが示すのは、欠けているのは言葉だけという機械労働者の逆転したイメージである。こうした反対物の同一性を示すヒエログリフ〔聖刻文字〕

は、科学の運命――科学の権力は、ブルジョワ世界の密度と対峙する芸術という絶対的リスクに送り返されることになる――を、暗号によって示している。

「すべてはブルジョワだ」。これを、ブルジョワ的繁栄が意識を眠らせるだとか、「ブルジョワ・イデオロギー」が意識を曇らせるという意味だと理解すべきではない。私が示そうとしたのは、大騒ぎされてきた「イデオロギー」とは、労働の序列の凡庸さ以外の何ものでもないということである。「すべてがブルジョワだ」というのは、外がないということである。すべては、ブルジョワ時代の至高にしてグロテスクな悲喜劇のただなかで演じられるのである。革命の正義が到来しうるのは、二重の無効化の産物、すなわち歴史的発展の正常性とその解体の病理性とが絶えず逆転することの産物としてでしかない。この逆転の働きのなかで、科学はそれ自体では切断の力がない。生産諸力の神と、破壊の党が生まれる土壌の自発性とをもう一度信じるべきか、あるいは革命的決定の賽子一擲に賭けるべきか、科学に尋ねても無駄なのだ。

実際、マルクスの著作から、改革路線か革命路線かを正当化するための論拠を引き出そうとすることほど、ばかげた話はない。科学はその使い方までは教えない。彼の到達点は出発点に似ている。哲学学生カール・マルクスが論文審査官に、次のような証明を提示したときのことである。エピクロスの自然学は、デモクリトス[*45]の自然学のたんなる延長とみなされているが、実は正反対である。この対

*45 訳注――デモクリトス（BC四六〇-BC三七〇頃）古代ギリシャの哲学者。原子論を確立した。

立には、敵対する二つの世界観を見分けなければならない。一方は科学の人で、他方は実践の人である。一方は、自然学にとって致命的な感性的錯覚を免れるために自ら目を潰したと言われているほど、真実の科学に夢中である。他方は、哲学の実践のために、神話を追放し現象を救済する説明があればそれで満足である。一方は、彼にとって純粋錯覚であった感性的世界の科学的観察に夢中である。他方は、彼にとって唯一の真理と見なされたこの世界を探検する気はない。技術の王制の世紀、そして背後世界の滅亡の世紀に、科学の使い道はおそらく、ギリシャ哲学の時代よりもずっと決定不可能である。独学の製本屋モストのやり方にならって、いつでも『資本論』を仮綴本にすることはできる[*46]。しかし、その場合、生命のない痕跡しかけっして手に入らないだろう。書かれた語りは死んだ語りであるというのは、『パイドロス』の古い教えである。それは「助けをもたらしてくれる」ことはありえない。しかし、どこにでも転がっていけるし、科学の素養がない人々の頭をあちらこちらに転がすこともできる。こうしてモストとその一味は、彼らにとっては無言のこのテクストによって、科学主義的日和見と無政府主義的爆発のあいだでバランスをとるのである。目的の科学を欠いた知の許すところである。

ところで目的の科学は、プラトンの時代と同じく教えられない。あるいはむしろ、さらに教えられなくなっている。目的の科学のためのアカデメイアも饗宴も、もはやない。脱神秘化の時代、この科学は逆説的にも純粋な奇跡となった。どれほど奇妙に見えるとしても、マルクス主義の数十年を経た後では、ものごとを創設者たちにとってそうであるように述べる必要がある。すべては個人の問題ないのだ、と。マルクスの理論は、いかなる種類の活動のガイドでもない――暴力的であれ平和的であれ。

部屋で勉強すべきか、選挙に立候補すべきか、蜂起のための軍隊を準備すべきか、こうしたことについての知は、この科学のどのようなテーゼからも学ばれない。科学が教えるのはたった一つのことである。知識ではなく、存在のあり方である。この科学はそれを学ぶ人々に、新世界の高みにたつ人間であることを教える。カント美学における天才の作品同様、科学の作品は法則を示すのではなく、モデルだけを与える。記憶術者のやり方ではなく、見習い画家のやり方でそのモデルを模写しなければならない。それは、芸術を型通りの技法から切り離す規則を芸術に課すために、自然によって選ばれた人々の作品を再生産しながら、自分のまなざしや手つきを育成していくやり方である。『資本論』という芸術作品は、学者として行動すべきか一般人として行動すべきか、詩人としてか外交官としてか、判断することを教えうる。なぜなら、この作品は、その名に唯一値する大革命の想起(レミニサンス)だからである。一六世紀に、一度にそれらすべてであるような数名の男たち——いやむしろ数名の巨人たち——によってなされた革命である。

「それは人類がけっして経験したことのない、最も偉大な進歩主義的変動であった。その時代が巨人を必要とし、また巨人たちを生み出したのだ。思想、情熱、性格の巨人たちであり、多才と博識の巨人たちであった。[…]レオナルド・ダ・ヴィンチはたんに偉大な画家であっただけではなく、数学者

*46 訳注——ヨハン・モスト(一八四六−一九〇六)ドイツ社会民主党の活動家。投獄された際、獄中で『資本論』のダイジェスト版を作成した。以下も参照のこと。ヨハン・モスト『マルクス自身の手による資本論入門』大谷禎之介訳、大月書店、二〇〇九年。

であり、機械技師であり、優れた技術者でもあった。〔…〕アルベルト・デューラーは画家、版画家、彫刻家、建築家であったが、さらに築城方式をも発明した。〔…〕マキァヴェリは政治家であり、歴史家であり、詩人であったが、同時に引用するにふさわしい近代最初の軍事作家であった」[*47]。

こうして舞台と演目は固まった。すべては、やはりパラドクスの国で演じられる。進んだ遅れの国、つまりルター以来思想では他の国より一〇〇年進み、実践では一〇〇年遅れていたドイツで。すべてはニュルンベルクの舞台上で、哲学者靴職人ハンス・ザックスの末裔と、学者芸術家アルベルト・デューラーの末裔のあいだ、小人と巨人のあいだで、演じられる。しかし、消えた巨人たちを演じるには、そして外交官や馬乗り、学者や芸術家に適した新たな人間を育成するには、唯一この芸術作品、想起の作品しかない。それは楽譜であり、それを演奏することによって「石化した社会状況を躍らせる」[*48]必要がある。それは幻想譚であり、「勇気を起こさせるために人民を怖がらせる」にはうってつけである。それは科学の記念碑であり、それをモデルとして視線と筆を鍛えなければならない――科学主義的脱神秘化の俗物たち、のんきに「ユートピア」を批判する俗物たちの好きにさせておかないために。またそれは傑作演劇であり、俳優を好きにさせておかないために、未来の悲劇において自分の役を演じることを学ぶために、それの演じ方を学ばなければならない。

したがって科学の適用とは、次のようなことでしかありえない。この作品を、革命の舞台にあわせて演じる〔＝解釈する〕ことを学ぶことである。劇場からは逃げられない。そこで俳優たちよりうまくやらないといけない。自分の場を占めるのだ。マルクス家では子どもの頃からシェイクスピアの暗誦を学ぶのだが、家長にはお気に入りの散文作家がいる。ディドロ、『俳優についての逆説[*49]』を書いた人である。

反俳優であるような俳優を育成しなければならない。別の演劇人ブレヒトは、やがて次の問題をめぐって長いあいだ考え込むことになるだろう。すなわち、「大技法」をどこに見いだすべきかという問題、すなわち演劇の舞台や革命の舞台で、もはやたんに対立者たちを演じるのではなく、それらの同一性を演じることを学ぶ術を、どこに見いだすべきかという問題である。この問題の背景を理解するためには、彼にもまた亡命が必要となるだろう。役者の問いは、見せる技法に帰着せず、生きる技法に帰着する。この問いが観衆に関係するのは、それが観衆自身にかかわるかぎりでのことである。というのも、結局のところ、搾取とその神秘化を暴露することによって「意識化」させる教育学の徳は、哀れな徳だからである。観衆が役者とともに学ぶべき大いなる徳は、ユーモアである。それが、対立者たちがつねに交代している舞台上の行動術なのである。

歴史的推進者になる技法である。それはもはや、社会関係のたんなる「運び手」ではない。運び手たちの不幸は、現実条件を知らないことではなく、彼らが運んでいるものの高みにないことである。「すべてはブルジョワ」なのだ。シェイクスピアの芝居を演じるのに、いまだハムレット王子が雇う人々のように演じる俳優たちしかいないという意味である。垢抜けない無骨者、どさまわりの役者、

*47 F・エンゲルス「自然の弁証法」『マルクス＝エンゲルス全集20』三四二頁。
*48 K・マルクス「ヘーゲル法哲学批判・序説」『マルクス＝エンゲルス全集1』四一八頁。
*49 訳注——D・ディドロ『逆説・俳優について』小場瀬卓三訳、白水社、一九四一年。

ブルジョワ喜劇の役者たちしかいないのだ。彼らにとって、至高さとグロテスクさの結合は、シラー風の長台詞とヴォードヴィルの道化に還元される。それゆえ、芝居をなんとか救うためには、毎回、ブルジョワ演劇の真髄を表す古い端役を呼び出すほかに解決策がない。つまり「歴史の皮肉」という名の、ヘーゲル的老女中である。

歴史は、新たな俳優が生まれてこない限り、皮肉なものであるだろう。それは、反俳優、つまり大生産の近代に唯一ふさわしい歴史的登場人物、すなわちユーモアを備えた若きプロレタリアである。それは、老女中とその周りのエキストラ全員をお払い箱にするのにふさわしい登場人物である。

芸術家の遺言

ユーモアとは距離の技法であり、離れたところで学ばれるものである。したがって、マルクスとエンゲルスがこのドイツでの滞在を本当に禁じられていたかどうかを探るのは無駄である――たしかにドイツでなら、結局、彼らもあらゆる種類の逸脱から党を守るために、もっと簡単に仕事に取りかかれたであろうが。党がチューリッヒに本部を置くことになったのが、ビスマルクの反社会主義的な法律のせいだけだったかどうかを考えてみることも、インターナショナル・ドイツ支部がジュネーヴに執行部を置いた後では、無駄なことである。いずれにせよ、科学は離れてしか働かない。新たな役者がいない以上、科学はその代理権を執行する。科学が不在の英雄の代わりとなり、その到着に必要な時間をつなぐのである。しかしまた科学は、自らの「教育」の諸要素を形づくるためにも待機時間と代理装置を使う。

老エンゲルスは、マルクスの死によって未来の科学の遺産相続人となったとき、演出を正確に定めた。まずは作品の記念碑を設立することである。未知の傑作の著者が遺した、不完全なヒエログリフの塊によって、『資本論』の第二巻、第三巻を作ること——言いかえれば、犠牲を完成させるために、時間をかけて自分の目を傷めることでもある。〔それから〕ベルンシュタインとカウツキーという二人の代書屋に、これらヒエログリフの読解を教えること。彼らは、二人のマルクス主義者（それ以上は必要ないだろう）というおべっか使いの犠牲者の役を演じるのに必要な特性と欠点を備えていた。また、いたるところで、これら自己通俗化作品（『共産党宣言』その他）を、つまり理解されない分、複写されるのに適した作品を出版させることである。したがって、いかなる俳優であっても未来の役者たちのテクストを改悪しないようにすること。それは同時に、舞台を維持して、別のテクストがその代わりを務めることがないようにしておくことでもある——ただし、デューリングとその一味を追って、彼らがわかることやその他のことまで論じている危ない領域にまで踏み込む危険をおかさなければならないが。

未来の役者たちのためにテクストの純粋さを残しておくことは、科学と階級の二つの権力を強化することでもある。ビスマルクの弾圧を利用して、チューリッヒに社会民主党とその理論家ベルンシュタインのチームを設立すること。このチームが、ドイツの活動家に対してロンドンに保存されている科学を代表し、彼らの議会代表を批判する。しかしそれは同時に、ドイツの政治的代表と、チューリッヒの文学的代表とのあいだの隔たりによって、ドイツの労働者の弁証法能力——ユーモアの能力

――を研ぎ澄ますことでもある。例えばマルクス主義者の文筆家ベルンシュタインが社民党議員リープクネヒトの悪癖について行う批判や、労働者のまとめ役ベーベルが、マルクス主義者の代筆屋ベルンシュタインについて行う批判によって。

矛盾の技法である。教育者エンゲルスの最後の教えは、『フランスの階級闘争』の再版に寄せた奇妙な序文であろう。党の指導者たちを喜ばせるために、社会主義が合法的に議会を獲得したことを讃えているが、同時に、彼らを歯ぎしりさせるために、この合法的な道が革命の技法の皮肉な形式の一つでしかないことを思い出させている。

今では失われてしまった教えなのか。後継者たちにはまったくユーモアがない。彼らは学者マルクスが、労働哲学者プルードンのやり方だとして非難したとおりにことを進めるだろう。彼らは序文の良い面をとり、悪い面は抹消するのである。

確かに、こうしたつまらない臆病さは取るに足らないことである。あらかじめ序文の結末で、反社会主義的法律を前にした臆病者たちの滑稽なおののきが告発されている。これらの法律は、ディオクレティアヌスが社会主義の先祖、キリスト教革命に対して加えた大迫害に匹敵する効果をもつだろう。「この迫害は非常に効果的で、その一七年後には、軍隊は大多数がキリスト教徒で構成されるようになり、ディオクレティアヌスに次ぐローマ帝国の新たな独裁君主コンスタンティヌス、坊主たちから大帝と呼ばれたコンスタンティヌスは、キリスト教を国教として布告したのである[*50]」。

彼は何のことを考えているのか。新たな独裁君主だろうか。新たな国教だろうか。エンゲルスは、ついでにという感じで述べている。しかし、その後には、最後のピリオドしかない。このようにマルクスの遺産相続人の理論的遺言は終わる。喉頭がんに侵されたフリードリヒ・エンゲルスにとって、引退を考えるときである。芸術家にとって、創作活動から身を引くときである。潔く。跡を残さず。一八九五年八月二七日、エレノア・マルクス、その内縁の夫エドワード・エイヴリング、マルクス主義の代書屋エードゥアルト・ベルンシュタイン、そして老遍歴職人（シュトラオビンガー）フリードリヒ・レスナーの四人は、小船でフリードリヒ・エンゲルスの遺灰を運ぶことになる。骨壺は、イーストボーン岸壁下の海底に安置されることとなる。

水と火の最終的融合。遡ること七一年前に波に投げ出され、ヴィアレッジョの海岸で友人バイロンによって荼毘に付された詩人シェリー[*51]の運命を、逆さまに真似つつ。こうして、身近な人すべてに「将軍」と呼ばれた男は、去り際に、自分が最初は詩人であったことを示すことになる。

ハイゲート墓地には別の墓が残っている。堅固な造りのこの墓には、プロレタリアの後継者の手によって預言者の胸像が飾られている。芸術家たちは、俳優たちの権力から逃れられないのだ。

＊50　F・エンゲルス「『フランスにおける階級闘争』への序文」『マルクス＝エンゲルス全集7』五三六頁。

＊51　訳注――パーシー＝ビッシュ・シェリー（一七九二－一八二二）イギリスのロマン派詩人。『鎖を解かれたプロメテウス』などの詩で知られる。妻のメアリーは『フランケンシュタイン』の作家として知られる。

哲学者と社会学者

われわれがティントレットにこの言葉をささやくことができたとすれば、彼は聖職者や学者たちに逆らって、私はプロレタリアだ、と喜んで言っただろう、たとえ野心からブルジョワ階級に入ろうとしていたとしても。いずれにしても彼は「人民」であり、人民そのものなのだ。

（サルトル「ヴェネツィアの幽閉者」[*1]）

マルクス主義の地平

学者の墓が建てられ、芸術家の遺灰が海に撒かれた後、何が残るのか。もちろんマルクス主義である。それは当然マルクスの思想ではない。マルクス主義とは、作者が作品から引き下がった後に残るものであり、作者と作品のあいだの目に見えない距たりが消され、無意味を許容する部分が消され、ユーモア——哲学者〔マルクス〕はユーモアのおかげで、自らの学問対象の立場におかれることを免れ、〔共産〕党員の序列に入れられることを免れた——が消された後に、残るものである。

この無が削除された後に残るのは、もちろん全体である。生産と流通の法則によってあますところなく規定され、完全に理解可能になった世界。隅々までわかるようになった私たちの世界の風景を形づくっていると同時に、私たちの思考の気づかれていない根拠をも形づくっている固く大きな塊の数々。意識に先行する存在、窮屈な生産関係の壁に突き当たる生産諸力。封建制度を生み出す風車、資本主義の始まりを告げる水車。蒸気、電力、民主主義といった諸力を解放しつつ抑制するブルジョワ階級。意識にめざめ、科学の光と闘争の刃のもとに組織されるプロレタリア。イデオロギーの暗い影の輪のなかで堂々巡りを繰り返すプチブル。いたるところで生産しなければならず、いたるところで解読しなければならない変形と反映の世界である。

生産の舞台装置

それは開かれた科学の複雑さから見れば、通俗版画(エピナル)[*2]だと言う人々がいる。そして彼らは、その滑稽な輪っかが科学書に影を落としているとして可哀想な風車を告発する。

風車は、科学の下手な挿絵だけに出てくるわけではない。風車は科学の創設神話にも、つまりアンティパトロスの牧歌劇[*3]とアークライト[*4]の地獄をつなぐ神話にも出てくる。そして風車は、ドン・キホーテ以来、お決まりの舞台装置の一部をなしてきた。風車は、旧世界の封建的夢想から、新しい産業世界の科学を区別する境界線を示すものである。ところでマルクス主義とは、何よりもそうしたものである。新しい技術世界の合理性を植えこんだ舞台装置なのだ。マルクス主義は、サルトルが言うことになるように、私たちの時代の乗り越え不可能な地平なのである。地平〔=ホリゾント〕とは舞台装置のことである。それは書き割りへと折りこまれていく消失線であり、私たちはそこから舞台を見るのである。この点で、地平線を切断する木々や風車の羽根、工場の煙突が、けばけばしい彩色画のようにありきたりであることは大した問題ではない。科学の地平が科学的である必要はないのだ。

まず重要なのは、私たちが認識しているものではなく、私たちが見ているもの、新しい科学の舞台装置を形づくっている臆見(ドクサ)である。

地平としてのマルクス主義は、何よりも生産にかかわる威圧的な舞台装置である。コンクリートと鋼鉄を並べたように硬く整然とした舞台装置であり、ピストンの働きやそれに仕える人の努力のように厳格な舞台装置。それは、私たちの時代の哲学がマルクス主義のテクストに当初感じた、ルソー的な哀れみの情やメシア的黙示録ではまったくない。それは、生産者の栄光でも、イデオローグの脱神話化でも、それを支えてきた〈科学〉や〈人間〉の統治でもない。それは何よりも硬い金属と新しい舞台装置の冷酷な配置である。磨き上げられた鋼の冷たい刃、素っ気ないコンクリートだらけの配置、機械の正確な働きである。固いものが柔らかいものに、直線が曲線に勝利を収める。私たちの哲学の

＊1 訳注――Jean-Paul Sartre, « Saint Marc et son double » (« Le séquestre de Venise », *inédit*), *Obliques*, n° 24-25: Sartre et les arts, dirigé par Michel Sicard, Borderie, Nyons, 1981, p. 191.〔未邦訳、J-P・サルトル「聖マルコとその分身」、「ヴェネツィアの幽閉者」〕

＊2 訳注――フランス北東部の都市エピナルで作られる伝統的な彩色版画。子女のしつけや童話、ナポレオン伝説などが主題に取り上げられる。

＊3 訳注――テッサロニキのアンティパトロス。ギリシャの風刺詩人。作品のなかで、水車を使った製粉作業を描写している。『マルクス＝エンゲルス全集23 a 資本論第一巻第一分冊』五三一-五三三頁参照。

＊4 訳注――リチャード・アークライト(一七三二-一七九二)イギリスの発明家。一七七一年に水車を動力とする水力紡績機を発明。

ほとんどあらゆるところに、新しい機械と素材のおかげでゆるやかな意識の消化と甘ったるい魂の音楽から解放されたという、同じ歓喜の叫びがこだましている。生産の舞台装置のおかげで、意識は「諸事物のなかの一つ」であるという自由を取り戻す。舞台装置のおかげで、あらゆるところで「ちゃんと機能している」ことが確かめられる。あらゆるところに「魂の牢獄」から解放された生産的身体がある。あらゆるところに働く意味がある。思想が機械や建造物の石と鉄のなかに働いており、物質が思想家の言葉のなかに働いている。臆見（ドクサ）の天体間空間〔エピクロス学派で神々の住むところ〕は、新たな機械とかつてない流通――製作術、権力装置、意味のエコノミー、テクスト機械、欲望生産等の――によって徐々に満たされていく。

生産の世界が広がる。哲学の世界は解雇に、つまり休職扱いになる。哲学は、もう見張り役を演じる必要がない。いまや新しい見張り役がいて、背景画の煙突が立ち並ぶ舞台上でその役を演じているが、とりわけ舞台を動かすために舞台裏で立ち回っている。労働者－道具方（マシニスト）である。哲学は、新しい形の休暇を味わうことができる。哲学には、もはや上るべき丘も、瞑想すべき太陽も、鍛錬すべき魂もない。哲学は生産的身体の民主主義を歌い上げるようになる。それはおそらく靴職人が望んでいたとおりのものではない。むしろ、魂とその鍛錬こそ、靴職人の古風な信仰に属するものだった。それは、ブーヴィル図書館のヒューマニストの独学者[*5]の信仰でもある。靴職人の息子のゲーノ[*6]を哲学者に思い出させる書生。空文の徒であり、今では魂の人である。

はからずも魂の階層秩序が回帰してくる。哲学者と靴職人を囲む情景が一回りしたのだ。しかし、それに気づいたのは哲学者だけだった。いまや哲学者は、製鋼工やコンクリート工、機械工や生産者とともにいる。靴職人のほうが持っているのは、もはや何の価値もない魂である。それは今や遅れそのものであり、自己と生産物からの距りそのものである。以後、階層秩序は新しい形で現れる。すなわち、あるのは多かれ少なかれ生産的な身体であり、魂つまり反生産から多かれ少なかれ解放された器官や生産なのである。

〔これは〕プラトンの時代と同じように、音楽の問題である。しかし新しい意味において。プラトンの場合、ミューズの仲間たちの高貴な竪琴とドーリア音階に対して、下層民が重んじる俗っぽい縦笛とリディア旋法のリズムがあった。今やそこにあるのは、同じ音楽を演奏しながら、その音楽から、膨らんでいく魂の柔らかい部分を作り出すか、切断作業を行う生産的身体の金属の部分を作り出すための、良き労働者と悪しき労働者、良き器官と悪しき器官である。[*7]「魂」の音楽〔である〕靴職人の音楽。〔そして〕身体の音楽〔である〕未来の技術者の音楽。蟬のコーラスに応えるのは、作業場（アトリエ）の人間が魂の大衆消費者を、つまり自分たち自身をお払い箱にするという近代の夢である。「しかし、――もっと先のことかもしれないが――音楽会がもっぱらアトリエとなることを想像することはできる。そこでは、何物も、いかなる夢も、いかなる想像物も、一言でいえば、いかなる魂も、外にあふ

*5 訳注――サルトルの小説『嘔吐』（白井浩司訳、『サルトル全集6』人文書院、一九六九年）の登場人物。紆余曲折の人生を経て、ブーヴィルの図書館にこもり、学問を探求し続けている。
*6 訳注――ジャン・ゲーノ（一八九〇－一九七八）フランスの作家・文芸批評家。貧しい靴職人に生まれながらも、苦学した後に学問的な名声を得て、一九六二年にアカデミー・フランセーズ会員に選出される。

れ出さないだろう。音楽行為の全体が残らずプラクシスのなかに吸収されるだろう」[8]。

太陽と地平

しかしながら、余すところのない実践（プラクシス）の作業場（アトリエ）という哲学的享受の新しい舞台は、明日の話ではない。マルクス主義の地平（ホリゾント）は、科学の太陽に代わって私たちの宇宙の諸対象とその振る舞いに新たなラインと色彩を与える工場の舞台装置であるだけではない。地平（ホリゾント）は、哲学においては、科学の書き割りであるだけではない。科学と臆見（ドクサ）が権力を再配分する逆説的（パラドクサル）な場でもある。例えば一七世紀に好まれた哲学論争の舞台装置の一つは、昇る太陽や月の地平だった。

よく知られた問題だが、夜の星〔月〕と同じく太陽も、昇る時は視表面が大きくなったように見える。科学者は、昇る時も天頂にある時も視表面が同じであることをよく知っていたが、農民は視表面の直径が途中で変化すると思い続けており、哲学者たちはこの見かけの理由をめぐって論争し続けていた[9]。とはいえ、争いの基盤はすでになくなっていたのだから、奇妙な論争だった。一七世紀には、哲学者はみな、いかなる理由であれ太陽は昇りも沈みもしないことを知っており、やがて農民もみな知ることになった。見かけの見かけをめぐって時間を無駄に費やすことに何の意味があったのか。というのも今や哲学の運命は、まさにこの点にかかっているからである。すなわち、知的なものの太陽〔の高み〕への昇天ではなく、感性的なものの地平における見かけの二重化である。

この点には状況的な要因もあった。この問題に当時最も関心をもったのは、マルブランシュ神父[10]とバークリー司教[*11]であった。彼らは、当然のことながら、聖職者の使命にふさわしい関心を抱いていた。農民、学者、神のそれぞれに固有の役割〔part〕を与えることである。またそれぞれの視点、つまり太陽に対する農民の「無邪気な」視点、望遠鏡と顕微鏡のなかで養われた学者の視点を、彼らの立場に即して有効だと認めることである。さらに、農民の実質的世界を学者の眼鏡の端に置いたり、学者の幾何学的世界を農民の地平に置いたりするような、不正な交配や視線の重ね合わせを告発することで

＊7　そうしたことから、ロラン・バルトは、例として、フィッシャー＝ディスカウの「息的な」演奏とパンゼラの「エレクトロニクス的」演奏を対置する。「息とはpneuma〔気〕であり、ふくらんだり、破れたりする魂である。そして、もっぱら息だけに頼る芸術というものは秘められた神秘的芸術になりやすい（大量生産のLPレコードと同程度に平板化された神秘主義だが）。肺というのは間の抜けた器官だ（猫の餌だ）。ふくらむが、勃起しない。意味形成性が炸裂し、魂ではなく、悦楽を出現させるのは、喉、すなわち、音声の金属が硬化し、輪郭が形づくられる場所においてであり、顔面においてである」（R・バルト『第三の意味――映像と演劇と音楽と』沢崎浩平訳、みすず書房、一九八四年、一九一頁）。「魂の音楽」に関しては、サルトルの『言葉』（白井浩司・永井旦訳、『サルトル全集29』一九六七年）も参照せよ。

＊8　R・バルト『第三の意味』一八三頁。

＊9　ニコラ・ド・マルブランシュ『真理の探究』竹内良知訳、創元社、一九四九年、二八三頁。

＊10　訳注――ニコラ・ド・マルブランシュ（一六三八－一七一五）フランスの哲学者。オラトリオ会修道士。主著に『真理の探究』、『形而上学と宗教についての対話』（井上龍介訳、晃洋書房、二〇〇五年）など。

＊11　訳注――ジョージ・バークリー（一六八五－一七五三）アイルランドの哲学者・聖職者。主な著作に、『視覚新論』（原書一七〇九年、未邦訳）、『人知原理論』（宮武昭訳、ちくま学芸文庫、二〇一八年）など。

ある。そうすることで、神と人間の活動（アクティヴィテ）の外に、それ自体で存続する理念と事物の自己充足的な世界が産み出されるからである。実際、最も重要な問題は、真なるものの基準ではなく、見えるものの性質であり、まず追い払うべき悪は、誤謬ではなく受動性なのである。観念論者バークリーは、感性的なものの光景が、神の言葉の働き（アクティヴィテ）と完全に等しいと、自分の立場に都合よく主張したことで、非難の的になったが、それでも、彼は私たちの生産的近代の創始者たちの先頭集団にいる。やがてレーニンは、帝国主義批判の際に、生産的近代の帰結に立ち向かわざるをえなくなる。

というのも、そこには、科学と宗教の一時的妥協を超えて、哲学の長期的未来があるからだ。永遠真理[*12]の数々がゆっくりと崩壊していくなかで、この未来はおそらく、科学がもたらしてくれる永遠性の代替物のなかに見いだされるであろう。すなわち光学的錯覚の永続性や、科学者が知っていることと農民が見ているものとの必然的不一致のなかである。以後臆見（ドクサ）はもはや、真なるものの光に到達するために哲学が横断しなければならない世界ではなくなる。臆見（ドクサ）は、哲学領域の色づけされた地平（ホリゾント）になる。来るべき哲学は、臆見（ドクサ）の理性になるだろう。それは、科学と表象とのずれに関する知であるだけでなく、もはや背後世界を知らない世界、状況と同じく幻想も科学に依存する世界では、科学と表象の親和性に関する知でもあるだろう。〔この哲学は〕自らを二重化することになる、つまり個人と社会に関する近代知を、臆見（ドクサ）と科学のずれを広げる条件に関する知として監視しつつ解放することになる。〔またこの哲学は〕この中途半端に解放された知の武器を、自らに向けることになり、哲学者の真理が、科学の仕事と見かけの享受をごちゃまぜにした大いなる光学的幻影であると認めることになる。

そもそも昇らないはずの太陽が大きく昇ってくるというこの地平（ホリゾント）に、そして科学が臆見（ドクサ）に置き換わることはけっしてないこの場所に、哲学と社会知〔＝社会学〕の争いと共謀の近代的舞台がしつらえられるのである。それは、私たちの理論、私たちの政治、私たちの社会科学に住みついている貧者の哲学の舞台である。この永続的な往還運動は、天上のイデオローグのうつろなまなざしを、農民の実質的なまなざしに絶えず送り返すが、それはただちに実質的なまなざしをそれ自身の真理から切り離しているずれを示すためである。私たちの社会知とはこれである。すなわち、まずもって貧者の思考であり、合法化されていない思考様式の一覧表であり、自分のことを考える時間のない〔人々の〕思考を対象とする科学なのである。それは、哲学の代用機能に格下げされた知であると同時に、哲学の余暇のうぬぼれを告発する知でもある。

それは、哲学にとって欠かせない代用品であり、哲学は、合法的思考の合法化に自分の役割〔part〕を残しておくために、非哲学に関する言説、非合法的思考様式に関する言説を自分自身で生み出さなければならなくなる。そこから生まれるのが、無知の合法化を差し引いた真なるものの合法化の哲学と、文化変容の社会知とのあいだの永続的なやりとりであり、両者の相互浸透が可能な競合と共謀の空間である。つまり、そこでは主と奴の哲学が社会知と絶えず交差する、近代の学問的見解の奇妙な舞台である。社会知が哲学から幻想を払拭するのと同じように、哲学はその気前よさによって禁止事項を社会知に返すのである。ただ〔哲学は〕「方法」の認識論とその「生産」の「道具」に対

*12 訳注――デカルトが提唱した説。永遠の真理は、神の知性や人間の内部の精神ではなく、神の意志が作ったとする説。

する批判をもちろん自分の手に残ししつつ、もう一方の手で「無視できない」社会的実証性に変貌した同じ禁止事項を回収することになる。それは、否認された、つまり社会学化されたプラトン主義の舞台である。この舞台では、時間の欠如という策略が、生産世界の絶えざる強制になるだろう。またこの舞台では、生産のために作られた人々と科学の余暇のために作られた人々との違いという宣言された嘘が、歴史の民主的な法となるだろう――人々はこの法を認めないという条件でのみ、この法を「作る」のであるが。またこの舞台では、科学と無知の分割が、真の労働者と偽りの労働者を判定する法廷と同一視されるようになるだろう。

生産のパラドクス

マルクス主義は、見えるものの地平に必要な修正を施し、田舎風の舞台装置を変えることで、舞台を整えるべく登場した。この舞台から退場しようとしていた哲学者〔マルクス〕は、この舞台装置において農民は太陽の大きさを誤認していることを見てとっていた。例えば『フォイエルバッハに関するテーゼ』[*13]は、何よりもまず演出のための指示書である。この指示書がフォイエルバッハのなかに告発しているのは、思弁的な太陽を脱神秘化し、天上の神性を地上の愛の感じられる温かいものにすることによって、人間と科学を解放できると思い込んでいる田舎哲学者である。

この指示書が示しているのは、表現への批判だけを取り上げれば、世界たらんとする哲学の善意が、無力な観想と、きりのない教育の地平に閉じ込められたままだということである。目の錯覚への批判は、当の錯覚よりもつねに無力なものにとどまるだろう。農民は自分が見ているものを知らないままだし、学者は自分が知っていることを見ないままであろう。両者の交点は、最初に与えられなければ、ずっとないままだろう。この交点こそ、実践の場であり、変形作用の場である。この交点から、生産の舞台装置と同時に役者たちの知覚が生まれる。歴史を産み出す人々が生産機械に注ぐまなざしが、牧歌的な哲学者がどこから来たともしれない桜に注ぐ受け身のまなざしと入れ替わるのである。

劇中人物たちと、それ自体が劇中人物によって作られた舞台装置。生産の演劇は、本物の役者たちと制御された仕掛けとを、洞窟の壁に映し出されたゆらめく影に対置する。装置の動力はすべて、二つの語つまり作ることと歴史に依存している。こうして、これ以外はなく、つねにこのうちの一つがある。人間は歴史を「作る」が、自分が歴史を作っていることを「知らない」。この定式は無限に展開することができる。世界には作る人々が住んでいる。彼らは、自分たちが作るもののなかに自分たちのあり方を、あり方のなかに作るものを表現することしかできない。しかし彼らは、自分たちのあり方とは別に、つねに自分のために一つの知を仕立て上げなければ「作ること」ができない。作ることを誤解せずに作ることはできず、この誤解が何かを作らないということもまたありえない。同じ動きから、すべては技術的であって、脱神秘化する機械科学に依存しており、またすべては臆見(ドクサ)であって、まなざしをとらえる機械の策略なのである。歴史の演劇では、あらゆる幻覚効果は機械装置の科

＊13　訳注――カール・マルクス「フォイエルバッハに関するテーゼ」『マルクス＝エンゲルス全集3』一九六三年、五九二−五九四頁。

学に送り返される。ところが機械もまた、芝居の目立つところから自分の力を汲み取ってきて、舞台装置を支えている。こうして科学と臆見(ドクサ)は、脱魔術化された世界のなかで、パ、ラ、ド、ク、スという新たな魔術の姿を描き出す。実践は自分が作るものについて知らず、この無知がそれ自体で動き始める。今度はこの無知の知が無知に向かい、世界の散文[*14]のなかに、かつて修辞家やソフィストの武器だったものを書き入れる。

かつてソクラテスの前で、ソフィストであり剣士であったエウテュデモスとディオニュソドロスは、若いクレイニアスを引っかけ問題に陥れて面白がっていた。すなわち、どうすれば知らないことを学ぶことができるかという問いである。学ぶためには、知らないということをすでに知っていないといけない。ところが逆に、私たちは、これから学ぶことを、いつもあらかじめ知っている。なぜならそれは、私たちが知っている語の寄せ集めにすぎないからだ。[*15] これは修辞家のやり方であり、おどおどした青年たちをだますにはうってつけだ。これはたんなる言葉遊びであり、「学ぶ」や「知る」という語のよく考えられた不安定さによって可能になる。いま、技術(テクネー)の地平で問題になっているのは別のことである。いまやソフィストたちのパラドクス、盲目の実践、自分自身について無知な知が、ものごとの構造に組み入れられ、歴史の劇場で正式に上演されているのである。現前の蜃気楼のなかを動く不在、明示されることだけを逃れる秘密、作ることを強制する偽の禁止事項、無知を作り出す認識。こうした目くらましの機械がいたるところで動いている。この機械によって、技術による脱神秘化が、模造品(シミュラークル)の普及に逆転される。完全に機能する世界は、すべて疑いうる世界でもあるのだ。

このパラドクスの演劇に、マルクスがどのように手をつけたかは周知のとおり。逆説的に手をつけたのである。彼が創案した世界から見ればあまりに古典的だが、彼は、臆見の脱神秘化よりも〈真なるもの〉の学を、演劇よりも文学を、道具方よりも遍歴する騎士を愛し続けた。機械の真理が臆見の諸帰結に配分される際の様式一覧、人間が作るものと人間が作ったと「思い込む」ものとのあいだの隔たりについての学、それを通じて主体が社会的なものの真理を作り、そして失うことになるところの現前と不在の戯れ、さらには語られたことと語られなかったこととの戯れ——これらへの関心を、マルクスは、ほかにもっとすべきことがある人々に対する冷ややかな寛大さを見せつつ、未来の哲学者と社会学者たちに遺した。この点で手本になるのが、『フランスにおける階級闘争』[*16]と『ルイ・ボナパルトのブリュメール一八日』[*17]である。かすめとられた革命の滑稽さは、政治的表象のパラドクスが絶対的合理性をもっていることの証拠である。しかしそれは、本当の動きの科学と、政治の世界における現世的出来事との距離を調整している非合理的なものの領分でもある。

*14 訳注——ヘーゲルが『歴史哲学講義』において、法制度が整備され詩情が失われたローマ帝国を形容したときの表現。メルロ＝ポンティに同名の遺稿集がある(M・メルロ＝ポンティ『世界の散文』滝浦静雄・木田元訳、みすず書房、一九七九年)。

*15 プラトン「エウテュデモス」山本光雄訳、『プラトン全集8』一九七五年、一四-一一〇頁。

*16 訳注——K・マルクス「フランスにおける階級闘争」『マルクス＝エンゲルス全集7』一九六一年、七-一〇三頁。

*17 訳注——K・マルクス「ルイ・ボナパルトのブリュメール一八日」『マルクス＝エンゲルス全集8』一九六二年、一〇五-二〇四頁。

おそらくもっと根本的な問題があるだろう。主体と対象の共同構築であるこの実践、全体が行動する主体たちの作品であるこの世界は、かつてバークリー司教が凋落しつつある宗教に望んだもの、やがて若き魂の技師たちが新しい専制君主たちのために、新しい国家宗教に望むであろうものに、おそらく似すぎている。弁証法を自然のなかに位置づけようとする危険なこだわりは、まず第一にもっと恐ろしい危険、つまり実践と生産の近代性に重くのしかかる退廃思想に対する警告である。自然のなかへの弁証法の客観化は、シェイクスピア的主体性による歴史への回帰と同じ関心に応えるものである。サルトルが告発した科学万能主義への譲歩ではない。デモクリトスの時代のように、偉大な生産の物理学を再建することが問題なのだ。この物理学は、分かちがたく物理的であると同時に形而上学的であり、それと同じ理由でエンジニアの仕事や政治の手品から切り離されている。[18] 確かに無益な戦いであろう。デューリング[19]やボグダーノフ[20]といった名のスケープゴートに終止符を打つことはいつでもできる。しかし、それ固有の論理からは逃れられない。また魂の技師たちは、新たな専制君主たちの求めに応じて、いつでも自然の弁証法と歴史の弁証法をかかわらせることができるだろう。

実際、ゲームの裏側が見えてくる。作ることがあり方の法則になるような世界は、作ることとその見せかけ(シミュラークル)とがもはや区別されない世界でもある。確かに、区別しようとする気づかいは、魂と靴職人の前時代的な音楽に連れ戻されるかもしれない。しかし、真理の側で問題なく見捨てられるものが、正義の側で執拗に回帰してくる。魔法にかかった哲学者は、現代の生産機械を美しき無垢に委ねようとする。美しき無垢は魂の技師たちにより厳格に二重化されている。臆見(ドクサ)の機械は、何よりもまず告白の機械である。見かけについての鎖を解かれた悦ばしい知識は、場所が変われば労働者国家の「正義」になる。この正義は、それとわかるサボタージュ参加者たちを、彼らがサボっていることをうまく隠すために、彼らがサボっていないものに縛りつける。そこで回帰してくるのが、音楽の問いである。芸術を愛好する哲学者は、労働者国家の番人たちが新時代の技術の音楽を拒絶するのを見て驚いて、モラリストになる。広がる罪責感と交錯する理由でとらえられたモラリストである。「この演説〔一九三四年八月一七日の第一回ソ連作家会議におけるジダーノフの演説[*21]〕は、あなたも知っているもので、共産主義者は、彼らが正しいその仕方においてまちがっているから有罪なのだし、また、彼らはまちがっているその仕方において正しいから、われわれを有罪だとする[*22]」。使用人になった哲学者と新しい番人とのあいだで、正当化の交錯したゲームが同時に始められるのである。

---

*18　F・エンゲルス「自然の弁証法」『マルクス=エンゲルス全集20』一九六八年、三三七-六一四頁参照。

*19　訳注――オイゲン・カール・デューリング（一八三三-一九二一）ドイツの哲学者・経済学者。エンゲルスは『反デューリング論』において、彼を空想的社会主義者であるとして批判し、科学的社会主義に基づく弁証法的自然観を主張した。

*20　訳注――アレクサンドル・ボグダーノフ（一八七三-一九二八）ロシアの内科医、作家、経済学者、革命家。ロシア社会民主労働党に入党後、ボリシェヴィキでレーニンに次ぐ地位を得る。レーニンは『唯物論と経験批判論』において、彼を理想主義的であるとして批判した。

*21　訳注――アンドレイ・ジダーノフ（一八九六-一九四八）ソヴィエト連邦の政治家。ソ連作家会議の演説で、芸術の社会主義的リアリズムを推奨し、前衛芸術を否定する旨の発言をした。

*22　J-P・サルトル「芸術家と彼の意識」吉田秀和訳、『サルトル全集30』一九六四年、二一四頁。

哲学者の壁

問題は次のとおりである。哲学者の発言を正当化する新しい番人は、奇妙な役人である。彼は、そこにいながら、そこにいない。ここにいるが、よそにもいる。

こうした交錯した関係に、サルトルの哲学的・政治的歩みは、模範どおり身を投じていった。このことは、彼がカミュ[*1]に与えた教えから、はっきりわかる。事実彼は、カミュが「貧困の名で」語ると主張していることを非難する。そこにこそ、彼が言うには、「舞台装置の支柱[*2]」に寄りかかる修辞家や俳優の振る舞いがある。哲学者〔サルトル〕も、そうするかもしれない。「そしてもし僕が君に対して、感動に値する、老齢と不幸に打ちひしがれた老いたる闘士であるコミュニストを呼び出して、登場させ、君に向かってこう演説させたらどうだろう。『君たちのようなブルジョワが、そのかわりに何も見つけることができないくせに、わしの唯一の希望である〈共産党〉をつぶそうと躍起になっているのを見るのにうんざりしたよ』」[3]。

もし哲学者が、靴職人の集まりで満場一致で選ばれようと思えば、修辞家や俳優と同じようにしただろう。しかし彼は、ただ一人の証人に語りかけるただ一人の証人という、ソクラテスが認める意味での哲学者である。したがって彼はそうしない。

結局……彼はそうしないと述べてはいる。〔だが〕彼は、そうしないという体で、そうしているのだ。しかしこの暗示的看過法[4]はたんに、「修辞家にはその上をいく修辞家を」[5]に対立する言い回しではない。それは一八〇度の転換でもある。すなわち、舞台の暗部を指し示す身振りから、現前と不在を入れ替える機械の力に移る転換である。登場することのない老いたる闘士とは、実は、見えないところで舞台を動かしている道具方なのである。そこにおらず、これからもけっしていることがないという意味で、彼は有能だ。

＊1　訳注――アルベール・カミュ（一九一三―一九六〇）旧フランス領アルジェリア出身の作家。一九五一年に『反抗的人間』を発表し、それを批判したサルトルおよびフランシス・ジャンソンと論争（カミュ＝サルトル論争）を起こす。一九五七年にノーベル文学賞を受賞。
＊2　J―P・サルトル「アルベール・カミュに答える」佐藤朔訳、『サルトル全集30』八一頁。
＊3　同前。
＊4　訳注――そのことに触れないと言いながら、実はそのことに注意を引く修辞的技法。
＊5　訳注――フランス語の諺「ずる賢い人には、その上をいくずる賢い人を（À trompeur, trompeur et demi）」をもじった言い回し。

疲れた番人

したがって、若きクレイニアス〔サルトル〕は、修辞家の反駁の意味を取り違えてなどいない。この労働者に語らせるしかないだろうが、今後この労働者が語るのを耳にすることは一度もないだろう。では、どうすれば若きクレイニアスは、自分の思想に関して、検証可能な言説を保持できるのだろうか。例えば、彼が語るには、労働者は、失敗に終わった共産党のデモの翌日、「モスクワにもてあそばれることにうんざりした」[*6]。だが、サルトルにどうしてそれがわかるのか。「君たちは自分の耳で労働者が不平を言うのを聞いたというのか」。正直にそのとおりだと認めなければならない。つまりサルトルは、労働者の不平を聞いていなかったのである。もちろん、彼は労働者たちの語ることを聞くことはできた。しかし彼らは、労働者なるものだろうか。サルトルはどのような耳であれば労働者なるものが語るのを聞くことができるのか。サルトルは、このことを十分知るだけの哲学教育を受けていた。犬の概念は吠えない。吠えるのは犬だけである[*7]。彼が問いかけることのできる労働者たちすべてを通して、労働者なるものの沈黙がさらに大きく聞こえてくるだろう。労働者たちがそうではないような労働者なるもの、彼らが経験上ばらばらであることの否定であるような労働者なるもの。

ここで間違ってはいけない。労働者なるものと働き手が経験上多数であることとの関係は、もはやソクラテスの学校で教えられたこと——美と美しいものの目録との区別、徳と徳の実例との区別——に似ていない。ここにいない「労働者なるもの」とは、経験的な意味での労働者たちが分有している共通の本質ではない。それは、言説の序列における、前代未聞の奇妙な比喩形象(フィギュール)である。つまり、吠える動物でありつつ、吠える動物ではない天空の星座である。思弁の影を追い払うために血肉をまとった概念である。それは経験上の個人の集合には見いだせない血肉であり、あらゆる言説に含まれていない声である。私たちが問いかけることのできる労働者各人において語られているらしいことは、労働者なるものの不在だけではけっしてないだろう。しかしそれでも、労働者たちは語らない。彼らには時間がない。彼らはあまりに疲れているのだ。

実は、これが新しい番人の仕事の秘密である。新しい番人は、哲学者に暇を出して、そのポストに収まったわけではない。彼自身も暇を出されているのだ。だが、逆の理由で。彼には時間がなく、自分の勤めを果たす暇もないのである。「ちょっと見たところでは、一人の一般工員（OS）がすぐれた活動家になるということには、原理的な困難さがほんの少しもないように見える。唯一の重大な障害は、ありふれたものであり情勢によるもののように見えるだろうが、それは疲労である。ただしこ

＊6　J-P・サルトル「共産主義者と平和」白井健三郎訳、『サルトル全集22』一九六六年、七三頁。

＊7　訳注――この一節は、おそらくアルチュセールがスピノザの言葉として引用して以来（L・アルチュセール『マキャヴェリの孤独』福井和美訳、藤原書店、二〇〇一年、二八八頁）、スピノザの言葉としてしばしば引かれるようになった。しかし、スピノザのテクストには、このとおりの文例はないとされる。『エチカ』では、星座の犬と吠える動物としての犬が対比されている。「すなわち神の本質を構成するような知性および意志なら、我々の知性および意志とは天地の相違がなければならぬのであって、それはただ名前において一致しうるのみで他のいかなる点においても一致しえないことは、あたかも星座の犬と吠える動物の犬との相互の間におけるごとくであろう」（定理一七）。

ういうことがある。この疲労は不慮の出来事ではないということだ。この疲労は、万年雪のように溶けることなく蓄積される。そして一般工員をつくっているのは、この疲労なのだ[*8]」。

また永遠が見つかった。だれも予期していなかったところに。時間のなさのなかに。魔法を解かれた世界の労働者の神性は、まず技術ではなく疲労である。以後、番人は、暇のない人間になる。暇をもつ可能性のない人間である。何らかの禁止のせいではない。たんに、大量生産の時代にあっては、同時に二つのことをするのが、かつてないほど難しくなっているからである。もはや命令はない。あるのは充足理由だけ[*9]である。あの疲労と呼ばれる凡庸な状況、あの散文的な時間（カイロス）を確認しておけば十分である。それは、労働者‐存在を標示するだけでなく、それを作り出す。プラトンの職人たちは、金持ちがかかる病気にかかっている時間などなかった[*10]。サルトルの一般工員は、自分の党を批判するぜいたくな時間などない。一般工員には「思考の自由」というぜいたくな時間などない。知識人はこの自由のなかで自らの余暇の凡庸さを賛美するのだが。考える一般工員がいるとすれば、機械の「故障」のようなものだろう[*11]。〔党を〕否定する作業は、別の常勤の仕事である。それは、労務の失われた時間においては起こりえない。時間がないという法則が、生産世界のすべての動作主に課せられている。ブルジョワ自身も、階級として行動するとき、自由に思考することしかできない。加えて、一般工員の身体にのしかかるすべての雪と、板金組立女工たちの身体を押しつぶす日々の二〇トンの重さがある。若きクレイニアスと友人たち、この「令嬢のように青白く、優しい」知識人たち[*12]は、ソヴィエトの板金組立女工たちが手にしなければならないルイセンコ学説[*13]を批判する自由を、一般工員たちにあえて語ろうとするだろうか。しかし、彼らは暴力行為に訴えるような危険はまったく冒さない。板金組立女工も、自らを形づくっているもの、つまり疲労を表明する以外に答えはないだろう。「恐れてはいけない、彼女は君たちを打ち叩いたりはしないだろう。彼女はあまりにも疲れすぎているからである」[*14]。

---

*8　J-P・サルトル「共産主義者と平和」二八六頁。

*9　訳注——ライプニッツが二種類の真理を区別するために、使用した用語。矛盾律（「AがBであると同時にBでないことはない」）に基づく真理が必然的真理である。これに対して、偶然的真理のように原因（理由）がはっきりしないものにも理由があるとライプニッツは主張し、そのために充足理由律という原理を提示した。

*10　訳注——「〔…〕善い法律をもった国民たちにはみなその国において、是非ともしなければならない仕事がそれぞれのものに一つ割り当てられていて、治療を受けながら一生涯病気をしている暇は誰にもない〔…〕。然るに、このことは職人たちにおいてはわれわれの認めるところだが、滑稽にも、金持ちで幸福な人だと思われている人々においては認めないんだよ」（プラトン「国家」『プラトン全集11』二三〇-二三一頁）。

*11　J-P・サルトル「共産主義者と平和」二六七頁。

*12　訳注——同書、九三頁。

*13　訳注——ソヴィエト連邦の生物学者・農学者のトロフィム・ルイセンコ（一八九八-一九七六）が提唱した、独自の遺伝学説。農業部門では独自の農法を提唱し、ソヴィエト政府に採用されたが、この農法によってソヴィエト農業は荒廃したと言われる。

*14　J-P・サルトル「共産主義者と平和」九三頁。

他に何もない。サルトルによれば、アナルコ・サンディカリスムに郷愁をおぼえるソフィストたちだけが、変化をもたらすことに固執し続ける。彼らは、頭の悪い労働者や、大衆から切り離された組合専従に対して、自分の思考と同じように自分の機械を支配していると認められた労働者を対置する。労働者は、必要な意識とエネルギーをもって工場を出て、組合の集会をリードしたり日記を書いたりする。しかしこの道具方の王様は、過去の遺物である。それはテイラー[*15]時代以前の「万能工作機械」の人であり、生産者が君臨するなかでチームにおける自分の支配力を理想化してきた一九世紀末の組立工である。このような労働者はもういない。あるいは、もしまだ残っているとすれば、ブルジョワ階級の人質としてである。ブルジョワ階級が労働者階級を作り出すための継続的絶滅計画の人質である。実際、サルトルにとって、これが私たちの社会史の鍵である。それは、一八四八年六月の対立[*16]に直面した際にブルジョワが抱いた例の恐怖である。マルクスにおいては、この恐怖がかすめとられた革命の悲喜劇をもたらすことになる。サルトルのほうはジャンルの混淆を好まない。彼が選ぶのは歴史劇である。マクベス夫人のような人、彼女の属するブルジョワ階級は、プロレタリアへの強迫観念のなかを生きていた。ブルジョワ階級は、一八四八年にはプロレタリアを十分に殺さず、一八七一年[*17]にも十分殲滅しなかった。ブルジョワ階級は、砲火で終止符を打つことができなかったので、プロレタリアをマルサス主義[*18]の首かせで締めつけ、遅れた生産構造を維持することで、抑圧すると決めた。プロレタリアは、ブルジョワによる喪の作業の産物なのである。この芝居のなかで、道具方の王様は、舞台上ではもはや端役でしかない。舞台の下にあるのは、もはや何トンもの鉄と雪だけである。それによって番人は、現在の状態、つまり囚人、執行猶予中の死刑囚とされる。

党あるいは連続創造

番人たちに直面したとき、彼らのこの根源的不在を規定しているのが純粋な非存在であるなら、彼らには純粋な表現能力しかない——それしかないことになってしまう。党はこの点に依拠している。つまり党は、ブルジョワの喪と疲労の雪とから作り上げられた労働者という存在の否定なのである。党はプロレタリア階級の純粋行為(アクト)である。党は、その絶対否定というかたちで、プロレタリア階級の純粋疲労を、純粋な分散状態にある彼らの非物質的な結びつきを代理表象する。党は、現実態(アクト)としての無意識の記憶であり、デカルト的な神の連続創造[*19]である。この神が、かつて労働者という存在を

*15 訳注——フレデリック・テイラー(一八五六-一九一五)アメリカの技師で、経営学者。労働作業を要素に分解して時間で計測する科学管理法の発案者。

*16 訳注——一八四八年六月二三日から二五日にパリで起こった労働者の暴動。六月蜂起と呼ばれる。失業者の雇用を目的に創設された国立作業場の閉鎖が直接の原因。最終的に鎮圧され、一五〇〇人以上が死亡。六月蜂起は、フランス史において、ブルジョワと自由主義陣営の勝利を象徴する事件であった。

*17 訳注——普仏戦争後に成立した自治政府パリ・コミューンの創設の年を指す。パリ・コミューンは一八七一年三月二八日に創設が宣言され、マクマオン元帥による鎮圧を経て、五月二〇日に終結する。その間の死者は三万人以上にのぼる。

*18 訳注——トマス・ロバート・マルサス(一七六六-一八三四)イギリスの経済学者。産児制限による貧困の解消を提唱した。

作ったブルジョワによる継続的絶滅に対する返答として、プロレタリアの非存在を生み出す。

　この純粋行為の冷徹な論理は周知のとおりである。純粋行為は絶対的至高である。なぜなら、党に帰属する階級の構成員がこの純粋行為に反対しようとすれば、階級の構成員としての自分自身を否定しなければならず、純粋行為に引き出してもらった元の塵芥のなかに再び転落しなければならないからである。かりに階級の全構成員が純粋行為に反対したとすれば、階級全体が塵芥のなかに再び転落する結果になるだけである。階級は、この純粋行為によってのみ存在する。この行為が特異なものでなければならないことは明らかである。そうでなければこの行為は、分散状態の否定にならないはずである。共産党のみが共産党と対立しうる。労働者たちのほうができるのは、そこから離脱すること、つまり階級から離脱することだけである。

　ところが、この絶対的至高性には、すでにアリストテレスによって指摘されていた裏面がある。誰もこの至高性に対して服従の義務を負わないということである。党は絶対的な〈要求〉であり、疲労した個々人の感情に配慮しない必然性である。ところが、つきつめると、この絶対的〈要求〉が命じるのは自分自身に対してだけである。ひるがえってプロレタリアの永遠の生は、労働者の疲労という万年雪に侵されている。

　その論理は単純である。疲労は、労働者が党によって代表されることを求める。同時に疲労は、この党が労働者を絶対に代表しないことを求める。というのも労働者たちは純粋な受動性であり、党は純粋〔能動的〕行為のはずだからである。したがって論理的に言えば、党はその綱領とスローガンにおいて、人々の要求を表明しながら、その要求を考慮に入れていないことになる。ところがこれもまた論理的に言えば、人々のほうは、自分たちの要求を表明している党のスローガンに従う必要を感じないことになる。したがって、一九五二年五月二八日、リッジウェイ将軍[*20]のパリ来訪に抗議して〔フランス共産〕党が組織したデモに、労働者階級が不在だったのである。そのとき、党の純粋行為は街頭劇にならざるをえなかった。それは、もし民衆が民衆という現状のままでないとすれば何をなすべきかについて、党の強硬派（レ・ピュール）が民衆にみせる実演（デモンストラシオン）だった。民衆が疲労を忘れるために、党は彼らの潜在的な力を実演してみせたのである。ところが民衆は、党と一緒にこの力を演じるには、疲れ過ぎていた。それゆえ民衆は、党の孤立が自分たちにとって唯一の力であることを、この上なくはっきりと確認したのである。

言いかえれば、そこにありえたのは、純粋な力とたんなる無力以外の何ものでもなかった。五月二八日に民衆が路上に集まらなかったこと、その際逮捕された自分たちのリーダー、ジャック・デュクロ[*21]の解放を求めて六月二日にストに参加したのは労働者の二パーセントにすぎなかったことは、いか

＊19　訳注――デカルトが提唱した概念。神が世界を創造した。その場合に、世界が存続できているのは、神がたえず同じ創造の力を発揮しているからである。このように連続創造は、神による創造の力の同一性と継続性を表す。

＊20　訳注――マシュー・リッジウェイ（一八九五－一九九三）アメリカ陸軍の軍人。朝鮮戦争で国連軍を指揮した後、一九五二年からNATO軍最高司令官を務める。

＊21　訳注――ジャック・デュクロ（一八九六－一九七五）モントリオール出身の政治家。第二次大戦後からフランス共産党の指導者となる。リッジウェイのパリ来訪に対してデモを組織し逮捕された。

なる積極的な理由によるものでもありえない。不在の民衆が自分たちの存在を、つまり疲労を表明しただけなのだ。「自分たちの」党の疲労ではない。なぜなら党は、定義上、疲れ知らずだからである。民衆を形づくっている「凡庸な」疲労があったにすぎない。そしてこの疲労は、ブルジョワ階級の〔プロレタリアを〕殲滅しようとする意志が社会体全体に押しつけた「停滞」によって強められた。したがって、党の孤立は、いずれにせよ証明されずにはいられないことをはっきり立証した。つまり、党は労働者の疲労の否定としてのプロレタリアを、唯一の存在とするということである。

　このように、双方が自分に言い分があると思っているが、それは自分のものではない。党が民衆にデモに参加するよう呼びかけることには言い分があり、民衆の言い分はデモに行けないことである。しかし党は、なぜ自分に言い分があるのかをわかっていない。党は、自分の言い分ではないという理由で、党には言い分がある。党は、プロレタリアの純粋な非存在であるにもかかわらず、自らを労働者階級の積極的表現だととらえている。哲学者だけが、なぜ党に言い分があるのかを知っている。

　ところが同時に、哲学者の言い分は、党の言い分とかたく結びついている。哲学者は、党の言い分のなかにしか言い分がない。したがって哲学者は自分の言い分を、それを聞く耳をもたない民衆にも、それを自分のものと認めないかもしれない党にも言うことができない。彼に言い分があるのは、彼の同類に対して、左翼インテリの「べとついたネズミ」[*22]たちに対してだけである。それは、哲学者の世界における不在の番人となるのに十分な充足理由を自らの身体に担っている人々の言い分を、他の人々が探すことを禁止するという斜めの〔＝間接的な〕言い分である。

　この言説を嘲笑したり弁護したりすることで満足する人々であれば、これは状況に応じた〔一時的な」言説だと言うだろう。しかし問題になっているのはまったく別のこと、まさに状況しかない世界における状況に関する言説なのである。『共産主義者と平和』は、まったく「状況にかかわら」ない状況概念を使っている。そこでは、私たちの世界の労働法則が、サルトル的な自由の観念と同一視されている。これは、創造の哲学でもあり、行為と事物、瞬間と永遠、真なるものと作りものの重なり合い、つまりデカルト的な連続創造理論である[*23]。

この「状況に応じた言説」の特権的な対話者〔メルロ＝ポンティ〕は、ここで間違えなかった。「出来事を消去不能なものとして、われわれの意図の決定的証明として、未来全体とわれわれ自身の全体との瞬時的な選択として取り扱うこのやり方のうちに、まさしく理論が存在する。〔…〕即自的プロレタリアや即自的階級や永遠の〈党〉を論じないということは、ここでは、〈党〉とプロレタリアを連続的創造作用として、つまり執行猶予中の死刑囚として扱う理論を作るということなのだ[*24]」。

メルロ＝ポンティにとって、サルトルの状況に応じた言説は、永続的でも直接的でもある一連の動作において、歴史の弁証法を無効にすることである。そこに人間の無言の要求が読み取られる最も虐

＊22　訳注――サルトルが『共産主義者と平和』で用いた表現。共産党系の労働総同盟（CGT）を抜けて、「労働者の力」（FO）に合流した左翼勢力を指す。

＊23　デカルトの自由に関するサルトルの解釈については、次を参照。J－P・サルトル「デカルトの自由」野田又夫訳、『サルトル全集11』一九六五年、二七〇－二八九頁。

＊24　M・メルロ＝ポンティ『弁証法の冒険』滝浦静雄・木田元・田島節夫・市川浩訳、みすず書房、一九七二年、一四五頁。

げられた労働者のまなざし。決定の瞬間に階級を創造し再創造する党の純粋行為。それがなければ労働者は塵芥でしかない、党に対する労働者の揺るぎない信頼。さらには、感覚の不確かさにもかかわらず最も虐げられた者のまなざしを、唯一の案内役として承認する哲学者の純粋な選択——それは哲学者の解釈を嘲笑するのだが。そして、このまなざしを明るみに出す党の行為を、このまなざしを読み取る唯一の方法として承認する、哲学者の純粋な選択。

こうして、対立しあうもの、つまり到来すべき〈要求〉という極端な観念論と、〈要求〉を具体化する物質的審級への信頼という極端な実在論とが、結びつく。それは、永遠のやり直しとして固定化された〔プラトン的な〕想起の神話と、地平線の彼方に無限に押しやられた終末の神話である。あたかも哲学者〔サルトル〕は、「党幹部たちの非情な意志と、物の不透明な必然性」[*25]とが対立し合っているなかでしか、くつろげないかのようだ。あたかも哲学者自身の地位が、両者のあいだに広がる混合宇宙を、拒否することにあるかのようだ。混合宇宙とはすなわち、不確実な技術と臆見(ドクサ)の反映のあいだの中間世界であり、あるいは「開かれた意味」と「途中で道をそれたり、さらには流通し始めるや否やその反対物に変化してしまう」「煮え切らない行動」[*26]とのあいだの中間世界である。

プラトン的な正しい臆見[*27]の世界、あるいはアリストテレス的な賢慮の世界、哲学者と政治家は、これらの世界についての手がかりを失ってしまった。サルトルに拒否された混合と両義的なものの世界は、メルロ＝ポンティにとってはまさに弁証法そのものであった。それは、人間を含む諸事物が媒介することによって変形された、人間関係の力学である。〔後にサルトルが書く〕『弁証法的理性批判』は、この〔メルロ＝ポンティの〕審判に対する長い返答にすぎない。

弁証法による封印

サルトルへの反論だったこの中間世界、諸事物によって送り返されてきたこの意味の世界、したがってサルトルはこれらを『弁証法的理性批判』の横糸そのもの、つまり集団の弁証法の支えとして役立つ受動的総合の働きとする。またサルトルは、このような芝居がかった信頼や、そのせいで党規約が労働者集団の集列性（セリー）を断ち切ってしまう誓約が、「二人の労働者が集まった途端に」、キリストと同じような現前した神の恩寵ではないことを明らかにする。信頼や誓約は、加工済み物質の封印と同じ合理性に属している。加工済み物質が封印されることで、労働者たちは、自分たちのあずかり知らぬうちに、初めて統一される。信頼や誓約により、彼らは集列性の回転ゲームを強いられるようになる。さらに彼らは、相互性の非歴史的なぬくもりや弁証法なき密着から引き剝がされ、その結果とし

＊25　同書、二二三頁。
＊26　同書、一九〇頁。
＊27　訳注――プラトンは『メノン』で、「知識（エピステーメー）」（science）と「臆見（ドクサ）」（opinion）の差異について論じている。「臆見」は、たまたま上手くいっている「正しい臆見」である限りは、機能や有益性としては「知識」と等価だが、「原因・根拠・理論」によって裏づけられていないがゆえに、失敗する可能性がつねにあり、記憶に定着させることも困難である。それゆえ、「臆見」を「行き詰まり（アポリア）の自覚」（無知の知）を経て探求していくことで、「知識」にまで高めていくことの重要性が、ソクラテスと奴隷の問答を通して示唆されている（『プラトン全集9』加来彰俊・藤沢令夫訳、一九七四年）。

て、欲求と労働に生きている人々を集団と〈歴史〉の道に引き込む大車輪のなかに投げ込まれる。

したがって批判者はすぐに受け入れられる。政治行動の基礎として役立つ弁証法的実践は、サルトルにすれば、まさに人間が事物になることであり、事物が人間になることである。「物質だけが意味を構成すること。物質は意味を碑文として自分のうちに保持し、意味にその真の有効性を与える。すなわち、人間の投企はそこでその人間的特性を失いつつ〈存在〉のなかに刻みこまれ、その透過性は不透明性に変じ、その希薄さは厚みに変じ、その揮発性の軽やかさは永続性に変ずる。人間の投企は生きられた事件としてのその性格を失って〈存在〉に属するものとなる。そして〈存在〉に属しているかぎり、それはたとえ判読され認識されても、認識のなかに解消してしまうことは拒否するものだ。物質それ自体だけが、物質をコツコツ叩いて、そこに刻まれた人間の投企を風解させることができるだろう。人間労働の意義とは、人間が自分を無機的な物質性にまで還元することによって物質の上に物質的に働きかけ、その物質的生命を変化させるところにある［…］。未来は人間によって物にもたらされる限度だけ、逆に物によって人間にもたらされるのだ[*28]」。

要するに、ここにこそ、ついに実現されたマルクス主義があるということなのだろう。すなわち、完全に唯物的な弁証法、完全に弁証法的な唯物性である。変形、事物に働きかける主体、主体の活動から生まれる事物、これらだけの世界。それは、自然と歴史のあいだの越えがたい隔たりをついに取り除くことで、人間の歴史のために取り除くことで、『フォイエルバッハに関するテーゼ』を発展させた定式である。目的しかないまさにその限りで事物しかないのである。しかしまた、物質と物質の衝突だけが、人間主体が実存できる物質的条件を変形することになる。

ところがよく注意して見ると、この美しい楽観論は乱れ始める。真の弁証法と偽の弁証法があるのだ。人間の企てが刻印された加工済み物質の弁証法は、実は弁証法の見せかけ（シミュラークル）にすぎない。事物は、それに身を委ねた人々に、反復以外の未来を示してくれない。『弁証法的理性批判』の第一部は、ある意味で、このごまかしの実演でしかない。つまり、加工済み物質はこの魔術を人間的実践から盗み出すが、このように盗み出した魔術を合理的なかたちで実践者に返すことはけっしてないのである。

哲学者の窓

「事物のなかの弁証法」というのは、実は、取り消しのきかない飛躍である。そのことに不平を言うのは控えておこう。加工済み物質にも言い分はある。人々の本来どこにもない力を体現してきた党が、彼らの疲労に耳を貸してこなかったのと同じ理由で。というのも、もし加工済み物質がなければ人々はどうなるのか。彼らはどのような弁証法の主体たりうるのか。加工済み物質の固く切れ味鋭い塊がなければ、欲求と仕事の主体たちはどのような関係を結ぶのか。「膠質型（コロイド）の密着」でないとすれば、つまりブーヴィルの公園の根っこ[*29]や左翼インテリゲンツィアの「鼠たち」のような、ねばついた人間関係でないとすれば、どのような関係を結ぶのか。この密着――この粘着性――こそが絶対悪であり、

＊28　J－P・サルトル「弁証法的理性批判1」竹内芳郎・矢内原伊作訳、『サルトル全集26』一九六二年、二一一頁。

悪しき歴史の――農民のあるいはラップランドの――鳥黐（とりもち）である。「数エーカーの土地、貞淑な妻、子供、仕事場の職人や畑の農夫の持つ慎ましい自由、要するに幸福だ」[*30]。幸福、言いかえれば弁証法の「偉大な企て」との和解である。

加工済み物質が登場する前に、哲学者はこの膠質（コロイド）から自分の身を守った。彼は、田舎風で職人風の幸福の舞台装置に、一枚の壁を築いた。「私はいま窓から、路上に一人の道路工夫と、庭で働いている一人の園丁とを眺めている。彼らのあいだには瓶のかけらをつき立てた一つの塀があって、それが園丁の働いているブルジョワの所有地を保護している。だから彼らのどちらもお互いの居ることをまったく知らないでいる」[*31]。

瓶のかけらとブルジョワの邸宅は、雰囲気作りのためにそこにある。この舞台装置には別の目的がある。示したいのは、二人の労働者のあいだには、切り離されて互いを知らない状態に置かれていても内面的な関係が実在することである。さらに、とくにこの関係が第三者の媒介によってしかけっして実在しないことである。したがって、窓にうつる人間が対象として固定されるのが見えるとき、場にいる二人はそれぞれ、対象の「血が滲みだす中心」となり、そのまなざしのもとでもう一方とつながる。「彼らの各々にとって、〈他者〉の見ていないものを見、特定労働によって対象を開示するというただそれだけの事実が、私の知覚そのものを超越する相互性の関係を、私の知覚分野のなかにうちたてる。つまり、彼らの各々が〈他者〉の無知を構成するわけだ[…]。私が彼らによって私があるところのものとなるちょうどその程度だけ、彼らは私によっておたがいに相知らないものとなるのである」[*32]。

明らかに、窓の前にいる哲学者もまた、自分に向けられたまなざしを、つまり特権的な対立者の皮肉に満ちたまなざしを感じている。したがって彼は、知覚において他の主体を構成する超越論的主体だと言わされることはないと主張する。彼は主人としての哲学者ではないし、離れて行為するライプニッツ的な神でもない。彼は休暇中の知識人にすぎない。菜園の雑草を抜くことも、小石を砕くこともできず、互いに面識のない労働者たちの暗黙の了解がすでに向けられているプチブルにすぎない。

しかし、この慎み深さは無用である。あるいはぺてんである。哲学者がしたことは、二人の労働者を「内面化」するために石の壁を崩すことではなかった。むしろ二人を弁証法の真の要素とするために、壁を築くことだった。相互関係の膠質(コロイド)ではなく、加工済み物質の鋼鉄とコンクリートが、時代遅

＊29 訳注――サルトルの小説『嘔吐』を参照。主人公のロカンタンは、マロニエの根が言葉、意味、符牒などに分節されないまま、そのものとして〔物そのものとして〕現れ出るのを目の当たりにした。「つまり、いましがた私は公園にいたのである。マロニエの根は、ちょうど私の腰掛けたベンチの真下の大地に深くつき刺さっていた。それが根であるということが、私にはもう思い出せなかった。ことばは消え失せ、ことばとともに事物の意味もその使用法も、また事物の上に人間が記した弱い符号もみな消え去った」〔前掲書、一四六頁〕。

＊30 J－P・サルトル「往きと還り」鈴木道彦・海老坂武訳、『サルトル全集11』一八二頁。サルトルはここで、ブリス・パラン〔フランスの哲学者・小説家〕の著作を評論している。しかし、彼は〔ゲーテの長編小説〕『ヴィルヘルム・マイスターの遍歴時代』に、驚くほど近い様式を思い出しているのではないか。

＊31 J－P・サルトル「弁証法的理性批判1」一一二頁。

＊32 同書、一一五頁。

れの労働者たちを、孤独や回転運動に、あるいは失語症的な対話に送り返すことで、意味を刻印する。苦労して証明された桜の木の歴史性〔マルクス、エンゲルス『ドイツ・イデオロギー』〕よりも、哲学者の田舎風の壁によって、人々は生産的弁証法の道に入る。二人の労働者が仕事の持ち場につくと、窓の前の哲学者は、弁証法的〈第三者〉のさらに厳密な比喩形象に、つまり加工済み物質の〈要求〉の純粋な代理表象であるタイムキーパーに場所を譲ることになる。

機械の前の労働者

なぜなら加工済み物質は、かつて哲学者が党の言い分のなかに自らの言い分を再発見することを可能にした性格を取り戻したからである。加工済み物質は、主体たちから従うべきかどうかを見分ける暇を奪い取る〈要求〉であり、〈定言命法〉である。加工済み物質は〈理念〉であり、支配する身体のなかに他の思考のためのいかなる余地も残さない、加工済み物質固有の〈理念〉なのである。

以下が哲学者によって構築された壁の論理である。労働中の身体が、それ自体で、いつか少しでも自由を手に入れることは、ありえないことであり、考えられないことである。このことを証明するには、もはや板金組立女工たちは必要ない——彼女たちの〔運ぶ〕重荷がべたついた鼠どもをうつむかせていたのだが。『弁証法的理性批判』の女性労働者たちは、一見したところ、もっと活発である。機械のリズムに揺られながら、彼女たちは、仕事の重圧からエロチックな夢想の悦楽へと逃避する。しかし、まさにこのような性的な職務放棄は、偽りの逃避である。それはまさしく、能動的思考は必要ないが完全になくなってもいけない仕事によって達する警戒レベルである。女性労働者たちは、夢を見ていると信じていただけだった。「愛撫を夢想していたのは彼女のなかにある機械なのである」[*33]。

以上は既知のことである。アナルコ・サンディカリストたちは「仕事のヒューマニズム」に未来の勤労者の王国を夢見たが、このヒューマニズムに関しても事情は同じである。それは、彼らの事実上の宗主権を万能機械の作業場に投影しただけだった[*34]。彼らは、自分たちの仕事‐名誉の観念が、加工物の惰性態に刻み込まれているのを見てきた。彼らを通して、固有の〈理念〉になったのは、たんなる加工済み〈素材〉である。スペイン王フェリペ二世の治世におけるスペイン金貨がそうであったように[*35]。労働者の思想は、ある物質の夢についての夢でしかないだろう。つまり彼の自由は、まさに、「彼をおしつぶして彼を加工された〈物〉にまで転形するための、〈物〉および〈他者〉によって選ばれた手段[*36]」なのである。このような自由はスピノザの用語で運命愛〔amor fati〕と呼ばれる[*37]。

それは、機械の弁証法であり、弁証法のまやかし（シミュラークル）である。諸事物に併合された実践には、労働と欲求に生きる人々に実践を返す飛躍を行う理由がない。加工済み物質の魔法、この魔法が組織する集列性の渦、自由を反映した自由の夢――どうしてこれらは、ブルジョワの絶滅の企て、〔プロレタリアー

＊33　同書、二七八頁。

＊34　もちろん私は、このようなアナルコ・サンディカリスムの解釈――サルトルが示した解釈――をあえて取りあげている。彼はこの解釈を明らかにミシェル・コリネの『フランスの労働者――組合主義の精神』〔Michel Collinet, *L'ouvrier français. Esprit du syndicalisme*（未邦訳）〕から引いている。

トの」疲労の万年雪、党の純粋行為、そして哲学者の純粋な選択と同じように永続しないのだろうか。「労働者がおのれの運命から自己を解放するであろうことは、ただ人間的多数性のように全部が永久に集団の実践へと変化した場合だけである」[*38]。

この全体以外に何もないのだ……。しかし、どのようなテコであれば、集団的実践の永遠の生のなかで「不幸な物質性の回転する全体」をひっくり返せるのか。もちろんこのテコは、それによって人間が「諸事物に働きかけるための事物になる」、工場のテコではない。運命愛〔amor fati〕の永遠性の外で、やがて人間はどのような永遠性を獲得するようになるのか。変化はどこから始まりうるのだろうか。

しかしながら第一の定義が、私たちを安心させるためにそこにある。つまり、すべての起源に個人の自由な実践がつねにあるという定義である。この実践は、すべてを不透明な状態にうち捨てることによって見いだされる「澄み切った」実践である。女性労働者は、夢見るだけでは満足しない。彼女はまた、毎朝工場に行くことを自由に決定し、子どもを持つか持たないかを自由に選択する連続創造の下級神でもある。機械が彼女に代わってこの自由の意味を決めている場合は別だが。彼女が子どもを望まないのは、子どもを望むことができないという理由から――その理由からのみ――である。なぜなら、彼女は女性労働者としてのみ女性だからであり、ブルジョワ階級による根絶の産物としてのみ女性労働者だからである。経験的な労働史において、家族戦略――マルサス主義的なものにせよ反マルサス主義なものにせよ、個別的なものにせよ集合的なものにせよ――は、生産と再生産の運命と闘う距離をとるにあたって、重要な役割を担っていた。しかし、サルトルがマルサス主義を労働者の身体に対する唯一のブルジョワ的攻撃であるとした際に、彼が絶対に拒絶したのが、この距離である。平凡な疲労の世界に、平凡な自由の余地はない。すなわち、搾取の合間に手に入れ、失い、回復し、逸脱し、踏み外す自由——働きつつ別のことを考える暇を手に入れようと決断する男性労働者や女性労働者の自由の余地はないのである。また、仕事の後に学ぶ時間の余裕もない。文人たちの散文や韻文を書き写せる余裕もない。自分たちが持つことのできない子どもを持つか、自分たちが持たなければならない子どもを持たないかを選択する余裕もない。自分たちに作り出す権利も動かす時間もない労働団体を組織しなければならない義務をはたす余裕もない。要するに、労働者たちには、自分で文

＊35 訳注——フェリペ二世（一五二七－一五九八）一六世紀スペイン黄金紀の最盛期に君臨した王。この時代に、スペイン支配地域の新大陸からヨーロッパ諸国に大量の金が流入し、ヨーロッパの金の流通が過剰となった。その結果、大規模なインフレが起きた。サルトルは、『弁証法的理性批判』で、労働者の受動的な生活様態を、スペイン金貨の過剰な流通を引き合いに出して説明している。「このとき彼〔官吏または事務員〕は、諸物〔集合態としての彼の役所、〈他者〉としての彼の上役〕によって使いこなされて、あたかも人間たちの手のあいだで流通する一つの物〔例えばスペイン金貨〕のように、他の人間たちにとって、一つの他者性と受動性と反＝目的性との因子となるのだ」（J－P・サルトル『弁証法的理性批判1』三八六頁）。

＊36 J－P・サルトル『弁証法的理性批判1』三八六頁。

＊37 訳注——スピノザの用語。この世の出来事と運命をあるがままに受け入れ、さらにそれを愛することを意味する。

＊38 J－P・サルトル『弁証法的理性批判1』三六七頁。

払えないぜいたくの余裕はないのである。民衆の友である哲学者たちが、「令嬢のように青白い知識人たち」のために、簡単そうに――凡庸に――言うように。

連続創造の哲学者〔サルトル〕にとって耐え難いのは、おそらく、メルロ＝ポンティが考えたようなぼんやりした意味の中間世界ではない。この哲学者がとくに拒否するのは、独学者的自由の伸縮自在な間（ま）である。彼が加工済み物質に託した全能の力は、彼がかつて党に託した力と同じものである。つまり、次のような状況のなかで屈折し腐敗するような自由――哲学者の自由――である。すなわち、苦しい隷属と切り詰められた余暇のなかで、また中途半端な学問と文化のおぼろげな光のなかで、空間が道行きと袋小路によって方向性を失うなかで〔屈折し腐敗するような自由である〕――かつてはこの空間において、反抗的で夢想的な労働者たちが解放と名づけたもの、つまり奴隷から人間への自己変革が追求されたのであるが。加工済み物質に託された全能の力は、まず何よりも、自由がそこから到来することはありえないことの証しである。全能の力は、唯一の真なる自由への権利を保証してくれる。つまり、集列化（セリー）された諸個人の無力さの正確な裏面というかたちでしか考えられも機能もしない哲学者の自由である。この集列化された諸個人が自由であることを望む場合、彼らは自分たちが快楽と苦痛を計算するなかで手に入れるつもりだった自由を、まずは断念しなければならなくなる。

絶対兵器

したがってこうしているあいだに、哲学者〔サルトル〕は窓の前に再び姿を現した。その窓は、もはや、もとの園丁と道路工夫の舞台に向かって開かれた彼の休暇の窓ではない。大都市と連続回転の舞台装置に向かって開かれた彼の仕事部屋の窓である。彼は、もう見せかけの恥を覚えることもなく、労働者のなかの労働者として、バスのために歩道に並んでいる列を見ている。

彼は、厳密に言って、何をしているのか。彼によれば、彼はたんに、最も簡単な例に基づいて、階級の複雑な現実が分けもっている基礎的現実を私たちに理解させようとしているのである。その基礎的現実とは、集合態のことであり、いわば「物質的、非有機的、被加工的対象が、この対象のなかにその外的統一性を見いだす多数者に対してもつ二重の関係[*39]」のことである。したがって彼は、いかにこの匿名の列から離れた個人が、無数の内面的つながりによってすでに互いにつながっているかを私たちに示すことになる。すなわち、もはや観察者のまなざしによってだけでなく、バス座席の少なさ、整理券発行機、仕事の時間やリズムなどによってつながっているのである。彼は、単純な例に基づいて理解された考えを、複雑な集合態の分析に、つまり労働者の階級存在の受動的総合に向けることになる。

それにもかかわらず、私たちはある疑いを抱く。この開かれた窓というあまりに衒学的な教育は、おそらく別の作用を隠しているにちがいない、と。窓のそばに繰り返し戻ってきながら、哲学者は、自分の力を再確認する——労働者の集合態が現在置かれた絶望的状況から抜け出さなければならないのであれば、哲学者は労働者の集合態にその力を貸すべきなのだが。それは、哲学者自身が立てた壁

*39 同書、三二八頁。

を壊し、つながりの不在という至高のつながりを結ぶ、哲学者の総合の力である。それは全体にまとめて命令するテコの力である。あるいは、ヘーゲル以来、否定の否定と呼ばれている弁証法的絶対兵器である。労働者たちは、この突破力や破壊力を、労働者どうしの関係や諸事物との関係のなかで鍛えあげる点では、いつまでも無力である。哲学者は、この力を、無力な自己の否定としての力という、労働者たちの立場にちょうど合ったかたちで、労働者にもたらすことになる。

こうして次のような推論が組み立てられる。労働者全員の無力さは、加工済み物質に刻み込まれて、彼らの集合的な無力さになる。この点で、彼らの集合的な無力さはすでに彼らの分散と対立しており、すでに結合であり、したがって力である。無力さの統一は、対立しているもの〔どうし〕の一触即発の一致であり、そこでは統一という形式が、自らの無力さの内容を否定する。「対象が人間たちを接近させて、彼らの多数性に一つの刻印の暴力的かつ受動的な統一を課するのである。そして、この対象が一つの脅威となるその瞬間において〔…〕、無力さの統一性が暴力的な矛盾へと転化する。すなわち、その統一にあって、統一性がこれを否定する無力さと対立するのだ。〔…〕同時に、こうした諸対立の集列的統一は、統一化のための実践を必要とするような〈同〉と〈他〉の矛盾としておのれを措定する」[*40]。

この無力さの力はかつて党の純粋行為(アクト)の舞台(テアトル)であり、この舞台は民衆のために、無力な人々の力の見せ場(スペクタクル)を準備してきた。そしてこの見せ場はその無力さのおかげで効果があった。いまやそれは王の弁証家〔サルトル〕の純粋行為である。彼は、言葉のなかで仕事をして、「無力さの絆」を想起させるイメージがもつレトリックの力を引き継ぐ――「はじめに」、「両方とも」、「同時に」、「同じ瞬間に」などを駆使した副詞的言い回しの連続創造によって、また無力さの統一がどのように自らを定立し、矛盾の力へと自ら形式を変えるのかを私たちに示すために、再帰的に活用する遂行的動詞の働きによって。

いまや哲学者だけが、作動状態にある無力さの力を手にしている。ところが彼はそれを、運命愛〔amor fati〕の労働者たちに譲ることができない。労働者たちにできるのは、せいぜいのところ、手の届くことのできない〈理念〉にとどまる。彼らにとって、この否定の否定の力は、たどりつくところにある唯一の否定の否定、つまり死との直面によって、それを真似てみることだけである。こうして、テクストの背後に透かし模様として刻み込まれているのは、一八三一年のリヨンの絹織物工の叛乱[41]のイメージとスローガン、つまり「働いて生きるか、それとも闘って死ぬか」である。弁証法の絶対的な主人つまり〈死〉と遭遇することによって、生の不可能性は方向転換する。「実践的統一の活力は、自由が必然性の必然性として、あるいはこう言ったほうがよければ、必然性のあらがいがたい転回として現れるという点である。実際、ある環境の諸個人が実践的＝惰性的必然性のなかで、生きることの不可能性として直接に問題にされるかぎり、(この不可能性そのものを人間的に死ぬ可能性として、換言すれば死による人間の肯定の可能性として、おのれのうちにとりもどすことによって)これら諸個人の根

＊40 同書、三六八 - 三七一頁(原文では même は小文字)。

＊41 訳注——一八三一年一一月リヨンにおける、経済困窮を原因とするカヌート(絹織物工)の蜂起。地元の治安部隊では足らず軍隊が投入された。一八三二年のパリ六月蜂起を準備した。

本的な統一性とは、この不可能性のあらがいがたい否定であり（「働いて生きるか、それとも闘って死ぬか」、したがって集団は、集列的多数性をおびやかす生きることの不可能性の根本的な不可能性として、構成されるわけである）[*42]」。

労働者の集合態にできるのは、集団への移行というこの黙示録、集列的な否定の否定を真似ることだけである。絹織物工たちの反乱は、何の効力もない黙示録であり、〈かつがれた人たちの日〉であって、この日リヨンの織工たちは、独力ではけっして集団になりえない労働者の集合態の無力さを、劇的かつ壮大に証明したのだ。

サルトル的な王

したがって、集団が生まれるのを目の当たりにするためには飛躍が必要であり、もっと中央で成功した別のデモに、すなわちバスティーユ奪取という、とくに革命を想起させるデモに移らなければならない。集団を生み出すことができるのは、互助的な織工たちによって組織された集合ではない。一七八九年七月一四日のパリの民衆による偶然の結集だけなのだ。

そこに、組織化に対する自発性のいかなる利点も見いださないでおこう。逆に、パリの群衆の利点は、群衆が完全に外から形成されたことに由来する。集団を作るのは〈主権〉である。この場合はルイ一六世である。パリの群衆の状態（エクシス）――そこから団結した群衆が生まれるのだが――は、それを形成した王の実践（プラクシス）［の結果］である。あるいはおそらくこの実践を想像するだけで。その日、王がパリ周辺に結集させた部隊をめぐって、さまざまな噂が流れた。これらの噂は、正しかったにせよ間違っていたにせよ、次のような効果をもたらした。包囲された――あるいはそう思われた――都市の内部で、各人が「密閉された物質性の粒子」として形成されるのである。したがって集列的関係が生まれる。しかし権力――あるいはその観念――は、そこで二重化し、否定を現実態として否定することになる。王が出したらしい「虐殺の否定命令」が、王の肯定命令によって密閉されていた集列性を押しとどめることになる。王の「命令」は、殲滅の目的とされた対象の総合的統一のなかで、民衆を形成する。したがって王に対抗して集団武装する以外に、脅かされた命の一つひとつを守る術はもはやない。王の実践の現実のあるいは想像上の目標とされて、パリの群衆は、集団として存在している自分に気づくことになる。しかしながら、それは何でもよい群衆ではまったくない。この群衆はフォーブール・サンタントワーヌ[*43]の民衆だった。フォーブール・サンタントワーヌの陰鬱な状態(エクシス)は、王が実践(プラクシス)した密閉の目印であるバスティーユが落とす影である。そしてバスティーユは、そこから民衆が王の虐殺部隊によって斜め上から襲撃されることになる要塞でもある。あるいはより正確に言えば、そこから民衆は自分たちが「近い将来、ランベスク大公[*44]によって殲滅されることになる[*45]」のを目の当たりにする

*42 J-P・サルトル「弁証法的理性批判1」四〇六-四〇七頁。
*43 訳注――革命当時、パリ東方城外のバスティーユ監獄とセーヌ川にはさまれた地域で、主に手工業者、職人、小店主、賃金労働者などの無産市民(サンキュロット)が住んでいた。一八四八年六月蜂起の中心にもなった。

要塞である。

バスティーユへの途上で、各人がある動きに従って集団を制御する第三者として自らを形成することになるのだが、この動きをたどるには及ばないだろう。最も大事なことはすでに示されている。集団を存在させる王の実践の権力には、加工済み物質や共産主義的純粋行為の権力と同じ性質がある。ところがこの権力には絶対的だという利点がある。惰性的実践においては分散している反合目的性が、ここでは、民衆の空間を画定し想像上で包囲する王の実践に、さらにはその空間の絶対的な可視化、完璧な物質化であるバスティーユの建築物に、凝集している。かつてリヨンの織工に欠けていたもの、これからも労働の集合態につねに欠けることになるものは、この絶対的に強制してくる〈他者〉の権力である。「王の命令」は、絶対的に純粋な純粋行為である。それは、パリの民衆の結集から、「彼らの」党の純粋行為であればプロレタリア階級から完全に奪ってしまうことはけっしてないものを、すなわちその受動性を、奪ってしまう。「集団」とは、絶対的権威や主権の〈一者〉によって公認された、否定の純粋な否定である。〈王〉とは、創造の瞬間にとらえられたデカルトの〈神〉である。ヘーゲルにおいてそうであるように、集団の絶対的合理性は、それが至高の〔＝主権をもった〕個人の絶対的主観性と同一視されるような地点からのみ考えることができる。

それゆえ、すべては最初から示されていたのである。革命は、反革命の否定としてのみ考えうる。これからも党の権力は、原光景を想起させる権力でしかないだろう。その変転はすべて、その起源の神話において規定されている。すなわち、おそらく想像的であるだけにいっそう至高の〔＝主権的な〕専制の主権である。明らかにスターリンは、主権者のたった一つの動作で彼自身の外部に集団を生み出さなければならない必然性のなかに、あらかじめ含まれていたのである。すなわち、オレステースに鷲が融合するように[*46]、彼に融合する自由の創造である。否定の否定として。〈恐怖政治（テロル）〉として。

この祭の翌日の運命が、『弁証法的理性批判』の第二部に暗い色調を与えている。私たちは、上空飛行のコース——労働者とマルクス主義の歴史を飛び越え、七月一四日と国民公会から制度化された集団の失墜にまで導かれ、そこにスターリンの影を確認する——のなかで、私たちを待ち受けているものがあらかじめわかっている。〈主権〉の影で、集列的な逃避と加工済み物質の戯れが繰り返され

＊44　訳注——シャルル＝ウジェーヌ・ド・ロレーヌ（一七五一—一八二五）。革命当時、ドイツ人近衛連隊を率いて宮廷周辺の警護にあたっていた。バスティーユ襲撃の二日前、ルイ一五世広場に集まっていた民衆を攻撃し、一人を殺害、数人を負傷させたことによって民衆に憎悪されるようになった。革命中に国外に逃れ、オーストリア帝国軍に仕官した。

＊45　J－P・サルトル「弁証法的理性批判1」二五頁。

＊46　訳注——アイスキュロスの三部劇『オレステイア』で、オレステースが、父アガメムノーンを殺害した母クリュタイメーストラーと情夫アイギストスへの復讐をゼウスに誓う場面で、トロイア戦争出征時にアガメムノーンが預言で鷲とみなされたことから、自らを鷲の一族としている。「大鷲の一族を、もしあなたがお見捨てになるならば、二度と再び人間が素直に従う兆しの鳥を遣わすことができなくなりましょう」（『ギリシャ悲劇全集1』久保正彰・橋本隆夫訳、岩波書店、一九九〇年、一三三頁）。サルトルにも『オレステイア』を題材とした戯曲『蝿』がある（加藤道夫訳、『サルトル全集8』一九六九年、五－八六頁）。

ることになるのだ。集合態は、集団へと自らを乗り越えようとするが無駄だった。集団は、有機的組織へと自らを乗り越えようとするが無駄だろう。集団は、分散の無に帰してしまうおそれがつねにあるので、自らを維持するために兄弟愛による恐怖政治の規則を確立しなければならなくなるだろう。この規則は、倒錯した意志や機構上の障害の結果ではなく、たんに「共同の自由の惰性的構造[*47]」である。そこから相互性と異他性のゲームが展開されることになる。相互性と異他性は、現実の厳しい要求――組織化、下位集団の必要に応じた専門化、下位集団を集列性から引き離すための管理手段の必要性、この手段の惰性的状態を乗り越えるための主権の実践の立て直し――を通して、互いの結果に真っ向から対立したり重なりあったりする。〔その結果〕フランス国王からソヴィエト民衆の皇帝〔スターリン〕に至るまで、王の行為がもつ同じ論理のせいで、膠質(コロイド)が、否定の否定の阻止による意味の消失を、促したり食い止めたりすることはできないにちがいない。

哲学者と暴君

以上のあまりに機能的な分析よりも、私たちは、色調の暗さに、この言説のもはや決定不可能になった政治的様相に、引き止められるのである。

では、『共産主義者と平和』の怒りに満ちた確信の後に、いったい何が起こったのか。主な登場人物たちは、弁証法の巨大な車輪の輪のなかに再配置されており、これまでと同じである。プロレタリア階級を絶え間なく作り出しては絶滅させるマルサス主義的なブルジョワ階級。疲れた機械の従者たち。彼らを存在させている時代遅れの機械の代弁者であるアナルコ・サンディカリスムのイデオローグたち。〔労働者の〕つながりの欠如と、街頭劇で示される〔党の〕純粋〈行為〉の必然性とをつなぐ、純粋なつながりの必然性。集団が無から引き出されるたびごとに集団の創造を支える、厳しい〔集団への〕信頼の強制……。

それでも何かが変わった。哲学者の位置である。彼は、もはや党の側で語らない。彼はマルクス主義のなかで語る。彼は、かつて党に委託した権力を、マルクス主義を可能にするために統合すべき権力として自らの手に取り戻したのである。ところが、この可能性の条件は、ただちに不可能性の証拠へと形を変える。人間と事物の相互の変形は、否定の否定のもつ形式的純粋権力が補強として要請されなければ行き詰まってしまう。労働者階級の党は永遠に嘘になってしまうだろう。それは、労働者階級からは生まれえない。プロレタリア独裁は語の矛盾、つまり「活発で主権的なグループと受動的集列性とのあいだの私生児的なれあい[*48]」である。階級は、集合態の苦痛の数々のあいだ、黙示録の闘争の数々のあいだ、代表制度の数々のあいだで、葛藤を強いられる。どのような主権、どのような未来の行き着く先であれば、これらを全体化できるのかわからない。

＊47　J－P・サルトル「弁証法的理性批判2」平井啓之・森本和夫訳、『サルトル全集27』一九六五年、一二〇頁。

＊48　J－P・サルトル「弁証法的理性批判3」平井啓之・足立和浩訳、『サルトル全集28』一九七三年、一二〇頁。

しかし、以上の論証から何が帰結するだろうか。二〇世紀マルクス主義の夢の核心であるプロレタリア独裁は不可能である。しかし、まさにそのせいで、スターリン主義は必然的だった。社会主義社会の最初期は、「官僚政治と〈恐怖政治(テロル)〉と個人崇拝のどうしようもない集まり」[*49]でしかありえなかった。しかし、この「最初期」は、プロレタリア独裁として表象されていなければ、まさにそのようなものでありえただろうか。革命を呼びかける労働者の疲労が、階級から集団の力をいつまでも剝奪し続けるならば、またこの〔集団の〕力だけがいつか階級を疲労から解放しうるのであれば、もはや主権的意志以外にルーツをもたない〈恐怖政治(テロル)〉を除いて何が残るのか。〈歴史〉がその目的から明らかにされるものであれば、かつてあったことを事後的に正当化すること以外に、今日、どのような手段でそれを理解する可能性に根拠を与えることができるだろうか。

当然のことだが、闘うモラリストは、経験主義的な共産党の活動を、共産主義の目的と比較することで、いつでも非難できる。ところが、哲学者は、同じ目的との関連で、自らを憤慨させることであっても完璧な弁証法的合理性で結びつけなければならない。もしかりにスターリンがプロレタリア階級の社会的な肯定的性格だけを代表していたのであれば、彼の合理的活動や狂った活動、善い活動や悪い活動を共有することもできたであろう。ところが彼が代表していたのは人間の目的だけであり、彼の活動は、どのようなものであれ、人間の未来のなかですでに正当化されていたことになる。かりに共産主義者スターリンが間違っていたとすれば、気まぐれな暴君たちのおなじみの言い分から、暴君スターリンは正しかったことになる。しかしそれと同時に、もはや哲学者は荷物をまとめて、歴史の合理性や人間の希望を持ち帰るしかなくなるはずである。哲学者は完全に自らのパラドクスにとらえられることになる。スターリンが間違っているとすれば、スターリンは正しい。またサルトルが正しいとすれば、サルトルは間違っている。

雪のなかの荷車

こうした循環論法は、ハンガリー動乱に関するサルトルの分析のなかではっきりする。モラリスト〔としてのサルトル〕は、ソヴィエトの介入をはっきりと断罪した。[*50] ところが弁証家〔としてのサルトル〕は別の問題に直面する。断罪に意味があるとすれば、この介入が必要なかったことを証明しなければならないという問題である。したがって、サルトルは分析をずらして、政治・社会的蜂起の論理であれば別の結末が可能だったか、という問いを立てなければならなかった。しかし、このような問いにはすぐには答えられない。共産主義の労働者たちには、独力で反共プチブルに対峙する力があったのか。これこそ、実践が明らかにしなければならなかったはずの問いである。ところが、この「半透明の」実践は、事後的でなければ、結局何も明らかにしなかった。この実践には、自らの解明のための時間がまったくなかったのである。

＊49　同前。
＊50　J－P・サルトル「スターリンの亡霊」白井浩司訳、『サルトル全集32』一九六六年、一二一－一二四頁。

例えば、事後的に明らかになったのは、次のことである。サルトルは、「確かな筋」から次のような情報を得ていた。蜂起した労働者のなかには、プチブルもいれば、ラーコシ政権[51]が再教育のために工場送りにした人々もいた、という情報である。労働者たちは、工場の日常のなかで、彼らを見分けることができなかった。定義上、工場には労働者しかいないのだから。しかし、労働者たちは、蜂起の実践のなかで、否応なく互いを見分けなければならず、彼らのなかに少数派で、未来がなく、絶望したプチブルがいることを明らかにしなければならなかったのである。この絶望のせいで、彼らは否応なく真の労働者の活動をラディカル化せざるをえなかった。真の労働者たちのほうは、工場の同志に労働者の資格を拒否することはできず、同じ目的を表すことで団結し「絶望」の力そのもので一致したメンバーを、集団から排除することもできなかった。蜂起委員たちは、ついに危険を察知し、自分たちの闘争の変質と闘うために、再組織化を試みたが無駄だった。「時間がなかった。〔ソ連軍による〕第二の介入が、開始された再組織化を中断したのである」[52]。

おわかりのとおり、確かな筋の証言が私たちに語ることができるのは、私たちがあらかじめ知っていたことだけである。すなわちプチブルの永遠の孤独であり、それは過去の支配階級とプロレタリアの新たな力とのあいだで永遠に身動きがとれないまま、右翼的な絶望の怒りによって左翼的な過激化へと永遠に突き動かされる。しかし、スターリン的言説によって使い古されたこのような比喩が、サルトルにおいては、反論の余地がないものがもつ悲劇的な力を手に入れる。というのも、サルトルは、「プチブル」に関するスターリン的な比喩を支えているもの、すなわち階級の集団としての党の労働者的能動性を、まさに信じていないからである。すなわち、彼にしてみれば、労働者存在の受動的性格のせいで、ハンガリーの労働者階級は、その階級の党だと言い張る党に対峙しうる集団へと自己変革できなかったのである。蜂起した労働者たちになかった再組織化の時間は、これからもずっと彼らにはない時間であり、定義上彼らにはない時間なのである。蜂起は、プチブルを見分ける時間を労働者に残さなかった。なぜなら、労働者たちは、工場のせいでプチブルを区別する余裕がなかったからであり、疲労のせいで自分たちの歴史を作ることができなかったからである。サルトルの論理では、労働者たちが融合した集団になれたのは、ひとえにゲレー[*53]の王命によってプチブルたちの黙示録的運動が爆発したからである。プチブルたちが労働者集団を強固にすることができたのは、彼らが真の労働者ではなかったからである。

「時間のなさ」によって規定された円環が再び閉じる。第一の介入が第二の介入を前未来形で〔未来のある時点までに完了している行為として〕命じていた以上、前者は後者を予期していたと言える。唯物論の労働者たちに歴史を作る時間はないから、歴史を作るのは弁証法という荷車である。ソ連の侵略者たちは、プチブルの寄生者たちに呼応する。なぜなら集団の歴史自体が、加工済み物質によって

＊51 訳注——ラーコシ・マーチャーシュ（一八九二－一九七一）一九四五年二月にハンガリー共産党書記長に就任し、五三年まで恐怖政治を敷く。
＊52 J－P・サルトル「弁証法的理性批判2」六〇頁。
＊53 訳注——ゲレー・エルネー（一八九八－一九八〇）ハンガリー共産党の指導者。ラーコシ・マーチャーシュとともに、第二次大戦後のハンガリーに共産党政権を樹立した。

もたらされる集列性の寄生だからであり、いつでも再開されるべきものだからだ。

寄生の弁証法

言いかえれば、弁証法そのものが継続的な寄生なのである。そしてこの寄生は、その模造(シミュラークル)によってつねに二重化される。園丁と道路工夫のあいだに壁を立てるという断行以後、哲学者〔サルトル〕は模造(シミュラークル)から模造(シミュラークル)へと走り続けた。偽の総合である加工済み物質、弁証法を模した実践的惰性体、王命という虚構、集団の統一という蜃気楼、次々に変わる集団の「準主権」等。モノと組織のなかでとらえられる目的から出発して規定された理解可能性は、つねにあたかも論理となるだろう。解放史の弁証法は、永遠にその見せかけ(シミュラシオン)と区別がつかないだろう。

哲学者〔サルトル〕は、これ以上寄生の道連れにならないために、仲間に党の言い分を説明しつつ、マルクス主義に内部から寄生することを決断したのだった。「ぼくは、マルクス主義の弁証法はそれ自身の可能性を基礎づけていない、と述べた。その意味で、ぼくの著書はまず何よりも一つの挑戦だった。この本はこう言っていたのだ、わたしをマルクス主義に合体させたまえ。そうすれば、マルクス主義の根源的空白を埋める一つの試みが初めて開始されるであろう[*54]」。

しかし、マルクス博士が、自然と歴史の統一を実践に基礎づけることを怠って隙間を残しておいたのには理由がないわけではなかった。マルクスは、実践によってくまなく定義される世界や、みんなに言い分があるような世界を、計算というよりも本能から拒絶したのだ。そこから隙間が生じる。すなわち、歴史のなかの滑稽な部分や、自然における弁証法の飛躍である。サルトルは、完全に実践的合理性に基礎を置く歴史のために、自然の弁証法を激しく非難することで、自らの企ての厳密さにすっかりとらわれてしまった。彼は、あたかも弁証法で隙間を埋めたのである。彼は、エンゲルスに反駁するために、スターリンを理論上反駁の余地のないものとしたのである。

いまや哲学者は、彼の政治的補助教員の犠牲者ではもはやなく、彼自身の要求の犠牲者なのである。世界の物質が解放の歴史をもたらすには、物質全体が技術に貫かれている必要がある。しかし通常技術の宇宙は、つねに、プラトンの名における宇宙であった。つまり、職人という折衷的な——サルトルの言う「両生類的な」——存在に満ちた合理性の宇宙である。それは、決定不可能な目的の世界、製造そのものを偽造した製造の世界、部分的社会性の世界である。それは短絡であり、そこでは〈全体〉を生み出す〈無〉の爆発力が失われる。それは、自らのひしめきと出血の力そのものによって動かなくなった世界である。この世界が動き出すには、それを止める偉大な技術の介入が必要である。ある自由——つまり無条件の技術、あるいは唯一絶対の〈目的〉によって条件づけられた技術——の権利を守るためには、この両生類的自由と折衷的集合性を、永続的な疲労の雪の下に埋める必要がある。

このように自由は、超技術であり連続創造であって、それは、通常技術と自由の拡大を阻むために、

*54 Ph・ガヴィ、P・ヴィクトル、J-P・サルトル『反逆は正しい』鈴木道彦・海老坂武訳、人文書院、一九七五年、一一七頁。

つまりソフィストのプロタゴラス[55]による民主的で自由主義的な都市の拡大を阻むために、柵を設ける。それは、田園哲学者の田舎風の壁であり、ソヴィエト叙事詩の現場打ちコンクリートと焼入れ鋼鉄であって、これが〈要求〉の絶対性によって、技術（テクネー）と臆見（ドクサ）の小回路の数々を切断する。〈無〉と〈全体〉の激突の権力を備えた〈偉大な技師〉の自由である。

しかし、〈偉大な技師〉は〈偉大な役者〉と区別がつかない。弁証法は自分自身の見せかけ（シミュラシオン）とそっくりになる。さらに哲学者は、自分が基礎づけようとしたものの上に、全面的に基礎づけられることになる。偽造品の偽造者というわけである。弁証法は魔術とそっくりになる。最も虐げられた者のまなざしによって停止された合理性は、もはや暴君たちの言い訳（レゾン）の理由（レゾン）でしかなくなる。

したがって、「最も虐げられた者」の立場は、そこから歴史の理解可能性の原理を作り出すことをあきらめる場合にのみ維持できる。それは、再び純粋な道徳的要求になる。モラリストが新たに判断を下すことができるようになるために、モラリスト〔サルトル〕は、プロレタリア解放の可能性を事物による彼らの絶対的鎮圧に結びつけるという哲学的な要請を断念するか、たんなる哲学上の沈黙を選ぶか、どちらかを行う必要がある。サルトルが選ぶことになったのは、第二の解決法だった。最も虐げられた人々のために語り行動するために、彼は、以後、哲学者としては沈黙することになる。ラッセル法廷からランス人民法廷[56]に至るまで、彼は、判決という唯一の記録簿と空間においてのみ語ることになる。サルトルは、資本主義がおかした犯罪に対して検事や裁判官として、そうした犯罪の必然性という立論を退け、犯罪が行われないかもしれない可能性もあったと主張しなければならないことになる。彼は、民衆のなかの調査員あるいは証人として、代理人という演劇的機能を、表現の自由への煽動というより穏やかな役割に還元することになる。彼は、毛沢東主義者たちの弁護人として、彼らの哲学者にならないよう細心の注意を払うことになる。

しかし、こうした理詰めの直接行動は、強権発動なくしてどのように集列から集団に移行するのかという問いを開いたままにし、かつてないほど宙づりのままにする。この問いに答えられないがゆえに、集団の理念は、統制的理念というカント的役割に切り縮められる。ところが、この水準で、なぜ集団を欲する必要があるのかという問いが、むき出しのまま飛び出してくる。倫理的な決意と賭けの高邁さを超えて、何が目的の王国に集団というかたちを与えるよう促すのだろうか。[*57]

それは、たんなる普遍的なものへの郷愁ではないか。それは、もはや弁証法的普遍性という「死の

＊55　訳注――プロタゴラス（ＢＣ四九〇頃―ＢＣ四二〇頃）古代ギリシャの哲学者、ソフィスト。「人間は万物の尺度である」という、相対主義的な、またその意味で自由主義的な思想を唱えた。またアテネの植民地トゥリオイの法律を作ったとも言われている。

＊56　訳注――ラッセル法廷は、一九六七年、サルトルが哲学者バートランド・ラッセルとともに組織した、ヴェトナム戦争における資本主義陣営のジェノサイドを弾劾する人民裁判。ランス人民法廷は、一九七〇年二月四日、フランス北部フーキェールの国営炭鉱でガス爆発が起こった際、これに抗議した活動家エナン・リエタールが炭鉱事務所を襲撃して逮捕されたことなどの一連の事件を告発するために、北部フランス赤色救援会が組織した人民法廷。サルトルが検事役を務めた。国家と経営者の有罪と、エナン・リエタールの即時釈放の判決が下されたが、むろん法的効力はなかった。次を参照。Ｊ―Ｐ・サルトル「第一回ランス人民法廷」山本顕一訳、『サルトル全集36』一九七四年、一二三―一四二頁。

＊57　ガヴィ、ヴィクトル、サルトル『反逆は正しい』二〇二―二〇六頁。

夢」ではなく、民衆の友が民衆の意志であることを保証する、カント的理性という普遍的なものではないか。追求されているのは、技術的世界の新しい条件のなかで哲学を維持しているのは、むしろ他の何ものでもないことの禁止ではないか。ありそうもない集団の弁証法的ヒューマニズムは、まず集列のイメージのなかや、職人たちの「ささやかな」自由の拒否のなかに表現される、根本的反感への返答ではないか。それは脅威への返答であり、これが、古く追い払えない幻想、かつてないほど魅力的で不気味な職人王の姿によって、哲学の観念そのものに重くのしかかる。

染物屋のせがれ

一見したところ、こうした問題関心からかけ離れたテクスト、サルトルが絵画を論じたテクストの流れのなかにも、この問いを読み取ることができる。それらは、魔法をかけられた弁証法の裏面と規定できるので、特別なテクストである。サルトルにおいて、政治のパラドクス、自由–恐怖政治のパラドクスの背後で追究されるのは、物質の別の回路への執拗な夢であり、人間と事物のあいだの意味の軌道への執拗な夢である。[*58] この夢は、表象の宇宙においては、物象化された意味の魔法をかけられた世界においてはとらえられない。例えば狂乱のスペイン金貨が資本主義の歴史の魔法をかけ始めた一六世紀に、絵画が表象したのは「豪奢な脱魔術化[*59]」である。これは、絵画における神の権威が帰天し、それによって画家がついに自由に「物質の救済を物質」に差し向けることができるようになったときに、表象の霧が「希薄化」することから生まれる。

しかしこの脱魔術化は、阻まれた啓示であり、平民の用心深さと技術の策略に影響を受けた啓示である。この用心深さと策略は、画家が職人世界の狭量さに属していることを示している。この脱魔術化の矛盾に関してサルトルが選び出した典型的な人物が、職人画家のヤコポ・ロブスティ、通称ティントレット[*60]、つまり染物屋のせがれである。サルトルによれば、彼の油彩画は、初めて、表象に寄生する数々のものを取り除いた世界の鏡を表象した。「彼の絵にはすべてがあるが、その絵はみな何も語ることをしようとしない。彼の絵は世界と同じように押し黙っている」[*61]。この油彩画の意味のある無言は、脱魔術化された新世界の質であり、まずは労働者である芸術家の成果である。「芸術家、それは最高の労働者である。彼は力をふりしぼって物質を使いこなし、像を次々と産み出してそれを売るのである」[*62]。

物質の疲労に屈せずやられたらやりかえすこの至高の労働者〔ティントレット〕の人物像のなかで

＊58　この点については、ミシェル・シカールが編集したオブリック誌の「サルトルと諸芸術」特集号の示唆に富む論文を見よ〔Michel Sicard, « Sartre et les arts », *Obliques*, n°24-25, 1981〕。

＊59　J-P・サルトル「ヴェネツィアの幽閉者」平川祐弘訳、『サルトル全集30』二七七頁。

＊60　訳注――ティントレット（一五一八―一五九四）ルネサンス期のヴェネツィア派を代表する画家。本名は、ジョヴァンニ・バティスタ・ロブスティ。染物屋の息子として生まれたため、ティントレット（染物屋の息子）と呼ばれる。

＊61　J-P・サルトル「ヴェネツィアの幽閉者」二七〇頁。

＊62　同前。

作動しているものこそ、労働者一般の概念ではないか。それは、視霊者の夢と商売人の営利主義のなかに、彼自身の手前と同時に彼方にいる生産者である。おまけに、どのような書きものの跡も残さない礼儀をわきまえた無言の油彩画家、出世欲にあふれた名人芸のこの染物屋のせがれ。サルトルは、偶然に彼を選んだのではない。サルトルは、この無言の芸術家に思想を吹き込んでは、彼がその思想をゆがめたと糾弾し、あるいは彼に言葉を吹き込んでは、彼が自分の世界を裏切るためにその言葉を発したという疑いをかける。この不思議な想像上の対話は、職人とソフィストに関するプラトンの考察の驚くべき継続を示している。[*63] 染物屋のせがれは、プラトン的な職人の原型である——それは、王の番人によって持ち場につかされた職人でもなければ、疲労の雪によって持ち場を守り続ける一般工員でもなく、何でもできるうさんくさい折衷であり、これは仕事のしきたりなのか儲けへの情熱なのか、生産能力なのか偽造能力なのかわかったものではない道具職人たちの力によって推し進められる。こうして、この職人画家は、ソフィストのヒッピアス[*64]が靴、指輪、言説を区別なく仕立てあげるのと同じように、顧客の注文に応じて、ヴェロネーゼ[*65]風の絵やポルデノーネ[*66]風の絵を実物よりうまく制作するのである。

資本主義の母型としての職人神話である。サルトルにとって、染物屋のせがれは新しい遠近法空間のなかに神の不在を示した初めての人物である。同時にサルトルのせいで、染物屋のせがれは、自分の店のなかでウェーバー的な資本主義の倫理[*67]を創案したことになる。この倫理は、社会的成功のなかに神の祝福の新たなしるしを探し求めるために、神の退隠を確認し、絵画工房の家族的一体性を合理化する。この生まれつつある資本主義の反英雄は、サンチョ・パンサ的なものをかなりうまく表している。貴族で知識人のミケランジェロはドン・キホーテといったところだろう。

したがって、手仕事の英雄もしくは反英雄のいずれかなのである。ティントレットは前者であり、アルベルティ[*68]の芝居がかった立体の嘘を見抜いていた。それは、プラトン的天空のまがいもの、政治

＊63 J.-P. Sartre, « Saint Marc et son double », *art. cit.*, pp. 171-202.〔未邦訳、J－P・サルトル「聖マルコとその分身」〕

＊64 訳注――ヒッピアスは、ソクラテスと同時代のソフィスト。プラトンの対話篇で登場する。プラトンの対話篇によると、彼は手工芸に優れ、身の回りのもの（指輪、サンダル、衣服、等々）をほとんど自分で制作していた。プラトン「ヒッピアス（小）」戸塚七郎訳、『プラトン全集10』一九七五年、八九－九〇頁。

＊65 訳注――パオロ・ヴェロネーゼ（一五二八－一五八八）ティントレットとならんで、ルネサンス期のヴェネツィア派を代表する画家。

＊66 訳注――ポルデノーネ（一四八三－一五三九。本名ジョヴァンニ・アントニオ・デ・サッキス）ティントレット以前のヴェネツィア派を代表する画家。ティツィアーノのライバルと言われた。

＊67 訳注――マックス・ウェーバー（一八六四－一九二〇）『プロテスタンティズムの倫理と資本主義の精神』のなかで、西欧資本主義をカルヴァン主義に由来する禁欲的態度と合理的な世界観の産物だと主張した。

＊68 訳注――レオン・バティスタ・アルベルティ（一四〇四－一四七二）初期ルネサンスの人文学者、建築理論家、建築家。透視図法の詳細な論文『絵画論』（三輪福松訳、中央公論美術出版、新装版、一九九二年）で、遠近法を理論的に確立した。

的ヒエラルキーによる階層化に隷従する滑稽な遠近法だった。そして彼が嘘を見破ったのは、彼が自分のありようを――つまり労働者、小さな工房の親方、手工業者たちに囲まれた手工業者として――見抜いていたからである。こうした人々からすれば、瞑想を通じた天使の天空への飛翔も、労働時間で勘定されてしまう。「画家とは、労働者たちに囲まれた請負業者のことである。この業者が、自分のチームで、肉体的消耗をともなう仕事をする。つまり、彼は画架に相対するよりも、頻繁に梯子にのぼり、身体を二つに折り曲げ、片方の足で自分を支え、天井に達するためにのけぞり、絵筆を表面に走らせる。月末になれば、その表面は、数キロ平方メートルに達している。このことが意味しているのは、彼は汗をかき、身をよじり、汗でぐっしょりとなって家に帰り、翌朝節々が痛むなかでも起床するべく倒れるように眠り込み、筋肉を痛めずに三ヶ月もそのままでいることはできず、首を折りそうになるのに一年もかからないということである[*69]」。

プロレタリアートの生活の完璧な一覧表だ。そこには、労働事故も欠けていない。こうした空間経験、疲労の重み、そして足場の危険性を、ティントレットはキャンヴァスに投影しようとした。彼は、奇跡を起こす聖者たちを天空から隕石のように落としたり、絵の正面に向かって身体を上下逆さまにしたり、若きマリアが〈教会〉に姿を見せるべく上る踏み板を、山に変えたりすることになる。こうして重みでバランスを失い、「仕事と働き手の両方をむしばむ」野生の力によって食い尽くされた遠近法の空間は、至高の労働者によって、顧客に対する至高の挑戦に作り替えられることになる。それゆえ、顧客はひっくり返った身体の重みを両肩に感じて、自分のまなざしだけでなく身体すべてを預けることを、要するに身体のバランスを回復するために自分自身が動くことを余儀なくされるのである。

したがって、それはいい仕事である。とはいえ、仕事以外の何ものでもない。この仕事は、染物屋のせがれと労働哲学者プルードンに共通の足場の実践であり哲学である。それは、マルクスにとってはやっつけ仕事(ブリコラージュ)である。サルトルにとっては、いかさまである。模造のこつによって生産の新たな問題を穴埋めし、それを通じて無が存在へと至る開口部を芸術的にふさぐやり方だ。凋落しつつある大海原の女王〔ヴェネツィアは海の女王と呼ばれた〕の市民であるヴェネツィアの染物屋のせがれは、神に見放された世界を、〈無〉にむしばまれた〈存在〉を見通していた——あるいは見通していたらしい。彼はアクロバティックな画家であり、「ナイフの刃」すなわち画家のキャンヴァスではけっして収まらない三次元空間の抵抗を感じ取っていた——あるいは感じ取っていたらしい。

不健全な見方である。ところで、プラトン以来知られているように、職人は健全な人間である。彼らには吐き気をもよおす時間などない。染物屋のせがれは「野心家の恐るべき精神的健康」[*70]を備えていた。彼は無などという贅沢に身銭を切ることはできない。彼は食いぶちを稼がねばならず、家族で工房をうまく回して、顧客を満足させなければならない。そしてこの職人画家は、自分の職業を愛していた。しかも彼はそれにあまりにも熟達していた。三次元の表象に宿る〈無限〉の眩暈が、彼の手

＊69　J.-P. Sartre, « Saint Marc et son double », *art. cit.*, p. 191.
＊70　J－P・サルトル「ヴェネツィアの幽閉者」二八一頁。

を止める可能性もあっただろう。しかし逆に彼は、三次元の表象を、受けて立つべき技術上の挑戦として、実現すべき職人技の傑作として、刺激を受けることになる。したがって彼は、いんちきをすることになる。彼はいくつかの身体を前に押し出し、他の身体を後ろに引っ込める。彼は、一方で身体をひっくり返し、他方で立て直す。彼は三次元を提示することはない。彼は三次元の不在を隠蔽することになる。彼は、スペイン金貨のように、魔法にかけられたこの遠近法が逃げ去るのを技巧によってとどめ、自分の筆の下で転倒している世界のバランスを保つことになる。「パレットと絵筆の意見をイタリア語に翻訳するために彼に足りなかったのは、勇気と言葉である」[*71]。

もちろん、この時代に他に何をすべきだったのか〔と問うことはできる〕。絵画の表象の諸前提が問題にされ、物質の振動がキャンヴァス上で、類似という社会的ゲームに取って代わるためには、その後の四世紀を、資本主義の「倫理」とブルジョワ社会の発展の四世紀を要することになる。職人王は、王のまなざしへと上る階段や、魂を高みへふんわり引き上げる雲のエレベーターに隷属している遠近法を、逆転させることができる。彼は、神と聖人たちを重さで苛み、深淵の縁に宙づりにすることができる。〔ところが〕彼は、世界の純粋な現前を、彼らに代わって具現化することができない。「勇気は後から来るだろう」。

しかし、周知のように、勇気——非存在との対峙——は、けっして染物屋の徳ではないだろう。彼は、「不可能なものの不可能性」によって策を弄する。彼は〈無限〉の眩暈を、出世欲に満ちた生産の熱狂のなかに閉じ込めたのである。自分流のアナルコ・サンディカリストである彼は、自分のアトリエを〈理念〉に変え、自分の職業の足場をキャンヴァス上の〔に描いた〕天国に投影した。彼は、こうした犠牲をはらって目的を達成したのである。労働者流のやり方で——世界の物質の自由な露呈を短絡(ショート)させる技術的策略と、職人の用心深さで——彼は目的を達成したのだ。職人王は自分のイメージで、一つの宇宙を作り出した。この宇宙は両生類的な世界であり、そこでは、純粋な否定の刃と同時に、純粋な現前の眩暈も消え去る。さらに、豪奢な脱魔術化は技術の手品によってゆがめられ、生産は模造によってゆがめられ、世俗世界の正義は労働者の出世欲の過剰な健康によってゆがめられる。

哲学者にとって、魅力的であると同時に耐えがたい世界である。染物屋のせがれは、恐しいほど健康であること——ブレヒトの瞑想における兵士シュヴェイクと同じ[*72]——によって、知的プラトニズムによる執拗な神秘化を追い返し、弁証法的普遍性の死の嘘を前もって拒んでいる。しかし、それは、

＊71 J.-P. Sartre, « Saint Marc et son double », *art. cit.*, p. 196.

＊72 「原作の『シュヴェイク』を汽車のなかで読んでいると、僕はこの原作者ハシェクの巨大なパノラマに圧倒された。このなかに見られる民衆の、本当に肯定的な立場に圧倒されたのだ。民衆こそ、唯一の肯定性そのものであり、それゆえに他の何ものに対しても「肯定的」たりえないのだ。［…］彼がもつ絶対的に破壊されないという性格が、彼をいつ果てることもない誤用の対象にし、しかも同時に、彼を解放の温床にもする」（B・ブレヒト『ブレヒト作業日誌（下）』秋葉裕一・岩淵達治・岡田恒雄・瀧野修・谷川道子・丸本隆訳、河出書房新社、二〇〇七年、九二頁）。
訳注——『シュヴェイク』の作者ヤロスラフ・ハシェク（一八八三－一九二三）はチェコのユーモア作家・風刺作家。ブレヒトは『シュヴェイク』（一九二一－一九二三）に触発されて、『第二次世界大戦のシュヴェイク』（一九四三）を書いた。ランシエールが引用している日記は、一九四三年五月二七日のもの。

〈正義〉の刃がなまった世界（ユニヴェール）を私たちに提案するためだった。あの静謐すぎる『嬰児虐殺』や、至福も責苦もない『最後の晩餐』――二枚の絵を見れば十分だ。サルトルの草稿〔「聖マルコとその分身」〕はこの二枚の絵の分析で途切れている。宗教的伝統にとってスキャンダルだろうが、おそらく否定の哲学者〔サルトル〕にとっても同じである。『嬰児虐殺』には、子どもたちの血肉や兵士たちのサディズムはなく、そのかわりに女性たちのパニックが描かれている。反抗なきパニック。王の他性なき集列性――王の他性のおかげで集列性は自分の不可能性に出会うことになるのだが。バスティーユ奪取なき七月一四日。〔嬰児虐殺を命じた〕ヘロデ王はそこに影を落としてすらいない――この影のなかで、虐殺の企てが〈人間〉の企てに反転することができるのだが。また『最後の晩餐』のなかで、神に選ばれた人々には、幸せなことに、深淵の縁における眩暈しかない。この深淵の底には、両生類の群れが苦しむことなく往来している。「うごめきの無際限の永続。ヒキガエルたちとその住処〔…〕。民衆による人間の硬直化*73」。

キャンヴァス上の爆発

これこそ、このあまりに健康的であまりに熟練した職人たちの硬直した世界（ユニヴェール）こそ、サルトルが拒否するものである。そうすることで、両生類たちを、工場の疲れの万年雪の下に埋めることになってしまうのだが。また〈歴史〉の大車輪のなかで、また弁証法的普遍性の死という夢のなかで、両生類たちに、ありそうにもない解放を演じさせることになってしまうのだが。そうすることで、例えば〈貧しい白人〉カミュや農民哲学者パランにおける言葉のとりきめとモノの重みのあいだの往還運動のような[*74]、民衆の息子の知識人たちのもつ誠実な用心深さを自ら拒否することになってしまうのだが。この引き受けられたリスクは、サルトルにとって、別の普遍性の可能性、つまり人間とモノの本当の出会いにおいて結ばれる普遍性の可能性を残しておく唯一の方法でもある。それはカント流の美的普遍性であり、表象の蜃気楼の手前で、物象化された弁証法の手品の手前で展開される普遍性である。

カント的共通感覚という感性的〔＝美的〕ユートピアは、目的の支配という平等の見込みを先取りしており、サルトルにおいては、技術の短期的成功から抜け出し、「互恵性」の閉じた社会性から抜け出し、鏡像的な類似性の認識から抜け出した人間が前提となっている。このユートピアは、あの類似性という立場交換を放棄することを要求する。この立場交換において見られるのは、哲学者ディドロ[*75]が、職人の所作をとらえることのできる絵画を夢見たことや、かつて刃物屋だった彼の父親がブルジョワ的平等の晴れ着姿の肖像を描かせた虚栄心を残念がったことである。労働者、哲学者、芸術家は、動く手、目、身体のまったく新たな仕事を通してのみ互いに結びつくことができるだろう。そこ

＊73 J.-P. Sartre, M. Sicard, « Penser l'art, entretien », *Obliques*, *op. cit.*, p. 20.〔未邦訳、J－P・サルトル、M・シカール（対談）「芸術を考える」〕

＊74 J－P・サルトル「往きと還り」一五九－二一二頁。

＊75 訳注——ドゥニ・ディドロ（一七一三－一七四八）フランス一八世紀の啓蒙主義を代表する哲学者・作家。父も祖父も刃物屋である。ただし零細職人ではなく、成功した部類に入る。

での画家はもはや手品師ではなく、物質の生成世界の媒体、転写装置になる。そこで作品が差し向けられるのは、もはや専門家ではなくすでに潜在的に集団の人間である、労働者や哲学者となるだろう。

　芸術家によって偽造された『嬰児虐殺』にサルトルが対置するのは、「特権をもたぬ芸術家」ラプジャード[*76]の〈群衆〉である。一九六一年一〇月二七日の反植民地デモに捧げられた「抽象」絵画のなかで、「ラプジャードは、運動しながらしかも分散のただなかで厳密と統一を保っている素材を群衆に与えるだろう。ばらばらになっている細片の統一は、全体の爆発的統一という彼岸的なものを実現している」[*77]。融解するキャンヴァス上の絵筆の動きは、路上で集団となった民衆の動きにぴったり一致する。類似の手品師〔ティントレット〕によって偽造された現前に対立するのは、「解体不可能な真の現前」、「画家の仕事とそこに自分の姿を認める者たちの仕事」の統一である。〔ラプジャードは〕群衆の人であり、共同実践を通じて、自分が「描く」人々と結合する。したがって彼は世界創造主（デミウルゴス）[*78]のような仕事のなかで、ある「識別可能な」現前を、融解集団の物質的爆発として発生させるのだ。「おのずから組織される物質の震え」と「絵を描く者とそれを見る者とに共通の緊要時[*79]」とが接合されるなかで、意味の軌道が二重に要請されるのである。

　模範的な接合である。だが、あまりに模範的である。もはや労働者でないデモに参加している労働者たちが〔労働者だと〕識別されうるのは、もはや「芸術家」ではない画家の絵のなかで、識別されないという代償を払うことによってのみである。彼らは、自分たちの偉大な創立記念日を反復する祝祭の日々にのみ、解放された絵画の新たな「主体」と一致できる。すなわち、この同一化のさまざまな隠喩から純化された物質の自由な組織であり、「存在の生地[*80]」をえぐる膨張、勃起、堆積、渦のデュオニソス的自由として描かれる。彼らは、この路上演劇によってのみ、「不確実なものの十字路」に時折立つことができる。そこでは、「またぎ越し、惰性的湧出、透明な不透明性、変貌」が、物質の自律的生産性と同一化した自由を表している。

労働者なき世界?

矛盾の背後に、おそらくもっと決定的な横滑りがある。群衆と「彼らの」画家との接合は、新たなかたちで、美的和解というカント的主題を、つまり平等の約束としての〈美〉の理念を要請する。サルトルは『文学とは何か』で、これと同じ理念から着想を得ていた。しかし弁証法の不都合な冒険[*81]をたどっていくなかで、サルトル的な〈美〉の理念は、カントの『判断力批判』の第一部から第二部へ

---

*76 訳注――ロベール・ラプジャード(一九二一‐一九九三)フランスの画家、映画監督。一九六〇年に、アルジェリア戦争に反対するデモに参加して、群衆をテーマとした展覧会を開き、サルトルが紹介文を書いた。

*77 J‐P・サルトル「特権を持たぬ画家」矢内原伊作訳、『サルトル全集30』三二三頁。

*78 訳注――デミウルゴスは、プラトンが『ティマイオス』で提示した概念で、世界の創造主を意味し、グノーシス主義などに影響を与えた。通常のギリシャ語では、「職人、工匠」を意味する。

*79 J‐P・サルトル「特権を持たぬ画家」三二一頁。

*80 J‐P・サルトル「マッソン」宇佐美英治訳、『サルトル全集30』三三五頁。

と、すなわち美的「共通感覚」の「民主的」価値評価から、それによって物質が固有の〈理念〉との同一化をめざす自己組織化の誘惑へと、横滑りしていったようにみえる。「完全に機械的でもなければ、完全に生きているわけでもない」、カルダー[*82]のモビール作品群は、「あの偉大で曖昧な〈自然〉」を彼に想起させた。この自然は「花粉を無駄に分泌し、何羽もの蝶の飛翔を突如として生み出す。しかも、この自然について、それが原因と結果の盲目的な連鎖なのか、もしくはある〈理念〉の、内向的でたえず遅延し、乱れ、貫通した発展なのかを誰もけっしてわからない[*83]」。

これは、弁証法のごまかしからも職人のペテンからも距たった、あたかものもう一つの姿である。そこでは、労働者の合目的性は消滅することになり、技術の雑音に攪乱され臆見（ドクサ）の働きに妨害されるかもしれない物質の夢と同化することになる。「物質であること」は、フローベールの聖アントワーヌの最後の誘惑だった[*84]。サルトルが、解放されたキャンヴァス上に物質を爆発させる「堆積」や「膨満」あるいは「クサリヘビの口笛」について誇張したのは、金利生活者フローベールの夢――自然のように何も語ろうとせず夢見させるだけの不動の作品、岸のない海、限りない砂漠――から最大限距離をとるためではなかったか。

合目的性をもたず何も模倣しないという条件でのみ、合目的性を模倣できるスピノザ的世界（ユニヴェール）の夢である。それは死についてのブルジョワ的な夢であり、民衆の友の哲学者〈サルトル〉は、正義への情熱を裏づけるひそかな静寂主義（キエティスム）を認めたのと同じようにこの夢を認めることがないようにするために、この夢から最大限距離を置かなければならなかったのではないか。それは、物質の自己組織化と固有の意味形成による、労働者なき世界の夢ではないか。それは、海のように静かな夢、クロワッセ[*85]

の恨みがましいブルジョワ〔フローベール〕における東方の砂漠のように空しい夢ではないか。そしてそれは、平等の友である哲学者たちにおいては、機械、回路、爆発、旋回、乱された静寂の膨満であふれているのではないか。

---

*81 訳注――一九五五年にM・メルロ＝ポンティがサルトルを批判した『弁証法の冒険』〔滝浦静雄ほか訳、みすず書房、一九七二年〕の出版後、ここで「不都合な冒険」と訳した mésaventure という語を使って、一斉に反批判が出されたことが背景にある。以下を参照。Etimble, « Mésaventures de la dialectique », *Evidences*, août-septembre 1955, pp. 22-27. R. Aron, « Aventure et mésaventures de la dialectique », *Preuves*, no. 59, janvier 1956, pp. 3-20. ロジエ・ガロディほか『反マルクス主義批判』根岸良一・多田正行訳、パトリア、一九五七年。

*82 訳注――アレクサンダー・カルダー〔一八九八―一九七六〕アメリカの彫刻家・現代美術家。彫刻に実際の動き〔「モビール」〕を取り入れたことで知られる。

*83 J.-P. Sartre, « Alexandre Calder, Mobiles Stabiles Constellations », cité par Michel Sicard, « Esthétiques de Sartre... », *Obliques, op. cit.*, pp. 147-148. 〔未邦訳、J―P・サルトル「アレクサンダー・カルダー、モビール、スタビール、布置」、M・シカール「サルトルの美学」による引用〕

*84 訳注――『聖アントワーヌの誘惑』はフランスの小説家ギュスターヴ・フローベールの文学作品。着想から三〇年近い歳月をかけて一八七四年に刊行された。紀元三世紀の聖者アントワーヌ〔アントニウス〕が、テーベの山頂の庵で一夜にして古今東西のさまざまな宗教・神話の神々や魑魅魍魎の幻覚を経験した後、生命の始原を垣間見、やがて昇り始めた朝日のなかにキリストの顔を見いだすまでを絵巻物のように綴っていく幻想的な作品。対話劇のかたちをとった散文詩のような形式で書かれている。

*85 訳注――クロワッセはフローベールが隠棲した土地の名。

これは、むしろ二重真理であり、そこでの〈正義〉への哲学的情熱は、マルクス主義の地平を背景にして、実証的必然性に対する最初の拒否と、遅かれ早かれ出会う目的の欺瞞に対する嫌悪とのあいだでとらわれて、引き裂かれている。不正な世界における切断の刃と、技術(テクネー)と臆見(ドクサ)の両義的ゲームの感情とのあいだで。さらには、あらゆる生産機械への誘惑と、職人の気がかりな健康状態を前にした当惑とのあいだで。

そこから、これら哲学的機械の特異な振れが生じる。この機械は、技術の手品の手前で――すなわちマルクス主義的地平の客観的欺瞞の手前で――あるときは労働者の希望のリズムに合わせて稼働し、あるときは独力で動く物質という夢に向かって横滑りしていく。これはおそらく、エンゲルス的な〈自然〉の弁証法という、激しくけなされてきた発想とともに始まる。歴史弁証法の幻惑を超えて、サルトルは出発点に戻ったのではないか。表象のスピノザ的告発、歴史の主体たちが彼らの社会ゲームから影響を与えるべきではなかった物質の自由な動きへの誘惑、これこそおそらく地平としてのマルクス主義の必然的な哲学的裏面なのだ。

社会学王

もちろん、もっと単純に結論を出すこともできる。哲学者と鉄の男たちたちのゆがんだ関係は、哲学者が自分固有の立場を考えられないせいであり、靴職人に靴以外に何も作らないよう命じる規則に基づいて、哲学者に輝かしい運命を保証した神話を必然的に忘れるせいである。恣意性の尺度――それによって、言説序列の区別が、各階級に割り当てられた「仕事」の階層秩序に結びつけられている――をいつか見直そうとしても、哲学は、「自分の仕事」にとらわれすぎている。近代において哲学をとりこにした技術への情熱は、創設神話を回避する最も優雅で狡猾な方法だった。創設神話という、い、い、い、真理を真似た嘘、しかし哲学はずっとこの嘘とハンカチ隠しに興じてきたのだ。実際、自由の哲学者〔サルトル〕が、「貴族階級の全的人間というものは、彼が万人から奪いとった機会の総計で作られる。つまり、他人が知らないことを知っている人、他人が味わえないものを味わえる人、他人がやらないことをやる人」[*1]と書くとき、それは彼自身の肖像ではないか。要するに、鉄の男たちを持ち場に縛りつけている「他の何ものでもないもの」の真逆としての。

演奏家、指導者、染物屋

これが、社会学者が哲学者の言葉にさしはさもうとする問いである。確かにピエール・ブルデューが、再生産と卓越化(ディスタンクシオン)に関して——哲学に対抗して——展開した分析に目を通すと、問題構制の根本的な共通性に驚かされる。その分析の論理、魂の「自由選択」というプラトン的神話へのつねに皮肉に満ちた言及は、サルトル的自由に対する際限なき反論になっている。しかしながら、『ディスタンクシオン』は、次のようなサルトルの一節に簡単にまとめられるかもしれない。「貴族階級中の貴族階級で、貴族のために全的人間の姿をかたどってみせようとする選良が力を及ぼしているところでは、どこでも、芸術作品や新しい倫理は、抑圧された人々を富ますかわりに、絶対性のなかで、いっそう貧乏にしてしまう。選良の生産物は、大多数の人間にとっては、拒絶、不在、限界になる。われわれの愛好家たちの趣味は、必然的に、労働階級の悪趣味、趣味の欠如の決め手になる。それに美しい精神たちが一つの作品を捧げるたびに、世の中に、労働者が所有せず、味わえず、理解できない『宝』が、また一つ増えることになる」[*2]。

では、違いはどこにあるのか。文脈が私たちの理解を助けてくれるだろう。サルトルは、ソヴィエト連邦における一二音技法音楽の排斥について問うている。彼はこの排斥を、現代芸術に内在する矛盾によって解釈する。つまり現代芸術は、民衆の嗜好ときっぱり決別するという代価を支払うことによってのみ、「ブルジョワ」的隷従から解放されたのである。したがって、ソヴィエトの公的な立場は、次のように理解される。それが排斥するのは、性質上、官僚エリートだけのものとされ、ますますエリートを民衆から切り離すような美的享受である。

戦略的な言葉づかいによる説明である。しかし、サルトルは、まさに全哲学者がプラトンから学んだはずのことを忘れている。戦略家の技法は、目的の科学にではなく、出会った状況や適切な答えについての本能的で非反省的な知である正しい臆見に属するということである。スターリンは、チャイコフスキーの名でシェーンベルクを検閲したが、エリート主義に対する闘いを始める意図はまったくなかった。彼は、大多数が農民で占められた「労働者国家」をプチブルの貴族制で統治しつつ、成り上がり農民である自分の趣味を優先しただけである。彼が革命に課した規範は、革命を生み出した諸条件によって生み出された自分の気質（エトス）の規律だった。つまり、革命がヨシフ・スターリンによい結果をもたらすことになったのと同じ理由で、革命によい結果をもたらすことのできた音楽的嗜好である。将軍〔スターリン〕の戦略は、染物屋（タンチュリエ）の半可通（タンチュール）なのだ。

したがって、哲学者〔サルトル〕は自分の技法上でのもう一人の師であるライプニッツの教えを忘れたのだ。「われわれは、われわれの行動の四分の三においては自動人形である」。彼は、ブルジョワ

*1 J-P・サルトル「芸術家と彼の意識」一八頁。
*2 同書、一七-一八頁。

的区分あるいは「プロレタリア的」アカデミズムにおいて、階級目的に意識的に合わせた戦略しかみていない。これが、彼自身の自由を残しておくためのやり方、〔すなわち〕それが彼の正しい臆見、彼の公認教養――彼を平凡な染物屋としての地位につなぎとめている職業上の半可通――ではないのではないかと問わないでおくためのやり方である。

正しい臆見の学問

以上が、社会学者が哲学者に授けようとする教えである。つまり哲学者は、自分が語っていることの根拠をわかっていないというのである。哲学者は、各人――哲学者をはじめとする――が「自分の問題」に取り組む要因となる徳、つまり正しい臆見について考えることができないでいる。それは、哲学者自身が知らないうちに対象に合わせた知であり、プラトンにおいては、この知が、哲学者の弟子の成功した教育と同じく、霊感を授かった者――吟遊詩人イオンや戦略家ペリクレス[*3]――の天賦の才を特徴づけている。したがって、ピエール・ブルデューが提案する社会学は、哲学の土俵で哲学に対して向けられた挑戦であり、正しい臆見というプラトン的理論の科学的見地からの悪用（エクスプロワタシオン）である。

　これが前提にしているのは、問題になっている徳の民主化である。ソクラテスが生涯に一度、この哲学者‐工‐染物屋の教育の主要対象である、一人の奴隷の精神の出産を助けた。それは、兵士である。彼にとって重要な問題は、恐れるべきものとそうでないものに関する正しい臆見を、兵士の魂に刷り込むことだった。逆に靴職人たちに関して、彼は教育しなくてよかった。靴以外には何も作らないのだから、彼らには、霊感も半可通もいらなかった。彼らの徳は分類〔＝階級化〕だけだった。
社会学者は、逆に、靴職人の半可通を考えることも可能にする。要するに、労働者たちが生産の兵隊となり、哲学者たちが活動家となって以後、軍隊教育モデルを一般化することが正統的になったのだ。整列することが、番人たちの教育のまとまり〔＝部隊〕と、靴職人たちの無教育のまとまりとして考えられなければならない。臆見（ドクサ）にかわって、分類の学問が手に入ることになる。この学問は、諸個人をそれぞれの場に置き、その判断によって諸個人が再生産される。この分類に、哲学を形づくっている、分類する活動形式と分類される活動形式が含まれるのも正統だということになる。

この学問的プロジェクトは古典的な姿を見せている。新しい学問は、古い形而上学の帝国からしかじかの管区を奪い、それを、思弁の無力な夢想を実証知に変えるのにふさわしい手段と方法を備えた、厳密な実践の領域とするのである。

だが社会科学の場合、この「解放」はとりわけ両義的である。社会科学が哲学から奪ったと主張する領土も、哲学が社会科学を閉じ込めた枠であり、そこで哲学が社会学に目の錯覚の社会的原因についてじっくり教えてくれるよう依頼した貧者の領土ではないか。それゆえ、サルトルは『弁証法的理性批判』において、社会学の貢献を、例えば補助作業ないし有用な「実験材料」の供給者——実験材料を自ら開発しようとするのは罪だが——と評したのである。

＊3 訳注——イオンはプラトン『イオン』の登場人物。アスクレピオスの祭礼で催された奉納競技（詩）で一等賞を獲得した。ペリクレスはアテナイの最盛期に活躍した政治家。

またとくに哲学者マルクスの汚い手口（ローブロー）がある。史的唯物論という学問を創り出すために、彼は社会学を背後から攻撃したのである。彼は社会現象の真理を、社会自体の外に、つまり生産関係と生産力が形づくる市民社会の「解剖学」に位置づけた。生産構造の真理、イデオロギーのまやかし、政治の変革活動のうち、彼は社会学に残りものしか委ねなかったのだ。

　他方でそれは、ことあるごとに先を越そうとする社会学の運命だと思える。すでにサン＝シモンの死の際に、学者オーギュスト・コントは、アンファンタンとバザール*4の活動家的情熱に先を越されていた。その後、コントの学問は、臆見（ドクサ）の存在の真理を生産関係に位置づけることになるマルクスの作戦に出し抜かれた。それはコントの学問に対して、社会ゲーム――それによって真理は無視されることになる――だけを「対象」として割り当て、臆見（ドクサ）についての臆見（ドクサ）の生産を役割として割り当てるやり方だった。そこからおそらく奇妙な展開が生まれ、この展開のせいで、新しい社会的つながりに関する若く楽天的な戦闘的学問は、集団的思考の大きな慣性力に関する冷めきった知に変貌した。社会学は、経済学と哲学の挟み撃ちにあって、ゲームを逆転するために臆見（ドクサ）の空間を掘り下げることによって応戦した。すなわち、史的唯物論の特殊性を、ブルジョワ世界の脱魔術化の一般的性質のなかに組み入れ直すこと、生産の経済学を、象徴実践の経済の特殊例とすることによって。

はさみと鍋

さいころがいかさまであるように見えるのだから、厄介なゲームである。社会学者の武器は、敵の武器でもあるのだ。自分の学問を作りあげる上で、社会学者には欠くことのできない道具が二つあった。統計の数値と世論調査である。ところが彼は出だしからすぐに、対象の真理が自分の手からこぼれ落ちるのを目の当たりにする。例えば、彼以前に統計学者が、学校は労働者の子息の多数を落第させ、ブルジョワの子息の多数を進級させてきたことを証明している。彼以前に経済学者が、各階級は所得の限度内で消費をしていることを確証する数値を出している。残りは数値を解釈することだけだと言われるだろう。しかしこれらの数値には、数値自体がすでに自らを説明しているという厄介な性質がある。例えば、消費統計を読むと、「消費を収入の単純な関数とする理論が、それ自体もっともらしく見える[*5]」。

私たちは、こうした「もっともらしさ」がどのようなものかを知っている。すなわち、社会機械の大法則、搾取と支配の法則であり、この法則のせいで、詳細な説明が初めから薄っぺらいものになる。さらに、この法則が社会学に暗に割り当てる唯一の役割は、権力を鋳造する臆見(ドクサ)の効果を、生産諸関係の最終審級に送ることだけになる。数値の正義は、固有の臆見(ドクサ)すなわち脱神秘化を要約して作り出すことによって、社会学の対象をたえず解体する。それによって純粋な観念は支配の不純な重苦しさ

＊4　バルテレミー・プロスペル・アンファンタン（一七九六－一八六四）とサン＝タマン・バザール（一七九一－一八三二）はともに、サン＝シモン主義の活動家、実業家。
＊5　P・ブルデュー『ディスタンクシオン——社会的判断力批判1』石井洋二郎訳、藤原書店、一九九〇年、二七一頁。

に送り返されることになる。数値の正義が通用するところではどこでも、自分の影や見せかけに先行される。すなわち、その領域の統計に依拠しつつ、自分が出そうとする結論の近似値に先行されている自らの姿を認めることになるのである。例をあげてみよう。学校がプロレタリアを排除するのは、学校がブルジョワ支配のために機能する階級的学校だからである。

もう一つの武器、世論調査という臆見（ドクサ）についての臆見（ドクサ）のゲームを使っても、社会学は証拠（エヴィデンス）の産出と戦うのに苦労する。どうすれば世論調査は正しい臆見の真理をとらえることができるのか。それこそ、見せかけのアンケートの教えである。プラトンはこの教えによって、二四〇〇年前にこのジャンルを論じ尽くしている。つまり正しい臆見はつねに自分の側で答えるのである。それは問いに答えるためではなく、状況に応えるための技法である。それがアンケート調査員に送り返すのはつねに、すでに言われたことでしかない。アンケート調査員は、すでに言われたこと、つまりあらかじめ切り分けられた臆見（ドクサ）を相手に提案するよう、その学問の掟によって強いられるのだとすれば、それはいったい何なのか。自分のテーマ——知的なもの（「私は上質な音楽すべてに興味がある」）にせよ、大衆的なもの（「偉大な音楽はわれわれのためのものではない」）にせよ——を、驚きもなく待ちながら。また、落とし穴の答え——それはアノミー〔社会秩序や価値体系の崩壊〕の痕跡を「アロドクシア〔勘違い〕」に陥れることになる（「クラシック音楽は大好きだ、たとえばシュトラウスのワルツなど」）[*6]——によって、「自分の」テーマとはまったく異なる選択肢を民衆のテーマに対して閉ざしながら。

もちろん、こうした典型的回答は、社会学者の気まぐれに由来するものではない。社会学者がこうした回答を手にするのは、それが巷間に広がっているからである。しかし意見の保証となるものは、学問にとっての不幸でもある。すでにひとりでに巷間に広がっている意見を思うままに引き回して巷間に広げることによって、社会学者はつねに自分自身の戯画に後れを取ることになる。彼は、さもありそうなことがらの循環のなかに閉じ込められるのである。こうしたことがらは、あらゆる点において真理とそっくりだが――真理は定義上、巷間に広がることはないという決定的な点を除いて――、真理と距離を置くことによってのみ必要とされる。

こうした循環のなかで、社会学者〔ブルデュー〕は、鍋の論理[*7]を振り回す敵の自己欺瞞だけを調べようとする。どうして、彼は「月並みであると同時にまちがったことを言う[*8]」と非難されうるのか。しかし、彼がこの修辞学上の論証に欺かれるはずはない。彼は、哲学者の同輩たちと、バシュラールの教えを学んだのだ。コペルニクス以前、太陽が地球のまわりを回っていることは月並みであると同時にまちがったことだった、という教えである。それは今でも月並みであると同時にまちがったことである。それは科学認識論のイロハである。科学者は、「隠されていることからしか科学は生まれない[*9]」のであるから、「明白なことに反して思考」しなければならないのである。この点に問題が横た

＊6　同書、四八四頁。

＊7　訳注――鍋の論理とは、フロイトの論文「機知」で知られるようになった、次のようなユダヤの笑い話の「論理」を指す。ある男が、貸した鍋に穴をあけて返したと怒っている相手に、次のように反論した。⑴鍋は新品同様の状態で返した。⑵穴は借りたときにすでにあいていた。⑶そもそも鍋を借りたおぼえがない。

＊8　P・ブルデュー『社会学の社会学』田原音和監訳、藤原書店、一九九一年、七一頁。

わっている。数字と意見が交差するなかで、さらには真理がそのまがいものと区別できなくなる脱神秘化の壮大なおしゃべりのなかで、どこに隠されたものが見いだせるのか。「社会学に特有の困難は、みんなが〔tout le monde〕何らかのかたちで知っていることがらについて教えてくれるということから来るのですが、それらのことがらは、システムの法則が隠しているがゆえに、ひと〔on〕が知りたくなかったり、知りえなかったりするものなのです[*10]」。

接続詞〈……がゆえに〉に驚かされる。私たちの知らないところで、何かが起きたのだ。問題表明のかたちで始まった文章が、途中で問題解決になってしまっている。私たちは、科学の難しさは、明らかにしなければならない秘密をみんなが〔tout le monde〕多かれ少なかれ知っている点にあると思っていたが、非人称主語のわずかな置き換え〔tout le monde と on〕によって、科学が脅威にさらされていることが私たちに示される。なぜなら、ひとは〔on〕それを知りたいと思っていないからである。私たちは隠されていたもの〔ce〕を問うていたが、指示詞がいつのまにか横すべりして〔ce から cela へ〕、なぜそうしたもの〔cela〕が隠されているのかを説明している。では、みんなが知っている秘密のなかに何が隠されているのか。今や答えは一目瞭然だ。秘密の隠蔽である。みんなに知られた真理とは、真理が隠蔽されているということを隠している真理である。明白なことが、自分自身の秘密を隠蔽するために巷間に広まっているのだ。

社会学者は堂々巡りをしていると考えるべきではない。むしろ彼は、自分ができることだけをしたのだ。臆見(ドクサ)の見かけの運動にとどまることを運命づけられて、もはや自分の領域に属さない現実の運動に送り返すこともできず、社会学者は見かけの運動を二重化したのだ。彼は臆見(ドクサ)が充満するなかで、パラドクスの次元を掘りあてた。だれも知りえないということをみんな知っているのだから。私たちが社会機械にとらわれているのは、どのようにしてこの機械にとらわれているかを知らないからである。また火を見るよりも明らかなのに私たちがどのようにしてこの機械にとらわれているのかを知らないのは、知りたくないからである。あらゆる認知が否認であり、あらゆる暴露が覆い隠しである。学校機械が落伍者を排除するのは、この機械がどのように排除しているか知られていないからであり、この機械が排除の仕方を隠蔽し、その隠蔽の仕方も隠蔽しているからである。

靴職人たちの半可通

以上が、ピエール・ブルデューとジャン＝クロード・パスロンの学校装置に関する仕事、『遺産相続者たち』を支配している論理である。分析の最初に置かれているのは、乱暴な数値の羅列とそれが世論に与えた効果である。高等教育への進学率は、農業労働者の子息で〇・八九パーセント、上級管理職の子息で五八・九パーセントである。ここから二つの説明が対立する。伝統的な共和主義的説明は、労働諸政党によって取り上げられた説明であり、単純である。民衆の子どもたちを排除するのは、

＊9　訳注——原文と少し異なる。「隠されたものについての科学しかあり得ない〔*Il n'y a de science que de ce qui est caché*〕」（G・バシュラール『適応合理主義』金森修訳、国文社、一九八九年、六五頁）。

＊10　P・ブルデュー『社会学の社会学』一二五四頁。

学校ではないという説明である。親のほうが、子どもを学校に行かせ続ける手段がなく、地位向上の効果を信頼していないのだ。学校は、学校に来ない人々を排除しているだけである。みんなに学校に行く手段と、学校の有用性の実感を与えれば、ことは足りるというわけである。

反対に、自由主義的な教育主義は、学校の構造そのものをやり玉にあげる。学校は民衆の子どもたちを苦しめる。なぜならその権威主義的な構造は、未来の将校や軍人の規律精神を育成することで、社会の階層構造を再生産しているからである。ブルデューとパスロンが『遺産相続者たち』を執筆した当時、これは青年トルコ学生組合〔急進派〕の立場だった。大多数の消極的で孤立した学生たちの受ける講義に対して、彼らが対置しようとしたのは、学生たちが自分自身で学んでいく作業グループの革命的美徳だった。これについては何も驚くことはない。この青年トルコ学生組合は、共産党の経済主義と対立し、教授たち——社会学の教授たちも含む——の権威主義を批判した。彼らは、ときとして哲学専攻の学生だった。

ここでも同じ経済学とイデオロギーの挟み撃ちである。だが社会学者は、その寸法を測った。二つの分岐の隔たりのうちに、社会学者は、学校こそがプロレタリアたちを排除しているという隠された真実を主張するようになる。しかし、自分の選別方法を使って、そうしたのではない。選別は、彼がしていることではなく、彼がしていないことや自分のそばでしていることをもとに行われた。つまり、彼がしていると信じていることをもとに行われたのである。学校は、自分が選別をしていないと信じ込ませることで、選別を行い、落第者を出す。学校が自分たちのために作られていないような人々に自発的に落第してもらい、自分たちに才能がないことをおのずから判断してもらうことで、学校は落第者を出しているわけである。提供された学習内容を活用するに至らなかったというのが、彼らが自分から落第する際の理由となる。贈与――とその不在――という観念こそが、自動落第という振る舞いを生み出しているのである。プラトンの用語で説明するなら、正しい臆見のパラドクスは、次のように表されるはずだ。才能を授かっていると錯覚すること――この錯覚が、将官や哲学者の半可通な知識を生み出すことで、靴職人の半可通な知識を作り出す。

したがって学校は、自分が選抜を行い、落第させているのを隠蔽しつつ、選抜・落第を行っている。このことはもちろん、それ以上のことを暗示している。システムを完成する上で、学校は、自分が選抜していないふりをしつつ選抜しているという事実を隠蔽するために、選抜を行う義務を負っている。そうしたものこそ、この論理における試験の機能なのだ。試験は、合格に至らない人々や、合格に至るまで浪人する人々を、完全にふるい落とす。それは神話のようなものである。この神話のおかげで、合格に至らなかった人々は、規範を身につけ、〔過去に〕試験によりふるい落とされた人々の運命のなかに、自分たちに相応のものを確認することになる。だがこれだけではない。試験はまやかしを使って選抜を煽る。この試験機能は、試験が選抜を装い、連続的な選抜を隠蔽していることを前提としている。この連続的な選抜は、落第者を出さないと言い張る学校のなかでは隠蔽されている。「選別の明白な手続きである試験の機能の非常に多くの特徴は、試験の覆い隠す排除というものを支配している論理になお従属するのであるが、なぜそうなのかを理解するには、もっぱら、試験によらずに行われる排除を隠蔽する機能を、試験のなかに暴露するほかない。〔…〕階級特有のやり方がそれ以上ないほど明瞭に現れるのは、採点者を伝統的な採点技術の暗黙の未分化な基準へと方向づける試験においてあるが、例えばその例は小論文または口述の試験である」[11]。

ＥＮＡ〔フランス国立行政学院〕の試験官の姿、教授資格試験の答案の馬鹿げた間違いの数々〔が目に浮かぶ〕。再生産の社会学者たち〔ブルデューとパスロン〕は、色つきの奇妙なプリズムを通して、あたかも学校装置はまるごと入会儀式や儀礼的言葉の目的（テロス）にあわせて序列がつけられているかのように見ている。そこで、終わり〔＝目的〕から始まりを説明する一連の横滑りが起こる。すなわち教授資格試験の答案のノスタルジーに満ちた談話が、続いてバカロレア試験官の採点規準が、高校のフランス語授業から着想されたと思われる雰囲気が、そして最終的にプロレタリアの子どもがカリスマの魔法の世界にそぐわないものとして自分を排除するよう強いられる恥の感情が、その実践の現実になる。

したがって、問題は次のようにまとめられる。学校は、子どもたちを平等に迎え入れており、〔学業の〕成否は社会的条件とは別の個人的才能にかかっていると、民衆の子どもたちに信じ込ませている。この隠蔽は、文化的カリスマのゲームのなかで粉飾される。このゲームのなかで、教師は生徒たちに、学校教育活動の慣例を超えた美的なビジョンを教えているのだと主張する。こうして教師のせいで生徒たちは、「わけのわからないことがら、古典における情念の婉曲表現、良い趣味の限りなくこまごまとしたニュアンスなどについて」[12]論じなければならなくなる。したがって当然ながら教師は、才能のカリスマが学校の塀の外でも文化を有する人々にあるとする。生まれから文化を権利として有する人々、作法や服装を顕著に特徴づけている経済的余裕を、わけのわからないことの見方にもたらすことができる人々に、教師は才能のカリスマがあるとするのである。

以上のことには証明が必要だった。反論されるがままにはならないのだ。推論の多数派も少数派も、確かに私たちを当惑させる。機会の平等と才能の不平等という大いなる欺瞞は、それを暴露する人々の鋭い発言以外の場所には、一度も存在しなかったのだろうか。これまで公立学校の主唱者たちは、その発言を、社会的平等に少しも向けず、政治的平等にのみ向けてきた。その社会的再配分の力は、周辺でというその力の使われ方以外ではけっして理解されてこなかった。すなわち、プラトン的な選別者のやり方である。それは、民衆のなかで最も才能を与えられた子どもたちの昇級や、最も鈍い子どもたちのエリートからの脱落においてのみ理解されてきた。また、実践のなかでは、「才能」のイデオロギーは、生まれつきのエリートを選別することよりも、彼らに張り合える民衆の子どもたちを識別するのに貢献してきた。カリスマ概念の恣意性によって、自分に固有の経験によって養成された教師の判断が、ラシーヌ的な婉曲表現の洗練された魅力と同一視されるのである。ちょうど恣意性のおかげで、フランス語のクラスが一人のENAの審査員の自己意識と同一視され、ブルジョワの遺産相続者たちの生来の環境が、温室育ちの上品な〔=卓越化された〕会話や教養ある言い回しと同一視され、試験官の怠慢を期待する学生たちの〔小論文試験の〕課題に対する合理的予測が、神の加護を

*11 ピエール・ブルデュー、ジャン=クロード・パスロン『再生産』宮島喬訳、藤原書店、一九九一年、一八六－一八七頁。
*12 ピエール・ブルデュー、ジャン=クロード・パスロン『遺産相続者たち』石井洋二郎監訳、藤原書店、一九九七年、三九頁。

願う大ろうそくへのフェティシズムと同一視されるのと同じように[13]。

ところが社会学者〔ブルデュー〕は、以上の良識的な反論に対して武装する。社会学者に対して次のように反論しても無駄であろう。すなわち、通常の学校教育の実践やブルジョワ的な会話は、ほとんどラシーヌ的な婉曲表現からできていないとか、独自の数字に従えば、こうした婉曲表現の理解によってブルジョワ出身の学生か庶民の学生かを分離することはほとんどできない、と。このように反論すれば、システムは、それがしているように見えることと逆のことをすることによって――すなわち信じさせつつ行わせることによって――機能するものだということを、まさに忘れることになるだろう。確かに、日常的な教師の実践活動は、若干カリスマ的である。しかし、まさにカリスマは、その不在よりもうまく作り出されることはけっしてない。「きわめて因習的な教師は、自分の意志に反してではあれ、より生き生きとして真実にあふれているとみなされている『反文化』への反抗的な支持をかきたてることによって、心ならずもその客観的機能を果たしている。つまり新入生たちに、文化を崇拝させることを責務としているにすぎない大学人を崇拝するのではなく、文化そのものを崇拝させるよう決意させるという機能である[14]」。

告発された告発者

以上が、哲学徒たちが閉じこめられるパラドクスである。彼らは社会学者の教科書的すぎる方法に反発し、学生集団の自由な活動を教師の権威に対立させていた。それは、まさに制度に対する彼らの

「告発」である。しかし、この「告発」こそが、彼らの意図に反して、制度の真理を表明する。教育者たちの権威主義を告発することで、哲学徒たちは、制度の真の法則を隠蔽しつつも要求している。彼らは制度の洗練されすぎた代表者である。彼らは、遺産相続者に組み込まれている知だけに有利に働く自由放任を要求している。彼らは合理的教育学[*15]による拘束を拒絶する。というのもそうした教育学のせいで、「カリスマ的イデオロギーに見られる総体的で揺るぎない生まれつきの才能[*16]」は、民主的な徒弟制度に変換されてしまうからである。

＊13　訳注――この箇所の表現は、『遺産相続者たち』の第一章と第二章を踏まえている。当該の章で、ブルデューとパスロンは、学生と教師の役割を、社会的・経済的・政治的要素が複合的に絡み合った「システムの産物」と記述している。このシステムのなかで、学生は知識の吸収に駆り立てられ、教師の権威（カリスマ）は学生に知識の消費を促す。結果として、教師の「カリスマ」の恣意的な側面が学生の学びに一方的な方向性を付与することになる。そして、一見すると自由に見える学生の学びは、各局面（言語の習得、日常会話、試験への対応）において画一化される。この箇所で、ランシエールはこうしたブルデューとパスロンの分析と推論を、システムとその産物――ENAの審査員と現場の教育内容、ブルジョワ遺産相続者の文化と彼らの言い回し、試験とそれに対する学生たちの対応――の短絡的な連結（同一視）と批判している。

＊14　P・ブルデュー、J-C・パスロン『遺産相続者たち』八二頁。

＊15　訳注――「真に理性的な、すなわち文化的不平等の社会学に基づいた教育学が存在するならば、それはおそらく学校とその文化を前にした不平等を縮小することに貢献する」（同書、一三九頁）。

＊16　同書、一三四頁。

したがって若きクレイニアスは、みんなが知っていることを「知ろうとしない」ということが何を意味しているかを、自ら犠牲を払って学んだのである。彼の告発こそ、システムに対する具体化した無視であった。また逆に、システムの認識は、彼の無視の認識と一致する。具体的に言うと、哲学専攻の学生のミクロ社会学こそ、〔統計〕数値に根拠を与えている。〔それによれば、〕数値は、選抜過程における大規模な社会的不平等を、私たちに示していることになる。選抜は、選ばれた者の貴族的な徳すなわち余暇を表していることになる。学生たち――とりわけ哲学専攻の学生たち――が時間のやりくりができないと不平を言うのは、彼らはやりくりをしなくてもいいだけの時間があることを、私たちに言うためではないか。したがって、手っ取り早く次のように結論を出せる。学校は、趣味道楽という貴族的価値と一致した徳によって、選抜を行っているのだ、という結論である。告発を行う貴族たちは自由を要求するが、この自由のなかに読み取られるのは、学校教育とブルジョワ的性質に共通の本質、すなわち才能とひらめきという、明証的でありつつ隠れた徳である。この徳こそ余暇すなわちスコレー〔scholē〕である。これが学校に名声と存在理由を与える。さらには無視された模倣によって、支配者の自由を再生産していく。「ギリシャ語のスコレー、すなわち閑暇の場所としての学校とは、すぐれていわゆる無償の訓練の場所であり、世間に対してはある距りをもった中立的な性向を獲得する場所ですが、この性向それ自体はまた、芸術や言葉や身体に対するブルジョワ的関係のなかにおいても含意されていたものです[*17]」。

このありそうもない現象学に小学生の経験を対置しても、無駄である。というのも、クラスとチャイム、授業と宿題、褒美と罰は、必ずしも小学生に自由で無償の教育実践を思い出させるわけではないからである。社会学的記述は、まずは神話物語なのである。だからこそ社会学者〔ブルデュー〕は、高校教師たちに語りかけつつ、自分の大教室の表象を、教室の本質として彼らに示すことができるのである。[*18] このどこにもない学校の記述は、〈学校〉の本質を模倣する物語である。それは余暇の神話であり、時間のなさに関するプラトンによる論証に対応している。それぞれの働き手が持ち場に固定されていることは、時間のなさのなかに隠蔽され、『国家』では、その最終的神話、つまり魂の自由選択という神話のなかに、隠されていた。自由選択の幻想の背後に、〈余暇〉の法を示さなければならない。学校の時間は、こうした空虚な時間に連れ戻されなければならない。この空虚な時間は、〈余暇〉がその子どもたちを承認し、さらに余暇のない人々に承認させるためにだけ、必要とされる。そこから出てくるのが、この論理においてはごく自然な、義務教育の延長に関する説明である。学校から排除された子どもたちを学校に引き留めておくことは、子どもたちが排除されたことを隠蔽することによって子どもたちを排除する、最も確実な手段である。

こうして科学的な説明は、むしろ科学の神話になる。それは、〔人間の〕魂どうしの分断についての反プラトン的神話である。ではその反プラトン主義というのは、厳密にはどの点か。というのも、そこで職人たちが、「自分の仕事」とは別のものを作るためにどのような可能性を手に入れたのかについては、わからないからである。スコレーは、成り上がり者が学習する暇がないので余暇を不正取

＊17　P・ブルデュー『社会学の社会学』一二九頁。
＊18　「教壇、椅子、マイク、距離、生徒のハビトゥス」（同書、一二九頁。強調はランシエール）。

得することも告発する。これは偶然的理由に属する特殊なケースである。成り上がり者が学習することができると思っているのは、学習し終えた取り巻きに属しているからである。彼が自分の「才能」について幻想を抱いているのは、その「特殊能力」[19]のせいである。同語反復の背後で、次のような判定が姿を表してくる。つまり原理を裏切ることによってのみ、原理上の不可能性は逃れうる〔という判定である〕。教育における「成り上がり者」は、二つの面において、自分の属する階級を裏切っているように見える。個人的な面では、特権階級が正統文化を吸収することを可能にする、そうした「素質」を獲得することを自らに課すことで。集合的な面では、自分の成功によって、選抜の全体的な効果を隠してしまうことで。

この個人的な裏切りに対立するのがまず、遺産文化の暗黙知を平等な学習の諸要素に変形する、「合理的教育学」の集合的な機会である。ところがただちに新たな問いが跳ね返ってくる。正統文化の学習を合理化することは、正統性一般の恣意性を強めることにならないか、という問いである。結局、全員に配分された特権は用語上の矛盾である。合理的教育学は、周辺でのみ――被支配階級のなかでとくに良い立場の構成員たちの成功のチャンスを最適化することによってのみ、また「階級関係の構造の存続」に役立つ「限られた数の個人の統制された移動」[20]を最適化することによってのみ――完全な教育学として機能しうるのである。したがって合理的教育学は、システムの隠蔽を補強することしかできない。『遺産相続者たち』から『再生産』に至るまで、それは絶対自由主義教育学と同じくらい幻想的なユートピアになってしまった。

したがってこの社会学者は、システムを永続させている「自由放任」の法則を告発することで、勤勉な階級との連帯をつねに表明することができる。ところが彼はもはや、ジョナタンのペリカンが産み落とした卵からペリカンが産まれるような[21]無限の論理に対して、何も対置できない。あるいはむしろ、彼は何も対置すべきではない。というのも、確かに合理的教育学には、労働者階級の連帯を台無しにするという残念な欠点があるらしいからである。とくに科学としての社会学を否定するという欠点があるらしい。

というのも、周知のように、社会学が科学に属しているのは、もっぱら隠されたものとしてだからである。しかし「隠された」ものだけが、社会学固有のものとして回帰しうる。それが無視〔méconnaissance〕である。さらにこの無視を理解しておく必要がある。一般的に、無視を口にする者は、無視のヴェールの裏に、ある対象が隠されていることを前提にしている。この対象は、この文脈では、社会学の立法を免れる生産関係の力ということになるだろう。自分の領域の主人であり続けるために、再生産の

＊19　P・ブルデュー、J-C・パスロン『遺産相続者たち』四二頁。
＊20　P・ブルデュー、J-C・パスロン『再生産』八一頁。
＊21　訳注――詩人ロベール・デスノス（一九〇〇-一九四五）の詩「ペリカン」（『おはなしうた』二宮フサ訳、飯野和好〔絵〕、晶文社、一九七六年、六-七頁）参照。

社会学は、ある隠された内容についての無視ではなく、たんに自分自身への無視を、教育装置の原理として配置しなければならなくなる。

そういうわけで『再生産』の第一公理は、社会学に必要な要件を説明している。すなわち、たんなる力関係の暴力に加えて、象徴的暴力の効力である。しかし、この「追加」の科学は、脅された補助教員である。合理的教育学が教育の権限に関して真理を述べることができるのであれば、科学の「隠された」ものは消えてしまうはずである。したがってこの〔象徴的〕暴力は、支配の暴力よりもさらに手の施しようのないものでなければならないし、法の還元できない側面でなければならない。というのも法は、それを生み出し引き受ける動作主に、それを見分けるためのいかなる方法も残さないからである。

すべてはある一つの概念に集約される。恣意性である。教育活動一般は、あらゆる学校システムに先立って、二重の意味で恣意的である。まず教育活動は、特定の恣意的な文化、とりわけ階級文化を再生産するからである――こうして教育活動は階級文化の権力を確証する。しかしまた、たんに教育活動が実在し、それによって可能的なものの領野にある切り分けが行われるからである――切り分け自体に必然性はけっしてないのだが。

いまやすべては語られた。第一の意味での恣意性は、つねに必然性に立ち戻らされる可能性がある。しかし第二の意味での恣意性は還元できない。というのも教育活動は、正統な言表というやり方でしか語ることができないからである。恣意性は、自らを生み出す作用のなかで、自ら恣意性と称することはできない。承認してもらう権利を自分から断ち切るのであれば別だが。これが、エピメニデスのパラドクスの意味である。クレタの人エピメニデスが、クレタの人はみな嘘つきであると言ったとしても、そこからは何も結論できない。したがって恣意性は自分を必然的だと称さなければならないのである。あらゆる教育活動は、教育当局の権力によって行われる。この権力は自らを肯定し、教育活動を正統なものとして肯定する。教育当局とは、必然的に無視されることなく、だからこそ正統な権威として客観的に承認される恣意性のことである[*22]。

その場合、恣意性はとらえられない。それはもはや、たんなる証明可能な支配の効果ではない。それは、教育者にはけっして言表できない必然性に含まれる非‐必然性である。矛盾は、パルメニデスの高みにまでたかまる。誰も非存在を無理に存在させようとはしないだろう。恣意性はけっして必然的でありえないだろう。必然性の言語体系(ラング)はけっして恣意性について語らないだろう。教育活動が教育当局を正当化し、逆に教育当局が教育活動を正統なものとする。教育労働を、落伍者なく認可する悪なき循環である。「TP(教育労働)は正統な消費をうみだすことによって、その所産の正統性と正統な所産と正統な需要とを不可分のものとしてうみだす[*23]」。正統な発言(パロール)の再生産は、自ら正道を踏み外すことも、何か預言的な発言のせいで正道を踏み外すこともない。「宗教的ないし政治的預言者は、つねに改宗者に向かって説教をしている[*24]」。散文的な言葉で言えば、イエスやムハンマドは「社

*22 P・ブルデュー、J‐C・パスロン『再生産』二九頁。
*23 同書、六一頁。
*24 同書、四五頁。

会の要求」によって生み出されたことになる。象徴的なものの大法則と商業的な平凡さとの一致があり、この一致によって、靴を縫ったり十字架に磔になったり、各人が「自分の仕事」をするために、ハビトゥスが永続的に生産と再生産を繰り返すことが保証される。

自分の仕事とは、まず社会学者の仕事のことである。というのも、このように調整された社会機械とは、絶対に公理の発展形態でしかないからである。この公理の発展形態のおかげで、社会学は、その対象が自分自身を教育しないことを確かめつつ、科学として存在できるのである。

プラトン主義に対する彼の批判は、きわめて特異な姿を見せる。ある意味で、『遺産相続者たち』と『再生産』は、一度目はイメージで、二度目は公理で説明されたプラトンの『国家』なのである。しかし、この『国家』において、著者たち〔ブルデューとパスロン〕は、きわめて限定された選択をした。彼らは最後から始めた、つまりエルの神話、最終部を締めくくる魂の自由選択の神話から始めたのである[*25]。彼らの関心を第一にかきたてたはずのもの、つまり三種の金属という「教育学的」神話[*26]は無視したのである。

その理由は容易に理解できる。三種の金属の神話は、社会学者には容認しがたい特異性を示しているからである。この神話は、嘘に基づいて真理を語ると主張する。神話がまさに公理の位置を、つまり社会学者の位置を望んでいると言ってもいい。したがって、社会学者は哲学の始まり〔恣意性の宣言〕からではなく、その終わり〔魂の自由選択の神話〕から哲学を攻撃したのである。後者は「良い」神話である。嘘をついていることを私たちに言わない神話であるから。したがってその神話から象徴権力の寓話を作り、その権力の告発から科学を作ることができる。この科学は、つねに再生産されるがつねに暴露されることになる、選択の自由という哲学的幻想を批判する。こうして社会学者はつねに勝者となるのである。しかしまた彼は、この科学的な仕事の結論部分で、哲学的禁止に厳密に従っている。彼は逆の道をたどって、同じ結果に到達することになる。彼は、『国家』の第三巻から第六巻へと進むかわりに、第一〇巻から第六巻にさかのぼるのである。三種の金属の神話から出発して、独学者の断罪に達するかわりに、エルの神話から出発して同じ結論に到達することになる。合流地点において変わることは、哲学王が社会学王になることだけだ。

誤って階級分けされた人々に、彼らをその地位に運命づける本質を割り当てていた「哲学王の甚大な絶望」に対して、社会学者は、「自分たちに最悪の地位を授ける分類原理[*27]」を拒絶する「誤って階級分けされた人々」の側に立つ。ただこの「立場」は、哲学者と同じことを、反対側から説明することからなっている。しかし、この逆方向は重要性がないわけではない。哲学者は恣意性から出発して必然性に到着していた。社会学者は自由に対する幻想から出発して、必然性を再発見する。社会学者

＊25　訳注──プラトン「国家」藤沢令夫訳、『プラトン全集11』一九七六年、七四一－七五八頁。エルはパンピュリア族の血筋をうけるアルメニオスの子。戦争で没した後、死体が腐敗せず、一二日後に生き返った。蘇生までの一二日間、エルがあの世で見たもの（裁判官、魂の判決、過去の英雄・偉人、等々）を語るのが「エルの神話」。

＊26　訳注──本書五六－五八頁参照。

＊27　P. Bourdieu, *Leçon sur la leçon*. Paris, Les Éditions de Minuit, 1983, p. 14.〔未邦訳、P・ブルデュー『教えについての教え』〕

は、職人たちを彼らの地位に固定しているのは、彼らの自由に対する幻想だと宣告する。その場合、宣言された恣意性は科学的必然性となり、カードの再配分は絶対的幻想となる。このとき、かつてないほど仮借のない有罪判決が下される。「確立された序列、およびその基礎をなす資本の分配は、それらが存在していることとそのことによって、つまりそれらが公けに正式に肯定され、まさにそこから〔par-là même〕、（誤）認識されるときから及ぼす象徴的な効果によって自分自身の存続に貢献する」[*28]。「まさにそこから〔Par-là même〕」という表現は、パルメニデス的な必然性の冗語表現であり、弁証法的解放の「同時に〔en même temps〕」と対立する。ある序列が存在しているかぎり、「存在していることとそのことによって」、自分自身の存続に貢献するのをやめるかもしれないということは、不可能である。したがって、恣意性の帝国をつねに承認（したがって無視）しないでいること、つねに無視（したがって承認）しないでいることは、不可能である。

自分の王権を確保するためにも、社会学者は水増しをしたのである。彼は恣意性を合理化し、絶対化した。哲学に対して彼が対置したのは、無矛盾律の厳格な論理で補強された、社会的支配の重しである。彼は、マルクス主義的な必然性を、必然性の永遠性というパルメニデス的必然性を使って裏打ちした。彼は、古い禁止事項を新しい禁止事項と組み合わせたのである。古い禁止事項は、「各人は自分の場所にとどまるべし」と言う。新しい禁止事項は、「階級闘争を忘れるな」と宣告する。この二つを組み合わせると、かつてない姿になる。すなわち、パルメニデス的マルクス主義である。それは、プロレタリアのテロルから立ち直って、ブルジョワ世界の幻滅した凡庸さになり、みんなが知らない重大な秘密として街のそこかしこで叫ばれる。階級闘争は永遠真理になり、もう誰も殺さないという利点だけでなく、科学が永遠に忘れていることを永遠に告発するという、二重の利点をもつことになる。

医者と患者たち

残ったのは、誤った階級に分類された人々である。今やおわかりのように、彼らは解放教育に何も期待していない。預言者的発言については、この発言によって、その発言の無視のせいで、彼らは自分たちの置かれた場所から時には抜け出せる。彼らはこの発言に対して、「判断し、分類する権力の独占」[*29]を要求する新しい王位継承権者の正統性を、ただちに承認する——無視する——だろう。誤った階級に分類された人々からすれば、社会学はもはや何もできない——彼らがその場所に拘束されている本当の理由を、なぜ哲学者たちは無視するのかを説明していることを除けば。少し気の滅入る結論である。しかし科学のモラルは、周知のとおり、厳格である。哲学者と同じく社会学者も、誰にも幸福を約束しなかった。あるいはむしろ、選択しなければならなかった。誤った階級に分類された人々の解放を軽率に約束する、合理的教育学という犠牲がなければ、社会科学はない。長期的に見て、その科学のほうが教育学よりも、誤った階級に分類された人々にとって役に立つと、誠意から判断し

＊28　ピエール・ブルデュー『実践感覚1』今村仁司・港道隆訳、みすず書房、一九八八年、一二二頁。
＊29　P. Bourdieu, *Leçon sur la leçon*, *op. cit.*, p. 15.

たからといって、だれが社会学者を責めるだろうか。結局のところ、教育学ではなく科学が解放を達成するのである。

この科学だけが、きわめて特殊な特性を備えている。他の諸科学はふつう、自分たちの必然性を承認するよう迫ってくる――その必然性が何がしかの解放に役立つことを約束しつつ。ところがこの科学が私たちに対象として提案するのは、どうしようもない無視である。教育は不可能だと言う学校の科学について何をなすべきか。力関係は堅固だと言う力関係の科学について何をなすべきか。教育家の立場と政治家の立場が無効になってしまえば、残るのは精神分析家の立場だけである。社会学者は、自己否定一般の研究者かつ医者だということになるだろう。誤った階級に分類された人々の階級分けを変えられないので、社会学者は彼らに、「罪悪感も苦悩もなく自己のものとして受け入れる可能性」[*30]を提示することになるだろう。

このプログラムは、絶対的な熱狂をもたらすものではない。それは、おそらくこの科学の名誉になるだろう。ところがこの科学は、ある新しいパラドクスのせいで、ややこしくなる。社会学者が精神分析家であるなら、彼は自分の同僚と同じく、裕福な患者だけを相手にする。「社会学者の不幸は、たいていは、社会学者の言ったことをわがものにする技術的手段をもっている人たちならば、それを自分の物にしようとはちっとも思わないことです。〔…〕ところが、それを自分のものにするほうが得だと思っている人たちは、それを専有する手段（理論的教養など）をもちあわせていないものです[*31]」。

問題は少しややこしくなってくる。社会学者〔ブルデュー〕が何と言おうが、その科学をわがものにしたいという欲求は、「技術的な手段」をもっている人々に欠けてはいない。多くの芸術愛好家は、芸術愛好家であることの利点を理解していた。いつでもどこでも、あらゆる印刷物で、あらゆる光の波長で、彼らは、芸術愛好が遺産相続者の特権であると説明してきた。そしてエリート主義への批判は、時を待たずして、階層秩序の新たな正統化になった。大学教授は、郊外教師のエリート主義的方法を分析する。〔社会科学〕高等研究院の教授は、大学の下っ端のエリート主義イデオロギーを脱神秘化し、国の教育相は、部下のエリート主義を全面的に抑圧するための改革に精力的に取り組む。こうして、「罪の意識も苦痛も抱くことなく」他者のハビトゥスを引き受ける可能性が上層部に広がっていく。

誤った階級に分類された人々が、この衛生学から何を引き出すことができたのかは、逆によくわからない。所有権剝奪の科学を占有することが、正確には何を意味するのか。芸術愛好は、遺産相続者たちの特権である。では、非-遺産相続者は、この知の占有から何を引き出すことになるのか。遺産相続者たちは、自分たちのために取っておいた権利を要求するだろうか。しかし、それは、彼らの遺産を正当化するカリスマ・イデオロギーに転落することではないか。〔非-遺産相続者たちは〕評価されるために、上品な〔＝卓越化された〕人々のハビトゥスを前提とする楽しみを断念するだろうか。しかしそれは、必然性がすでに教えていることではないか。「自分をがっちり受け止めることができない自己喪失感に由来する悲惨[*32]」から、自分を解放するだろうか。したがってこの所有権剝奪をがっ

＊30　P・ブルデュー『社会学の社会学』五四頁。
＊31　同書、五三頁。

ち受け止めるだろうか。忠告は、こうした所有権剝奪に苦しむ人々にとってのみ「役に立つ」。自分の運命をがっちり受け止める「以外にどうしようもない」人々の運命のなかで、何かを変えようとする人々にとってのみ「役に立つ」。そうすると結局、彼らに対して門戸はいっそう閉ざされることになってしまうのだが。

かりにこの言説が所有権剝奪に苦しむ人々に届いたとしても……そうなってしまうだろう。この言説が居場所に届く人々は、所有権剝奪に苦しむ人々の教育にあたる「遺産相続者たち」であり、教育者たちの再教育にあたる政治家たちである。ポスト・マルクス主義時代のマルクス主義において、この社会学者の科学は、いわばサルトル的共産党の想像界になった。その科学は、恵まれた人々の傍らで、恵まれない人々を代表する。というのも恵まれない人々は、自分たちが代表になるには卓越性(ディスタンクシオン)の柔軟さが欠けているからである。誤った階級に分類された人々は、この科学の人質であり、じっと沈黙していることで臆見(ドクサ)の際限ない散逸を食い止める警備の道具方である。もの言わぬその支えによって、この科学に正統に表明する立場が与えられ、そのおかげでこの科学は文化相対主義のゲームを免れる——他の諸科学は文化相対主義に閉じ込められるのだが。

しかしほどなくして、この科学は臆見(ドクサ)によって二重化され、その戦闘的態度は秩序の日常になる。不在の階級のための告発は半可通の意見の日常になり、エリート主義の再生産に対する闘争はあらゆる傾向の大臣に共通したプログラムになる。学者による脱魔術化によって通常の無教養が強められ、こうした政策の数々によって最終的に非常に満足のいく結果が得られる。エリートの子どもたちは最終的に、ラシーヌ的婉曲表現のあたたかい温室の外に出る。民衆の子どもたちがそこで何を得たかを知ることは、別の問題である。

諸実践の科学

それはもはや社会学王の仕事ではない。他方で社会学王自身は、再生産の図式の拡張を警戒して、私たちを監視する。こうした図式は、制度の働きがその再生産の条件と相似形であるような制度に関してのみ、実際に当てはまる。その極端な事例として、大学教員を再生産するよう命じられている古い大学が代表的である。各人に対して「自分の仕事」をするように仕向けるさまざまな様式の象徴的暴力をもっと幅広く考えるために、巨大な再生産の機械から小さな機械へと方向を変えなければならない。この小さな機械の運動は、固有の必然性を備えており、その必然性の空間のなかを自由に動いており、社会領野の布置と共鳴し、それを再び描き出す〔からである〕。こうしたハビトゥスを考察しなければならない。このハビトゥスによって、社会的動因は、可能な未来の見通しに組み込まれた過去を役立つものにする〔からである〕。機械の運命論的なイメージの代わりに、市場のイメージを代置しなければならない。市場でこそ、自由な選択が生産物の価格の取り決めに貢献する〔からである〕。さらにはまた、市場でこそ、何でもどのような価格で自由に売買できると思い込む主体たちは、この自由の限界という事実にただちに突き当たる〔からである〕。

＊32　同書、五四頁。

もっとわかりやすく言えば、社会的実践を、ゲームというカテゴリーのなかで考えなければならない。このカテゴリーにおいては、〔ゲームの〕手にまつわる科学がルールにまつわる科学を凌駕する。こうした代価を払って、陰気な無視の科学を抜け出して、ゲームのイリュジオ〔illusio〕の世界に入っていける。語源的な意味からとらえると、イリュジオは、誤った知覚ではなく、発動し始めた利害関心や勝負の賭け金を表している。「ゲーム感覚はゲーム経験の産物であって、したがってゲーム空間の客観的諸構造の産物であって、この感覚ゆえにこそ、ゲームに参加し、参加によってゲームの賭け金を承認する人々にとってゲームは主観的意味、すなわち意味作用と存在理由を持つばかりでなく、方向や来るべきもの‐未来を持つのである（それはゲームと賭け金への投資、ゲームへの利害関心、ゲームの諸前提——ドクサ——への同意、等々の意味でのイリュジオ〔遊びのなかにあること＝幻想〕である）」*33。

以上からはっきり浮かんでくるのが、ある社会学の空間である。それは、結局、諸実践の科学であり、規則の事典やロッカールームでの意見の寄せ集めではない。それはゲームの全体的科学であり、競技者の意見、ゲームの民族学的な客観化、そして民族学の客観化手続きの客観化を、規則や手〔＝戦略〕と一緒に含んでいる。それは名人の科学であり、法の明証性と意見〔＝世論〕の明証性とのあいだに、〔サッカーのフリーキックなどで〕天才ストライカーが敵チームの壁を破るのと同様の裂け目を開く。しかしまた、この科学は、誤った階級に分類された人々に役立てるために還元されたものでもある。この科学は彼らに、あるいは少なくとも彼らの擁護者たちに、社会ゲームのなかの記載されていない規則、支配戦略を教え、不可能なものの壁とユートピア幻想とのあいだの効果的な一手を教えることができるかもしれない。

しかしながらゲームは、社会学者にとって、そして誤った階級に分類された人々にとってはさらに、すぐさま制限されてしまう。おそらくカビールの村民たち[*34]は、贈与と反－贈与からなる繊細な時間性のなかにおり、ゲームを合理的な経済的交換の直接的相互性に切り縮める、民族学者たちの客観主義的な単純化を否認することができるだろう[*35]。しかし、カビールの村民たちは、彼らの実践の真実を彼ら自身に隠しておくかぎりで、観察者を手玉にとることができる。要するに、ゲームは基本的にいつも隠蔽である。

カビールの村民たちが象徴交換のなかで（自分に）隠しているのは、生産諸力の状態、すなわち農業労働の低い生産性かもしれない。しかしそれはとくに、一見したところ配給の全体的相互性を命じている支配関係である。こうしたゲームの「真理」を、イデオロギーの背後にある生産諸関係の有効性に引き戻さないために、この真理を二種類の経済学の絡み合いとして、つまり経済的資本と象徴的資本の絡み合いとして考えなければならない。「隠蔽」は、経済的資本から象徴的資本への再転換なのである。しかし、はっきり再転換されうるのは、所有しているものだけである。ゲームで何か賭けるものがあるときだけ、ゲームができる。経済的資本が必要になればなるほど、この真理がいっそう

*33 P・ブルデュー『実践感覚1』一〇五－一〇六頁。
*34 訳注──主にアルジェリア北部地域に居住するベルベル人の部族。ブルデューは一九五八年から六二年にかけて調査を行った。
*35 P・ブルデュー『実践感覚1』、とりわけ第六章（「時間の働き」）を参照（同書、一六二－一八四頁）。

必要になる。つまり象徴ゲームは裕福な人々のためだけのものであり、支配の婉曲表現でしかない。貧者たちのほうがゲームをすることはない。彼らが自分たちのハビトゥスを通じて見つけ出すのは、実は見せかけのゲームにすぎない。そこにおいて期待される未来は、可能なものの未来ではなく不可能なものの未来でしかない。すなわち、「閉鎖的な特徴、到達不可能な場所、塞がった地平をともなう社会環境」であり、そこでは「真実らしさを評価するための技法」は、必然性の徳を婉曲表現することができない[*36]。選ばれた人々のみが、選択する可能性を有しているのである。

ゲームと市場の開かれた空間のおかげで、私たちは、再生産と余暇の閉じられた論理から抜け出し、闘争の産物としての社会的な賭け金と価値が見えてくる。これらの闘争の産物は、ゲームのルールと状態に関する社会学的説明を使う他の闘争によって変形される。しかし、この開けは、すぐに閉じられてしまう。社会学者は、たった一つの点で、自由でも機械的でもないハビトゥスに手がかりを持っている。それは「知識の効果[*37]」であり、そのおかげで、社会学者は違ったかたちで働くことができる。もしこの知識が適切なものだとすれば、合理的アクター――サルトル主義の哲学者や新古典主義の経済学者――の自由や、生産と支配の関係の厳然たる必然性に送り返されることになってしまうだろう。したがって「知識の効果」は、つねに無知の効果なのである。ところが無知が、たんなる地上の狂気や理性の狡智にすぎないとすれば、勝利を収めるのは依然として経済学者――マルクス主義経済学者にせよ、新古典主義経済学者にせよ――になってしまう。つまり資本主義者は、〈資本〉の操り人形にすぎないということ、あるいは逆に、プロレタリアは零細資本家、すなわち「人的資本」を運営する自由経営者だということである。

このジレンマから逃れるために、社会学者はこの上なく単純な解決策を使うことにする。すなわち彼は、二つの経済学を連結するのである。一家の良き主として、彼は、自分に都合の良い分け前を家人に与える。新古典主義者たちには資本を、マルクス主義者たちには労働を与えるのである。また、ブルジョワ階級には闘争を、プロレタリアには保存を与える。象徴世界は、世界を二分割することで整備される。一方で、象徴的な市場に投資すべき資本を持つ人々がいる。他方で、再生産すべきものは白分たちの労働力しかない人々がいる。前者の必然性は、自由裁量という幻想のゲームのなかで特定される。後者の自由は、必然性が運命愛〔amor fati〕として内面化されるほどにまで切り縮められる。

ピアニスト、農民たち、社会学者

以上が、『ディスタンクシオン――社会的判断力批判』が私たちに提示するタブローである。同書は、カントによる同名異義の哲学書、『判断力批判』への反駁である。ピエール・ブルデューは、趣味判断を行使する際の社会の現実は、カントの理論の真逆であることを示そうとした。彼は、そこに哲学的言説の精髄を見たからである。したがってカントが趣味を細分化したところで、ブルデューは趣味が一つであることを示そうとした。また反対に、カントが趣味を万人に対して共通のものとした

＊36 同書、九七頁。
＊37 P・ブルデュー『話すということ』稲賀繁美訳、藤原書店、一九九三年、一七七頁。

ところで、彼は趣味を二つに分けた。カントは〈美〉に対する判断から生じる美的快を、カナリア産ワインを判定する感覚上の快から区別した。反対にブルデューは、同一の趣味が、芸術作品、ワイン、テーブルマナーを判断していることを示した。カントは趣味判断の形式上の普遍性を認めた。ブルデューの批判が示すには、趣味はつねに不快感の裏面である。というのも趣味は、余暇に恵まれた人々に固有の「自由趣味」と、再生産を行う働き手たちに固有の「必要の趣味」との対立に行き着くからである。原型となる哲学者の模範的な無視をとおして、彼が示そうとしたのは三種のゲームである。このゲームが趣味判断の社会的母型となり、二つの大きな対立の結合となる。一つめの対立は支配する人々とされる人々の対立であり、象徴的市場に投資する資本を持つ人々と持たざる人々の対立である。二つめの対立は、経済資本の優位性という特徴をもつ、支配階級のなかの支配的部分と、文化資本の優位性という特徴をもつ、被支配部分との対立である。

証明の問題は、社会学者の最初の対象とともに始まるが、それはその敵、すなわち哲学王の妃である音楽の最終的な除去でもある。異なる社会階級が、多かれ少なかれクラシック音楽に敏感であるかどうかを知りたいと思う者にとって、ある方法がごく自然にアイデアとして湧いてくるはずである。すなわちクラシック音楽を自分のメンバーたちに演奏させるという方法である。そういうわけで、民衆にほだされ、自分の技法の宝庫を民衆に渡そうとする「ブルジョワ」芸術家は、重要な実験を企てる。ミゲル＝アンヘル・エストレージャ[*38]は、自分の名声を知らしめようとすることなく、自分のピアノをアンデス高原の寒村に贈った。彼は、古い実験方法によって試行錯誤を行った。錯誤はドビュッシー。彼のせいで村民たちは芸術を敬して遠ざけるようになった。成功はモーツァルト。彼のおかげで村民たちは少しずつ楽器に慣れ親しんでいった。ア・プリオリに予見できなかった大勝利はバッハ。この上なく「階級的」なこの音楽家は、民衆の息子として村落共同体に迎え入れられた。

この類の実践は、社会学者の科学にとっては、「文化共産主義」という非常にはっきりした幻想に属するものである。この幻想は、正統な作品を鑑賞するのに必要とされるハビトゥスを持っていない人々に、そうした作品を鑑賞できると信じ込ませる。この幻想の恐るべき異常性はもちろん、あたかも自分が幻想などではないかのようにすべてをやってのけてしまうことである。幻想はうまくいく。それは無駄な時間を費やすことなく、アンチ社会学者たちを育成していく――彼らは、音楽が農民のために作られたものではないとしても、農民は音楽を鑑賞できるのだと、農民たちに説明する役割を担っている。幻想のせいで、農民たちは音楽を鑑賞するよう強いられる。直接的に。不正な手段で。

これが音楽の不正行為である。それは自分の現状を隠蔽する。カントの時代すでに、策略家の王であったエマニュエル・シカネーダー[*39]のせいで、大都市近郊の人々が、そもそも彼らは偉大な音楽に興味がなかったはずだが、壮大な見せものによる気晴らしという口実で、あるモーツァルトのオペラ

*38 訳注――ミゲル＝アンヘル・エストレージャ（一九四〇－）アルゼンチン出身のピアニスト。軍事政権に抗して、一九七六年から亡命生活に入るが、七七年にウルグアイ軍事政権によって投獄され、八〇年に解放。アルゼンチンの軍事政権崩壊後、二〇〇七年には同国ユネスコ親善大使。

*39 訳注――エマニュエル・シカネーダー（一七五一－一八一二）。オーストリアとドイツで活躍した俳優、劇場支配人、台本作家。モーツァルト『魔笛』の台本を手がける。

〔『魔笛』〕を見せられていた。この時代以後、さまざまなジャンルが分かれていったが、「アロドクシア〔勘違い〕」の働きをとどめるにはけっして十分ではなかった。また編曲者たちが、ディスコ音楽、映画音楽、コマーシャルのバック・ミュージックを口実にして、顧客にモーツァルトをひそかに提案し続けるのをとどめるには十分ではなかった。

幻想、すなわち音楽の「共産主義的」不正は、プラトンにおいては、書き物の特徴をなすある悪徳に由来する。すなわちその無言、言いかえれば批評を免れ、さらには批評に抵抗さえする能力のことである。一方で、音楽は、『パイドロス』における「無言の言説」のように、右からも左からも進んで旅に出かけるだろう――自分に適したハビトゥスとそうでないハビトゥスを示したり伝えたりすることを忘れて。他方で音楽は、批評の帝国と、凡庸化――それによって脱神秘化のプロたちが自らを強めて美的風土の社会的凡庸化を確立する――とに、この上なく断固として抵抗する技法である。

以上の二つの特性から、音楽はすぐれて「社会的世界の否認[40]」の芸術だと明確に結論できるだろう。黙って分類する芸術であり、自分が分類していないかのように振る舞いつつ、折を見てそれを達成する芸術なのである。それは、自分の静寂を非神聖化のおしゃべりに押しつけることにこだわる宗教的芸術である。『嘔吐』の作者を想起させる「音楽の魂」と「魂の音楽」に関する冗談を通して、同じく、アヴィラの聖テレサ[41]の忘我状態、教会の現代化（アジオルナメント）、あるいは預言者イエスやマホメットを作り出した社会的要請についてピエール・ブルデューが論じた軽快なテクスト群を通して、音楽と宗教に共通の特質に対するいっそう根深い苛立ちが感じられる。すなわち、エリートたちの選択、不正、誘拐に影響を与える不測の事態である。そしてこれらが、「所有物が自分の所有者をわがものにする[42]」要因となる「身体化」の科学的メカニズムをかき乱す。〈人間〉の〈息子〉と同じように民衆の友である音楽家が、盗人のようにやってくるのだ。そして、社会学者の国家に盗人はいない。いるのは持てる者と持たざる者だけである。

したがって社会学者は、正統な文化的所有物を隠蔽するような誘拐が行われるのを放っておかない。彼は条件法を使って、音楽作品の社会における示差的用途についての分析からなるであろう、「文字どおり際限のない」課題を示すことになる。だが彼は不正に許可を与えるわけではない。彼は音楽を聴かせることなく、音楽趣味ついて判断することになる。これは方法の問題である。社会学者は、代表的でない民衆のサンプルのところに行くために村々を駆け回り、〈人間〉の〈息子〉を科学的でないやり方で探索する、熱意あふれるピアニストではない。この社会学者は、それぞれの職業別カテゴリーを代表するサンプルに、音楽に関する三つの質問事項からなる記入式アンケートを配布する。〔一番は〕意見の選択（例えば、「偉大な音楽は、われわれのためのものではない」。エストレーリャの農民たちが、偉大な音楽が何なのかを知っていれば、おそらくこう答えたはずである）。〔二番は〕一四曲の音楽作品に関する知識のテストである。〔最後は〕これらの音楽作品三曲のなかから一曲を選択する。驚

＊40　P・ブルデュー『ディスタンクシオン1』三二頁。およびP・ブルデュー『社会学の社会学』一九八頁。
＊41　訳注――アヴィラの聖テレサ（一五一五－一五八二）スペインのカスティーリャ地方近郊のアヴィラで生まれる。ローマ・カトリック教会に属し、神秘思想を展開する。修道院改革にも尽力した。
＊42　P・ブルデュー『実践感覚1』九一頁。

くことではないが、労働者たちはこぞって、偉大な音楽は自分たちのためのものではないと回答した。彼らはきわめて限られた知識を示し、したがって『美しく青きドナウ』〔ヨハン・シュトラウス〕を選択することになる。それに対して上流階級の人々は、「あらゆる質のよい音楽」に関心があると断言し、すべてのタイトルを知っており、『平均律クラヴィーア曲集』〔バッハ〕を選ぶことになる。

明らかに意味のない作業だ。重要なのはカントに反駁することであり、科学はあらかじめ手段を奪われていたのである。カントは、美的判断には、異なる認識能力——博識なあるいは通俗的な——の行使があると主張したのであった。音楽趣味の試験を知識テストに変形することで、社会学者は問題を触れもせずに片づけてしまった。彼がテストしたのは、音楽史に関するテストに回答する能力であり、言いかえれば、結局、アンケートの意味を判断し、相応に回答する能力だったのである。これは試験の典型的状況であり、そこではもちろん大学人たちが最も優秀な成績をおさめる。それは、彼らの音楽趣味についてでも、知識についてでさえもない。試験の女王である唯一の特質、すなわち知っておかなければならないものだけを知る技法について〔彼らが最も優秀な成績をおさめたの〕である。この場合〔彼らが知っておかねばいけないの〕は、『平均律クラヴィーア曲集』ではなく、示された作品のなかでこの作品が最も「格が高い(クラッサン)」という事実である。

したがって、調査員〔ブルデュー〕は、「最も正統な判断の選択」があまりにも当然のように課せられるという、音楽についての判断力を抑えることができなかったのである。[*43] しかしこの特殊な欠陥は、一般的な問題に送り返される。すなわち、「ブルジョワはとくに、アンケート調査という状況を支配する能力においてきわだっている」。[*44] 調査員〔ブルデュー〕が示唆するように、「軽く触れ、滑り込ませ、隠す技法」によってではない。より単純に、調査員の質問が、彼らにとってあらかじめよい分類を示すものだったからである。この質問が、本質的に、ゲームで果たそうとしている役割を選ぶのにあたり、ゲームの規則を十分に知っている人々とそうでない人々を切り離しているのである。それによって、両者とも、自分たちが確保しようとする役割を選ぶことになる。哲学的自由の幻想に反駁しなければならないという試験には、いつも勝者が一人いる。すなわち、哲学者にせよカフェのボーイにせよ、自分のために自由に選べるサルトル的主体である。

したがって、実践経済学の計画に沿って、正統性に関する判断の展望を、現実態の正統化の諸形式に移さなければならないだろう。支配者たちの美学、支配者たち－被支配者たちの美学、被支配者たちの美学、こうした美学を形づくっている知覚機能を、その実証性において把握しなければならないだろう。そうしたことから、写真のような、正統化されつつあるマイナー芸術や中間層の芸術の研究が重要となってくる。示差的な美学的配置が動き出すところを現場でとらえるために、逆に〔a contrario〕、カントが基準として要請されることになる。カントにとって、純粋な趣味は、対象の機能を捨象し、その形式とかかわる。社会学者〔ブルデュー〕は、この「純粋な」趣味がたんなるブルジョワ趣味であると示すことになる。大衆の趣味は、反対に、その「リアリズム」によって示される。それは、その内容のイメージと機能のイメージを切り離すことを拒むのである。この点において、大衆

＊43　P・ブルデュー『ディスタンクシオン1』七三－七四頁〔ただし原語は見当たらなかった〕。
＊44　同書、四二九頁。

の趣味は、カントが「野蛮な趣味」と定義するものにぴったり当てはまる。

こうして老婦人の手の写真によって、その記録のなかに、私たちは、内容を中和化するブルジョワのまなざしと、形式を除去する大衆のまなざしを判別することができるだろう。しかし調査人は、私たちにあらかじめ結果を告知してくれる。なぜなら、読者は以下のような表現のあいだに、言語の婉曲表現以外の区別を判読できないからである。すなわち、労働者にとっては「このおばあさんは、きっと働きづめだったにちがいない」。上級技術者は「働きすぎの人の手」を読み取る。大学教授に対しては、「その手はまちがいなく、貧しくて不幸な老年を喚起する」。さらに事務員にとってそれは「何かの絵を写真にとった」ように見える。スペイン絵画を想い出す一般技術員は、美的趣味の点で、『三つの物語』のフェリシテの手を読み取る上級技術者に負けていない[*45]。

対象の「物言わぬ言説」から、決定的な問題が導き出される。この対象はつねに、静寂を守るか饒舌であるかのどちらかである。音楽は正統性に基づいて黙っている。ここ〔写真〕ではイメージに読解作業を強いられる。美学的趣味に固有の異化効果を明らかにするために、社会学者は自分自身、距離をとる必要に迫られる。イメージではなく、イメージに対する志向を問わなければならないのである。どの写真が美しい写真であるか、回答者に聞きつつ、彼らに主題を提示しなければならないのだ。結果が決まっている試験である。そこではっきりすることになるのは、民衆の趣味は、初聖体の機能的イメージを特権化し、皮やキャベツの無意味なイメージを拒絶するということである。反対に耽美主義者は、家族写真を軽蔑し、皮やキャベツに価値を認めることで自分の卓越性（ディスタンクシオン）を主張するであろう。

答えは決まっている。かわりに、問いのむなしさを結論づけることになるのだが。社会学者本人が、以前の著作でこのことに同意していた。「調査員の問題意識や調査の状況そのものが、庶民階級にとっては人工的で虚構の問題、すなわち写真の美的価値についての問題を投げかけた[*46]」。実際、初聖体〔の写真〕を特権化する回答者は、いかなる「機能主義」の美学も認めない。彼は美学をまったく認めないのだ。というのも、彼からすれば、写真は芸術の領域には、ない、また芸術の基準に従って判断されるべきものでもないからである。

言いかえれば、調査員は、〔『ディスタンクシオン』の〕もっと先で政治学者を非難するのと同じことを、ここで行っている。すなわち、調査員は、質問の意味がわかっている人に話しかけるふりをしている――その人に、問いに意味を与える素質がないと結論するために。彼は、〔回答者の〕能力の不在を証明するために、〔回答者に〕能力があるふりをするのである。調査員が明らかにするのは、社会学者が問いを作成した際にすでに「知っていた」ことだけである。つまり「民衆の美学(エトス)」は、たんなる美学の不在だということである。あるいは逆に、美的判断とは、民衆の気質に対してとる純粋な距離だということである。

それぞれの経験における「成功」や「失敗」は、きちんと同じことになるのだと言っていい。判断の世界を組織している充足理由律、すなわちたんなる卓越性(ディスタンクシオン)を、そのつど明らかにすれば十分なの

*45　同書、六九‐七〇頁。
*46　P・ブルデュー『写真論』山縣熙・山縣直子訳、法政大学出版局、一九九〇年、七一頁。

である。隔たり（ディスタンス）を掘り下げれば十分なのだ。音楽なき音楽に関する質問や、美学として認知されない写真についての虚構の美学上の質問は、社会学者に要請されたことを一挙に生み出す。つまり、再生産の民衆と卓越性（ディスタンクシオン）のエリートのあいだの媒介、交点、交換の抹消である。まるで社会学王の科学が、哲学王の国と同じ要求をしているかのように事態は進む。混合点や模倣点はまったく必要ない。この科学の主体たちは、『国家』の戦士たちと同じように、自分自身の半可通な知識以外のことを「模倣する」ことができない。そこではすべてが、正しい臆見に向かって進んでいかなければならない。芸術上の不正行為はそこから排除されなければならない。そのためには、美的情念が正統な作品と頻繁に触れ合うようになり、「世界とのブルジョワ的距離」によって裏づけられれば、十分である。例えば、ヴァージニア・ウルフの一文をめぐる驚くべきはぐらかしによって、私たちは、この女流小説家が、アーノルド・ベネットの戦闘的文学に対して、[*47]「精神にかかわることがらにあまりに情熱を注ぐこと」の拒絶を表明しているのを理解することになる。例えば一九六〇年代に、戦闘的映画ファンの悪い学生たちは、わけもわからずにダグラス・サークのメロドラマやアンソニー・マンのウエスタンを賞賛するよう教員たちに強いることで、悪い点数をつけた教員たちに復讐した。このテロリズムは、庶民の観衆が内容にどっぷり浸るのに対して、形式を「相対的に」評価する美学的な「超然たる態度」の純粋な表れだった。例えば、熱狂的な音楽好きがヴェルディやプッチーニやビゼーらの「通俗的」作品を鑑賞するためにオペラ座前の広場で夜を過ごしていたとき、社会学者は私たちに、コンサートのプログラムは、「最も詳しいファン」が「少しずつモダンな」[*48]音楽に、言いかえればもちろん少しずつ「距離を取った」音楽に、科学的に反論しようのないやり方で移動したことを「証言する」ものだと請け負うことができた。

以上が、実際、無限に再生産可能な分析の論理である。すなわち、美的世界には、距離以外に何もあってはならない。存在の世界と仮象の世界を絶対に切り離さなければならない。つねに疑わしい存在である美的事象はすべて、臆見(ドクサ)の中身のない言葉の枠のなかに連れ戻さなければならない。「作品」にもっとカリスマ的な畏敬の念を、と学者は主張する。そこにあるのは、「場」だけであり、闘争だけである。この闘争は、しかじかの賭け金を、ゲーム状態の特権化された表れとしてちらつかせる。また彼がひいきにする領域は、消滅した作品、純粋な支持体(シュポール)となった作品、さらに批評の交差ゲームや自己指示の同語反復を生み出す純粋な不在となった作品の領域である。これが、『フィガロ』紙〔右派の日刊紙〕の演劇批評欄の慣例である。『フィガロ』紙は、ブルジョワ生活のステレオタイプ化された再生産の再生産であるようなブールヴァール劇〔大衆向け娯楽劇、商業演劇〕に関する言説を生み出すが、それは『ヌーヴェル・オプセルヴァトゥール』誌〔当時は中立左派を掲げていた週刊誌〕の同僚による予想可能な言説への、たんなる予想どおりの反論である。[*49] 芸術形式による挑発が、それらの示し方に対する愚弄に切り縮められてしまう。それは、山積みの石炭、画板の切れ端、あるいは物の大きさにあわせて「キャンヴァス」という語だけが記された無地のキャンヴァスである。[*50] マ

＊47　P・ブルデュー『ディスタンクシオン1』五八頁。
＊48　P・ブルデュー『社会学の社会学』二二一頁。
＊49　P・ブルデュー『ディスタンクシオン1』三五八－三七〇頁。

イナー文化を復権し、偉大な文化を非神聖化する手続きが、左翼文化の日常、臆見の大混乱を作り出しており、この臆見の大混乱のなかに作品の抵抗する存在は消失する。社会学者〔ブルデュー〕によって生み出された科学的効果は、この種の大混乱と結びついており、この大混乱が、最終的に、卓越化の効果に還元されないものすべての排除を達成することになる。「脱神秘化する」臆見の日常を悪化させ、仮象の撤退の働きを激化させる、モンタージュ、写真、吹き出し、落書き、囲み記事がそのことを証明している。この脱神秘化の限界点となるのが、小さな囲み記事であり、それは、『感情教育』〔フローベール〕の準備ノートから抜き出されたものであり、「婉曲表現以前に」と復讐の落書きが記されている。この落書きは、私たちに、二人の主人公〔フレデリックとアルヌー夫人〕の自慰的感情にまつわる長い物語が、結局、二人は寝るのか寝ないのか、首尾よくいくのかどうか、という二つの問いに対する手短な答えに切り縮められるということを理解させてくれる。[51]

芸術の排除。これは空虚の生産の一般的メカニズムの個別事例であり、こうした事例は、民衆的身ぶり〔gestus〕が、事故や不正によってブルジョワ的身ぶり〔gestus〕と出会うところなら、どこにでも確認される。美的実践についての「虚構の」問いを制御している原理は、スポーツの実践についての同語反復的な分析も規定している。興味深いのは、ラグビーやサッカーといった、社会的に入り交じったスポーツの例である。これらのスポーツは、「民衆的な性格」を取り戻す以前は、民衆の運動から貴族の学校に移っていた。この民衆的な性格も、ブルジョワたちが、これらのスポーツを実践したり見物して楽しんだりする妨げにはなっていない。ピエール・ブルデューは、ここでもまた、ハビトゥスどうしの根源的な差異を生み出すことにこだわっている。彼は私たちに、これらのスポーツには、支配階級の成員を、彼らが要請する徳によって追い返すだけの「あらゆる根拠が蓄積されている」と保証する。「力とか苦痛に対する抵抗力、暴力への性向、『犠牲』精神や集団の規律に対する遵守服従精神――これはブルジョワ的役割のなかに含まれている『役割距離』の完全なアンチテーゼだ[*52]」。

この根拠の「蓄積」に、私たちは当惑する。競技、悪への抵抗、犠牲の精神、集団の規律に対する服従は、ブルジョワ支配の学校、教会、出版物、軍隊が少しも知らない徳なのだろうか。まさにこうした徳を国の兵士たち、とくに将校たちに叩きこむために、これらのスポーツが、頑健なプロイセンを前に「軟弱な」フランスが敗北した後、導入されたのではなかったか。これらの「蓄積」された根拠のあやしさが、唯一のつねに同じ充足理由律に送り返される。すなわち上品な〔＝卓越化された〕もののト品なものへの反発である。ラグビーが大衆化する際、ブルジョワたちはそっぽを向くというのである。分析の短絡であり、そのせいで逆の問いを出してスポーツに対する民衆の熱狂を問うことが回避されてしまう。屈強な男たちによるスクラム内の目立たない仕事の成果を、突進するウィング

＊50　P. Bourdieu, « La production de la croyance », *Actes de la recherche en sciences sociales*, Paris, février 1977.〔未邦訳、P・ブルデュー「信仰の生産」〕

＊51　P. Bourdieu, « L'invention de la vie d'artiste », *ARSS*, Paris, mars 1975.〔未邦訳、P・ブルデュー「芸術家という生の発明」〕

＊52　P・ブルデュー『ディスタンクシオン1』三二七頁。

にパスするスクラム・ハーフの機転が、社会的正当化論〔sociodicé〕のなかでも最も冷酷なものを作るのである。それは、この〔ラグビーという〕あいまいな実践を、民衆の身体的な徳の純粋に非‐象徴的な提示のほうへ差し向ける方法であり、卓越性（ディスタンクシオン）すなわち余暇というブルジョワの気質（エトス）と、再生産という民衆の気質（エトス）とのあいだに空白を作り出す方法である。

これが、社会学王の循環構造である。彼は、彼のアンケート、図表、グラフの具体的内容を無視する批判や、彼がそれらによって描いた動きつつある世界を相関的に考えられないものとして示す批判に、率先して腹を立てる。しかし、こうした盲目的な読み方は、つねに余暇という充足理由律に送り返す操作と正確に対をなしており、社会空間のあらゆる変転を通じて唯一の葛藤、余暇の二つの存在様態を対立させる葛藤にしか余地を残さない。〔一方で、〕支配者の身体化した余暇にとって、美的活動は部分的回心の材料であり、既存の経済的・象徴的既得権への情熱をともなわない。〔他方で、〕支配者‐被支配者の戦闘的な卓越化志向は、自分たちの経済的政治的劣等性を、文化的競争と、あらゆる対象を占有する美的志向の帝国主義とを強制することによって補おうとする。「社会界において、信仰、信用と不信、知覚と評価、認知と承認の対象になるすべてのものを獲得目標とする闘争は、『卓越化された』現在の所有者と『上昇志向をもつ』所有志願者以外の者を巻きこむことはけっしてない」[*53]。

同語反復の帝国。余暇の帝国。これだけが、ブルジョワ世界と距離を取り、学校の「無償」活動を生み出し、彼の母親の無為が台なしにした遺産相続者の室内装飾と耽美主義へのなかば無為でなかば反抗的な女性的熱中を生み出す。「ブルジョワ階級の女性たちは、経済的企図から部分的に締めだされているために、美学のうちに逃げ場や埋め合わせを求めるのでない場合には、ブルジョワ的生活の舞台装置を整えることに自己実現を見いだすものであるが、ブルジョワの青年たちが以上の点においては彼女たちに似ていて、経済的には恵まれていないながらも、同時に実質的な経済力という点では〔さしあたり〕締めだされているために、現実には自分のものにすることのできないブルジョワの世界に対して加担するのを拒否することがあるというのも、なるほど納得のいくことである。そしてこの拒否は、美学ないしは耽美主義へと向かっていく傾向のうちに、とくにはっきりと現れている」[*54]。

こうして象徴的葛藤の場は、さらに限定される。上昇志向の所有志願者による卓越化された所有者たちに対する闘争は、もともと家族問題や世代間の争いにすぎない。象徴的なもののゲームは、見習い期間あるいはブルジョワ的成熟の大騒ぎなのである。耽美主義者は、『遺産相続者たち』における異議申し立ての学生と同じように、ブルジョワ的余暇の放蕩息子にすぎない。プラトンにおいて、民主的な人間、つまり〔民主主義の〕ひどい不統一状態や飽くことを知らぬ余暇の彷徨に取り憑かれた青年が、手際のいい寡頭政治家の息子だったのと同じである。『ディスタンクシオン』の社会学者は、懐疑的な考えをほのめかすだけである。すなわち、おそらく世代間の葛藤以外に闘争は存在しない〔という考えである〕。『遺産相続者たち』以来、彼は同じ登場人物による決着を追求している。〔一人目の登場人物〕遺産相続人は、一九六四年に、制度批判そのもののなかで、学校休暇の本質を明らか

＊53　同書、三八八頁。
＊54　同書、八五―八六頁。

にした。〔二人目の登場人物〕異議申し立て人は、一九七〇年、ただ一人の社会学者のもとに、システムを隠す新しい覆いを見せに戻ったとき、システムを「暴露した」と思い込んでいた。『ディスタンクシオン』では、教師の嘲笑的な目が、このシステムを古くて重く、階級を離れたものとみなしている――新興プチブル特有の大規模な模造品産業において、自分の手柄による新たな階級化(ルクラスマン)を望みつつ。〔模造品産業というのは〕まがいものの装身具の製造や、象徴的サービスの販売。文化アニメーターの商売、夫婦コンサルティング、性科学者、広告業者、栄養士――彼らは、自分たちの市場の拡大に必要な、したがって自分たちの遺産の奪還に必要な、象徴的欲求を民衆のなかに作り出そうと懸命になる。[*55] 彼らは預言者である。彼らは、「このように、宣伝勧誘を日頃行っているうちに宣伝勧誘それ自体を一つの職業とするにいたったすべての人々の模範的な歴史」[*56]によって、商人の真理に到達した。彼らは、プチブル的な中間世界の同行者たちに、余暇の放蕩息子の帰還しかないような、共通の向上を信じ込ませることによって幻想を与えるのだが、そうした幻想に陥るまでにいたった偽造者なのである。

家族問題としての社会ゲーム理論。これが、科学の手続きとその哲学とのあいだで制度化された奇妙な関係である。社会科学が経済的必然性を超えて要求するのは、象徴的実践の空間である。その動作主は、自由市場の合理的行為者ではなく、特定の場どうしが相互作用する際、その相互作用の所有権を伝達する者と仲介する者である。ところでアンケートで高評価を得る動作主は、つねに合理的な行為者である。その卓越化(ディスタンクシオン)への志向性は、たんに象徴取引に投資される資本の量によって限定される。場の相互作用によって社会的可動性の無数のゲームが規定されてきたはずであるが、その場というのは二重鏡にすぎない。そこでは、単純な卓越化（ディスタンクシオン）の法則が無数の反射に細分化される。偽りの闘争であり、「卓越化された所有者」と「上昇志向をもつ所有志願者」は、実は共謀している。またこの後者は、実は、二つに分割される。卓越化（ディスタンクシオン）の見せかけを運命づけられた希望なき渇望者たちと、見せかけの売却のなかで見せかけの闘争に投資する偽装した遺産相続者たちである。階級や社会空間の場の実証性は、結局は、虚栄の形而上学から発展した神話になってしまう。そこでは、アメリカ流の健康的で楽観的な経済学の合理的行為者たちの世界が、国家的（ナショナル）でヨーロッパ的な古い文化のもつ悲観的で上品な〔＝卓越化された〕アウラによって婉曲化される。学者が語るには、私たちは操り人形でしかなく、それには権力の慰みものだけが充足理由の見かけを与えることができる。おそらくもっぱらこのことから、階級が存在するようになる。「一種の呪いがあって、象徴的な権能は本質的に弁証的で、示差的で、弁別的な性質をもつものなので、覚えめでたき階級が〈存在〉とお近づきになれるためには、その不可分の片割れとして、それと相補的な階級が〈無〉へ、というかより矮小な〈存在〉へと失墜していく定めである」[*57]。

この打ち明け話の幻滅した投げやりな態度にとらわれてはならない。そこでは、サルトル的不安の

＊55　P・ブルデュー『ディスタンクシオン2』石井洋二郎訳、藤原書店、一九九〇年、一六〇－一八八頁。
＊56　同書、一八四－一八五頁。
＊57　P・ブルデュー『話すということ』一五六頁〔ランシエールは引用に際して、「覚えめでたき階級〔classe distingué〕」ではなく、「象徴的階級〔classe symbolique〕」と記している〕。

背景で、形容詞の科学的厳密性を装うパスカル的語調と、パルメニデス的な実詞〔名詞〕の昇格とによって、人間的虚栄の悲しい真理が婉曲化されているからである。社会学王は、自分の対象の根本的な非一貫性を告白することで、自分の権力をさらに確かなものにしているだけである。というのも、ここで存在と非存在のあいだに確立された関係によって、彼は一石二鳥が可能になるからである。まず一方で、彼は、社会ゲームの恣意性に関する物語の作者として、哲学者の地位を手に入れる。ところが、この恣意性はすぐさま必然性に転じる。この「相補的な階級」は、人形劇に科学的対象の厳密性を与える原動力となる。他方で、非存在への失墜は、哲学的宇宙の幻想を認めない民衆的実証性という地獄への落下となるはずである。こうして哲学は二度にわたって追い出され、物言わぬ民衆のおかげで、社会学王は無敵となる。

もちろん、ある条件で。すなわち、民衆が自分の地位に、不動の第一原動力の地位にとどまるという条件で――この原動力は、卓越化された所有者と上昇志向をもつ所有志願者による、対立しつつ共謀するゲームを始動させる。というのも、社会学王の世界と新自由主義的な経済学の凡庸さとを区別するのは、二つの経済学の重なり合い、つまり富める人々にとってのベンサムと貧しい人々にとってのマルクスの重なり合いによってだからである。卓越したエリートの象徴的闘争は、純然たる競争の無意味さを免れる。なぜならこの闘争は、民衆の初等経済学から出発して定義されるものだからである――民衆は、パルメニデス的マルクス主義の自己についての運動によってのみ動かされ、生産関係の永遠の再生産によって動かされるのである。それは民衆の身体に自己密着した下部世界であり、そこでは運命に似た運命愛以外に可能な判断はなく、また男らしさすなわち再生産の指標以外に象徴的に考えうるものはない。

　したがって、この一般化された資本主義を卓越化するものこそ、彼のマルクス主義的な無意識、つまり「階級闘争」である。この階級闘争は、諸階級が互いに出会うための点を各階級に残さないことだけを引き換えにして機能する。所有者たちと所有志願者たちというあまりにも見えすいた戦略を、「隠されたものの科学」の諸対象に変形するのは、抑圧の仕切り棒である。すなわち、こうした趣味のなかに、騒々しくひしめき、密着というブランドをまとい、まぜもののごった煮を食べる民衆の身体への、惹かれながらの恐怖感に永久につきまとわれることによる、嫌悪感からの行動を読み取らなければならない。卓越化された行為者たちに、否認することによる無限のめまいのなかに逃げこむことを強いるのが、民衆の無意識である。それはブルジョワ的礼儀のねばついた根であり、それこそが自由な哲学者の吐き気の本当の基盤であり、カフェのボーイとの上品な〔＝卓越化された〕ゲームの秘密の根拠であろう。

　したがって社会学者の理論的、政治的、医学的行為とは、私たちに民衆を理解する機会を与えるために、抑圧の仕切り棒を押しつけることとなのだろう――社会学者は、私たちが民衆とまったく別のかたちで出会うことがないよう、細心の注意を払ってきたのである。「社会界についての学を進歩させ、これを普及させることができるとすれば、それはただ、中立化の操作を中立化〔＝無力化〕し、あらゆるかたちにおける否認――ある種の革命的言説を誇張して過激化することによってその現実感を失わせるという操作は、そのなかでも無視できないものだが――を否認することによって、抑圧されたものを強制的に復帰させるという条件のもとでのみである。本当でも虚偽でもなく、検証することも偽造することもできず、理論的でも経験的でもなく、ちょうどラシーヌがgénisse〔「雌牛」を意味する詩語〕については語ってもvache〔同じ意味の日常語〕については語らなかったように、SMIG〔家具の販売チェーン店〕や労働者階級のアンダーシャツについては語ることができず、ただ生産様式、プロレタリア階級、ロウアー・ミドル・クラスの役割や姿勢、といったものについてしか語れないような言説に対しては、たんに証明するだけでは十分ではなく、物やさらには人間そのものを目の前に示し、指で触れさせてやること――これは後ろ指をさすとか、指弾するとかいった意味ではない――そして自分が考えていることと思っていることを語るのに馴れすぎて、もはや自分が語っていることを考えることのできなくなってしまった人々を、大衆酒場やラグビー場、ゴルフ場やプライベートクラブなどに入らせてやることが必要なのだ[58]」。

だがラシーヌ的婉曲表現や革命的誇張法から「自由な知識人たちを解放する[59]」ために、雌牛〔génisse〕を拒否された雌牛〔vaches〕の地位に追いやったり、ビヤンクール〔パリ南西の閑静な住宅地〕をベアルン地方〔スペイン国境にある自然豊かな地域〕の集落に変えたりすることが、本当に必要なのか。社会学者が私たちを無理矢理引っ張っていこうとする大衆酒場は、どう見ても、いささかノスタルジックな部類のものである。そこには模造皮革もピンボールもジュークボックスもない。イチゴミルクの消費者もいなければ、派手な身なりの若者もいない。打算もなければ、三連勝式レースの競走馬やロトの数字に託された夢もない。それは、「快楽と苦痛をベンサム流に計算すること[60]」と完全に無縁な民衆世界のイメージである。またそれは、象徴的なもののゲームとも無縁で、未来の予測やアノミーのリスクとも無縁である。そこには、詩人たちがいないのと同様、博打打ちも、成り上がり者も、節約家も、伝道者も、犯罪者も、当然のことながら見当たらない。少なくとも以上のようなものが、「言語学的取引」に賭けられていることに背いて「率直な物言い」を好み、気取らずに「腹もちのいいもの」をむさぼる「率直な食べ方」を好むプロレタリアたちを呼び出すことで、呼び起こされるイメージである。それは、「いまあるがままの姿で大量に自らを再生産していくプロレタリアの繁殖力」[*61]についての遂行的な同語反復であり、それを通じて、半分子どもじみた統計学上の開きは、プラトン的な多に対する〈一者〉の差異のなかで、広がっていく。〔『ディスタンクシオン』で〕範列的に並べられたこれらの写真〔がその差異を表している〕。皿にあてがわれたインゲン豆を食べる人々、労働者の室内——そこに山積みにされた箱によって私たちは整理整頓の技法が民衆においてはくだらないことなのだと確信する——、老夫婦——二人は非象徴的な気質(エトス)の点であまりに似通っているので、かつてユースバッジを付けたり、勧誘パレードに参加したりしていたことはまったく想像できない。民衆世界は、民族学者たちの「未開」の世界よりも深く自然に沈み込んでいる。というのもそこでは、対象には有用性という価値しかなく、食物には腹を満たす役割しかないからである。というのもそこでは、誘惑、教育、通過といった儀礼を経ずに、「あるがままに」再生産されていくからである。お

＊58　P・ブルデュー『ディスタンクシオン２』四九二‐四九三頁。
＊59　P・ブルデュー『社会学の社会学』八五‐八六頁。
＊60　P・ブルデュー『ディスタンクシオン１』二七八頁。
＊61　P・ブルデュー『ディスタンクシオン２』一三三頁。

まけにその民衆の世界には、卓越性（ディスタンクシオン）の指標で飾りすぎた年齢層、グループの記章やグループ拒否の記章を蓄積する年齢層、さらには青年期なども存在しない。抑圧されたものを回帰させる目標がないのである――私たちのプロレタリアの中核を形成しているポルトガル、〔旧〕ユーゴスラヴィア、マグレブ諸国、ブラックアフリカ諸国の労働者たちに、そうした目標がないように。これらの人々は、選挙で選ばれず、調査対象にもならず、写真に撮られることもなく、彼ら自身とは別の六〇歳代の共産主義者の木工職人によって代理表象されるのである――労働者風でトレーズ的な*62、この木工職人のノスタルジーは、社会学者の農民風でバクーニン的なノスタルジーに呼応する。社会学者のノスタルジーは、労働者階級が自分自身にあまり似ておらず、「それほど不幸でない*63」ことを、残念がる。

民衆のアイデンティティのシンプルな顔だちに色づけしたり入れ墨したりするすべてのものが抹消される。それは「罪の意識も苦痛もない」ハビトゥスへの戦闘的医療であり、それはこの気質（エトス）の単純さを、『平均律クラヴィーア曲集』、家族コンサルタント、人工皮革のソファといったブルジョワ的象徴財の提供――奉仕あるいは商品による――によって生じるあらゆる思い上がり〔むくみ〕から守ろうとする。またこの医療行為は、借り物の用語を使って「賃金労働大衆」や「恵まれない階層」に関する「自分たちの」意見を示そうとする労働者たちをねらう、あらゆる「言葉の滑稽な誤用」を防ごうとする。どのような二重の意味をもつ言葉も、被支配者の言語活動の「調子を狂わせる」べきではない。どのようなだまし絵も、卓越化（ディスタンクシオン）の根拠が運命愛の根拠と混ざり合うようになるための方針転換をもたらすべきではない。何ものも、所有志願者たちの「志願」と非所有者たちの「剥奪状態」との結びつきを作り出すべきではない。悪とは、仮象の共同体のことである。

下品な社会学者と上品な哲学者

おそらくそこに、ピエール・ブルデューとカント美学との対立の背景がある。社会学者は、「哲学の名に値する哲学思想はすべてそうであるように非歴史的[*64]」なカントの「否認の」美学に対して、「下品な」批判を要求する。確かに非歴史的であるからなおのこと、この「下品な」社会学者は、問題構制を碩学と宮廷人のあいだの積年の抗争にもっとうまく切り縮めるために、『判断力批判』の日付を知らないふりをする。ところがカントは「美的共通感覚」の問題に、もっと幅広くはっきり日付のついた舞台を与えている。彼の美学は、フランス革命が始まってから一年後に、ある世紀と同時代であることを、「自由(またしたがって平等)を強制(恐怖よりもむしろ義務に基づく尊敬と服従の)と合一させる[*65]」問題に直面する民衆と同時代であることを表明している。

表現はいささか回りくどいが、カント教授は名文家でも、好戦論者でもなく、たんに自分の考えから逸脱しない思想家である。すなわち、感情の平等は、権利を要求する平等に対して現実的行使の状

---

*62 訳注――モーリス・トレーズ(一九〇〇‐一九六四)フランスの政治家。親スターリン的な立場を取り、一九三〇年から六四年まで長きにわたりフランス共産党の書記長を務める。
*63 P・ブルデュー『ディスタンクシオン2』二八七頁。
*64 同書、三八二頁。
*65 カント「判断力批判(上)」牧野英二訳、『カント全集8』一九九九年、二六四頁。

況を与えるために、どのような道を通ることができるか〔という考えである〕。自由の敵たちの大きな力は、競争と社会的諸能力における不平等や、民衆の野蛮さをブルジョワ的礼儀と隔てる溝を理由にして、自由を実行不可能なものとして示すことにある。民衆は自由を理性的に使用することができないと言う同じ人々が、〈美〉は学問上の基準にかかわる問題であるか、洗練された感覚の楽しみにかかわる問題であるかのいずれかであり、両方とも普通の人々の能力の外にあると言う。カントは、民衆の「自然」とエリートの「文化」のあいだの隔たりを絶対化することを拒否している。彼が、趣味判断の形式的普遍性のなかに、すなわち趣味判断に内在するコミュニケーション要求のなかに、探求したのは、来るべき感性的平等への期待であり、支配者の文化とルソー的自然を一挙に乗り越えるものになる人間性への期待であった。

社会学者〔ブルデュー〕にとって人間性はつくれるものではない。したがって彼にできるのはつねに、諸感官の楽しみに対立する無関心な趣味という「非歴史的」観念の精神分析を行うことであり、この観念のなかに、民衆の快楽主義の下品な享楽に対する、哲学的な卓越化（ディスタンクシオン）の積年の恐れを読み取ることである。一七九〇年には、「快適なもの」の理論は、必ずしも民衆のものの見方ではなかった。それは、エドマンド・バークという名の卓越した〔＝上品な〕ジェントルマンの見方である。大工や仕立屋に公的問題に加わる権利を与えるような革命に反旗を翻したその人である[*66]。バーク流の礼儀と、贅沢に対するルソー流の批判とのあいだで、カントは、それが新たな狂気だという意味で「非歴史的」な立場をとる。つまり、支配の歴史に由来する美的感覚の共同体と、知の諸能力とを切り離すことができるという立場である。彼が使う最初の例が、すべてを物語っている。私たちは、宮殿の形を判断できるし、その心地よさを実感できる――諸侯たちの虚栄心によって、宿無したちの汗と引き換えに宮殿が建造されたのか否かといった問題に頓着することなく。[*67]確かにそれは否認の立場である。すなわちカントは、世界が文化的人間と自然的人間とに永遠に分割されなければならないということを否定したのである。彼は、平等の観念には、自らの権利を行使する能力のない民衆の名前で行使されるテロルという未来しかないということを否定したのである。シラーは、〈恐怖政治〉からほどなくして、カント美学のユートピア的内容を発展させることになる。すなわち、仮象を享受する能力が「人間の教育」であり、民衆の非社交性と文明化された野蛮との対立を超えて得られた、脆い自由の約束である。[*68]それは、不可能なものの虚構に応答する可能なものの虚構であり、三種の金属の神話によって施錠された空間を再び開くユートピアである。それは、社会学者がイリュジオ〔illusio〕を定義した意味で、すなわち遊ぶ〔＝賭ける〕ことの可能性という意味で、「進歩の幻想」である。

脱神秘化を行う者の怒りによって追求される「文化共産主義」は、この種の幻想である。この幻想は、芸術に関する現実離れした夢想ではなく、「芸術」が支配の威信や認定ルールから現に自律する時代における、芸術家の身分の歴史的変遷に結びついたゲームの可能性の総体である。こうした時代

＊66　エドマンド・バーク『フランス革命の省察』半沢孝麿訳、みすず書房、一九七八年、六二―六四頁。
＊67　カント「判断力批判（上）」五七頁。
＊68　F・シラー『美的教養論――人間の美的教育について』のとりわけ第五書簡から第九書簡〔清水清訳、玉川大学出版部、一九七〇年、二四―五九頁〕。

に、モーツァルトは師匠をもたずに生きていこうとし、タルマ[*69]は悲劇から当時の礼儀と奴隷根性をそぎ落とし、ルノワールは元司祭や元貴族の没収財産を芸術作品として保管した。こうした芸術は、かつての機能や判定人からは離れたが、まだ自律性の点で閉じておらず、当時、再所有に向けた戦略の優先目標や支えとして提供されていた。そして「否認の」美的まなざしは、プロレタリア知識人たちの場合、他者の所有物に向けられる別のまなざしから全活力を得ることができるが、このまなざしは彼ら自身の所有物剥奪に向けられる別のまなざしになる。

これがゲームであり、そのなかで、民衆のパトスは再所有への美的で戦闘的な情熱に変化する。奇妙なことに、木工職人ゴニは、美学的まなざしを、彼が寄せ木にした作品から、隷従の見せかけに向けるとき、『判断力批判』の解説をしているかのようである。「わが家にいるように、彼は、寄せ木にする作品を仕上げるまで、その配列に愛着を抱く。窓が庭に向かって開かれていたり絵のような地平が広がっていたりすると、彼は一瞬、手を止めて、広々とした景色に向かって思いを滑空させる。隣家の持ち主よりもこの展望を楽しむために[*70]」。この美学的まなざしの獲得から、この持たぬ者が引き出すのは、パラドクスに満ちた禁欲の哲学であり、彼が不可欠だと感じ、提案するねじれたハビトゥスである。それは、人間の幸福に対する権利要求でもあり、プロレタリア斡旋業者のレトリック——わらぶき小屋と宮殿の闘い——を超えている。

否認を通じて、異端が、持たぬ人々のまなざしと言葉に到来する。脱神秘化を行う社会学者〔ブルデュー〕は、ユートピア的ないし異端的な言説の遂行的有効性を、アロドクシア〔勘違い〕の罠に対置しようとした[*71]。しかし、ユートピア的言説が遂行的であるのは、ユートピア主義者の頭のなかだけ、あるいは注釈者の文章のなかだけである。感性に関して重要なのは、行為の命令としてではなく、芸術作品としてである。異端とは、まず宗教の追加部分や美的正統性の急進化である。発言の権利のための闘争は、まず婉曲化のための闘争である。〔すなわち、〕ブルジョワ的な情熱つまり最も「正統な」情熱のゲームのなかに入ることによって、象徴関係の場が階級の境界上に浮かび上がってくるのであり、それによって運命愛〔amor fati〕の反復から解放された労働者が言葉を発することや発話されたものが可能となるのである。初期の労働者の活動家たちは、詩人や騎士、司祭や洒落者を気取ることから始めた。[*72] アロドクシア〔勘違い〕が、ヘテロドクシア〔異端〕に至る唯一の道なのである。借りものの情念が唯一の言葉をつかい、それが再所有を可能にしてくれる。すなわち借りものの言葉である。滑稽な誤用や誤解という犠牲を払って。ものごとの必然的な序列を語る言葉についての誤解が、異端的な言説の最初の言葉なのである。靴職人の蜂起は、『国家』についての壮大な誤解なのである。

こうして「文化共産主義」は動き出した。被支配者に発言の機会を与えるための努力を実行可能なものにする幻想として。卓越化（ディスタンクシオン）ゲームの操作者（オペレーター）として。このゲームによって労働者階級の耽美主義

---

*69 訳注――フランソワ＝ジョセフ・タルマ（一七六三―一八二六）フランスの俳優。舞台装置や衣装などをリアリズムの立場から演出する。

*70 « Le travail à la tâche ... », Gabriel Gauny, *Le philosophe plébéien*, textes présentés et rassemblés par J. Rancière, Saint-Denis, Presses Universitaires de Vincennes, 1983 : Paris, Fabrique, 2017.〔未邦訳、ガブリエル・ゴニ『平民哲学者』〕

*71 P・ブルデュー『話すということ』一七五―一九四頁。

*72 Cf. J. Rancière, *La nuit des prolétaires*, Fayard, 1981.〔未邦訳、ジャック・ランシエール『プロレタリアの夜』〕

者と洒落者たちは、集団に発言の機会を与えた。一八四八年春に合唱で歌い出された『労働者たちの歌』〔ピエール・デュポン作詞・作曲〕のなかにとどめられている発言である。洒落者詩人ボードレールは、この歌を風変わりに読み解くことになる。この読解は、知られざる『判断力批判』のもう一つの虚構の注釈である。「自分と隣り合わせの富裕の上に投げられる貧困の眼差しにもまして、〔…〕卑近なものがまたとあろうか。〔…〕われわれだって、宮殿や庭園の美しさがわかるのだ！ われわれだって、幸せになる術の祭しはつくのだ」[*73]。

ボードレールの読みが風変わりなのは、次の点にある。この宮殿は、カントにはあるが、『労働者たちの歌』には描かれていないのである。しかしボードレールは、宮殿のことを理解することができた。なぜなら宮殿は「時代の雰囲気」、すなわち「文化共産主義」の雰囲気のなかにあったからである。そこから、この洒落者詩人はそれをもっときれいに「共和国の無限なる嗜好」[*74]と呼んだのである。「卓越化された〔＝上品な〕」哲学の非歴史性とは、たんにそれが別の時代に属しているということにすぎない。これに対して、社会学者〔ブルデュー〕の「下品さ」は、彼の時代の学問的意見の脱魔術化された凡庸さにすぎず、学問的意見は哲学者たちが平等の未来を信じ、プロレタリアたちが詩人たちのインスピレーションを信じていた時代の証言を、楽しげに見る。「文化共産主義」に関する彼の論争は、まず、ある時代の言説であり、その時代の芸術の「自律性」は、彼の要求と引き換えに、論評し脱神秘化する臆見（ドクサ）の膨大な無駄話のなかに消えてしまう。

「純粋な」芸術家の脱神秘化は、実は、彼の操作の一つの先鋭化である。というのも、金利生活者フローベールにおける芸術の絶対化は、彼の社会的身分の「否認」ではなく、むしろ「文化共産主義」

に対する死刑執行だからである。「ヒステリックな」ボヴァリー夫人の「詩-的-な〔po-hé-ti-ques〕」切望の死刑である。独学者ブヴァールとペキュシェの知への欲望は、無限反復の強制労働に処せられる。痛ましい死刑執行である。なぜならそれは、両義的な兄弟愛のなかで体験されるからである。さらにそれは、純粋芸術家にとって大切だった唯一の著作『聖アントワーヌの誘惑』の死刑執行でもあるからだ。この両義的な兄弟愛によって、作品はどこにでも転がっていくことになり、プロレタリア階級の夢想やインテリゲンツィアの階級離脱者たちが生まれる中間世界に住むブヴァールとペキュシェのような人々やボヴァリー夫人のような人々の手のなかにまで転がっていく。まさにこの時、社会科学が介入してくる。この科学は、各人にふさわしいものを分類し、純粋な作品を脱神秘化し、夢見がちな農民の娘たちと独学のしがない勤め人たちに、社会批判の目的にもっとよく適した製品を渡す。すなわち、芸術家の純粋性について真理を語るフローベールや他の作家を読むことである。それからモリエールやモーツァルトに関する教育的な映画、こうした映画のおかげで、作品の正統性のかわりに、ルイ一四世の治世や啓蒙時代における俳優業や音楽業の有用な歴史的脱神秘化が代置される。哲学者と文献学者の対話を守ってきたセミたちのコーラスに代わって出てきたのは、社会学王と「臆見学者たち〔doxophes〕」の共謀であり、その目的は、仮象の引退を準備し、分割と不明確さのイメー

＊73　Ch・ボードレール「わが同時代人の数人についての省察」阿部良雄訳、『ボードレール全集Ⅱ』筑摩書房、一九八四年、三二四頁。
＊74　Ch・ボードレール「ピエール・デュポン著『歌と歌謡』への序文」阿部良雄訳、同書、二八頁。

ジが残るあらゆる場で、学者の用語の正確さと社会批判の厳密さを設定することにある。ドクサは言葉を蓄積し、科学は被抑圧者の回帰を操作する、この両者のゲームに包まれることで、社会学者は、場の分節のアルファでありオメガである仕切り棒を見せびらかすことができる。彼が私たちに教えるのは、フレデリック・モロー[*75]のパリは、労働者のパリが始まるまさにその時に終わるということである[*76]。

抑圧の仕切り棒。注釈の帝国と社会的なものの帝国の同一性。消滅した「作品」の世界とは、次のような世界のことでもある――そこでは進歩の幻想に対するマルクス主義的批判が、持てる人々と持たざる人々のあいだの分割の永遠性についての魔法を解かれた知に回帰する世界である。さらにこの世界では、持たざる者は、科学の世界の不在の番人になり、〈地獄〉への発話内的な旅の目的地になる――それによって科学は非 - 科学に烙印を押すことで自らを証明する。民衆体の真理の国への旅は、「否認する人々」のために準備されている。〔しかし、〕私たちが彼らにその国を見に行くよう言うことができるのは、彼らがけっして真理の国に行くことはなく、それゆえ科学の必然性とその対象の秘密を永続的に証明し続けるだろうという確信があってのことである。

＊75　訳注――フローベール『感情教育』の主人公。
＊76　P. Bourdieu, « L'invention de la vie d'artiste », *ARSS*, Paris, mars 1975.

さらにお望みの方のために

締めくくらないといけない。編集者からもそう言われている。誰が哲学者で、誰がその貧者たちなのかを言うべき時だ。著者がどこから出発して、どこに到達したかを語る時だ。そして、これまでの道程で、見たところ個人の健康も国家の善も劇的に問題になってこなかったが、何がこの道程を動機づけていたのかを言うべき時だ。

したがってまず、話をまとめておこう。最初に、次のことが示された。哲学は、自らの他者を定立することで、自分を定立していた。言説序列は、手仕事で生活の糧を得ている人々を思考への権利から除外する円を描きながら規定されていた。

こうした序列化は、細部において何らかの策略を示している。哲学は、職人たちを純粋再生産の序列に追いやることで、職人たちが技術的成功や金銭的利益という実質的現実に彼らの愛を置くようなところでのみ、彼らを認めるふりをしてきた。そしてその見返りとして、哲学は、非所有という黒パンの特権にありついてきた。しかし、そこにこそ二重ゲームがあった。哲学者は、堅実な職人たちを格づけするかたわら、影を落としている人々を格下げすることによって、むしろ思考の特権を要求する、ぜいたくへの仮象の権利を確保したのである。そしてこの特権は、それ自体作り話だとわかるような、自然〔の素質〕の違いを引き合いに出すことで、きわめて乱暴に幅を利かせてきた。哲学は自分の運命を、嘘によってのみ自然に基盤を置くことができる一つの階層秩序に結びつけてきたのである。

私たちは、こうした哲学の社会制度の原型となる姿から議論を始めた。私たちがたどり着いたのは、ある社会学の典型的な近代性であった。それは、哲学的美学のゲームの背後に、持たざる人々の「下品な」楽しみの排除に基づく象徴秩序の規則を確認し、また哲学者たちの自由のなかで、支配の社会的関係がたんに否認されていることを告発する。最初、この二つの歩みはある種の親密な関係を有しているように見える。それは、排除された人々に対するよく似た良心的な考えに基づいている。ではどうして、哲学者の神的な自由の仮面を剝ぎ取り、いつも報われないまま権力を志願している状況に連れ戻そうとする社会学者の操作に対して、それほど嫌悪感を示さなければならないのか。

最も手短にやってみよう。そこには二つの理由がある。一つは「脱神話化」の手段に関係し、もう一つはその目的に、いわばその倫理にかかわる。

第一点に関して、私たちは次のことを示そうとした。プラトン主義の社会学的「転覆」は、ある意味で、プラトン主義における禁止事項の肯定、さらにはその徹底にすぎない。「社会学」は、まさにプラトンにおいて、魂の階層秩序を役割の機能分化において合理化することとして、生まれた。それは一時的な合理化であり、哲学的な皮肉はそれを最終結論としていない。『国家』第三篇で、プラトンは社会学を固有の場に置き直し、各人が自分の仕事をするよう命じる自然の序列の恣意性を認める。「固有」性は、禁止の産物としてまだこれから識別されなければならない。

その場合、社会学的な脱神秘化は、次のような結果を生み出す。すなわち、恣意性を必然性のうちに基礎づけ直すのである。プラトンが、欲求と機能という〔階層秩序の〕重大な理由を、職人たちを思考の余暇から除外する命令の恣意性へと連れ戻した点に、社会学的な脱神秘化は、普遍的自由という哲学的幻想を読み取り、気質（エトス）の違いを示すことによってこの幻想を否定することになる。この違いのせいで、職人は哲学者の〔示す〕利益をけっして好きになれず、ひいては楽しみが言明される言葉を理解できないのである。このとき〔哲学者の示す〕自然の物語は、〔社会学者の示す気質という〕身体に刻み込まれた拒否できない違いになる。科学が私たちに指し示し、写真で証明するのは、哲学的な卓越性（ディスタンクシオン）を享受するべく作られた身体とそうでない身体が、実際にあるということである。社会学者は、哲学をおとしめることで、玄人の言葉だけを聞く人々の特権を、たんに自分の口座に取り戻しただけなのである。

残っているのは、この口座がどのようなものかを理解することである。科学は古い階層秩序のなかの真なるものと偽りの善の数々を、また象徴的黄金と現実の黄金の分割を、彼らに共通の経済学に還元するが、こうした科学の軽快な作業に、いったい何が賭けられているのか。

他の人々は次のように述べていた。経済学は言説序列の古い分割を退場させたが、この経済学が一般化するなかで消滅したのは、価値についての問いそのものである。そしてそれはプラトンの戦略の争点でもあった。「観念論者」で、「奴隷擁護論者」あるいは「全体主義者」であるプラトンの抵抗力は、全精力を傾けて、単純であるが目がくらむような問いを提起することであった。すなわち、より価値のあるものとは何かという問いである。より価値のあるものは、共鳴し合いさえしている表現の森や、近くで反響し合う観念から、どのように区別されるのか。すなわち、より値段の高いもの、よりうまく動くもの、より利益になるものから、どのように区別されるのか。より価値のあるものが、それ自体で価値があることが明白であるなら、定義上争うことができないはずのこのよりよいものが、競争可能な価値の劣等性でさえいつも成功を保証してくれる社会競争の世界のなかで、いつか自分の価値を認めさせることができるようになるのか。『ゴルギアス』で、この問題は、kreïtôn「勝利を収めるもの」という語の意味に加えなければならない〈ねじれ〉にまとめられている――すなわち「勝利を収めるもの」は、この場合、競争をしないという事実そのものによって、勝利を収めるのである。

プラトンの問いは、厳密な意味で、めまいを引き起こす問いである。カリクレスは、この問いの残酷さにはっきり注目している。すなわち、語のねじれを超えて、この問いは、表向きの生が裏向きの生ではないかどうかを知ることなのである。そしておそらくこの問いは、次のような時代にはもっと目のくらむものになるだろう――すなわち、平等の支配が、ついに頭が下になった世界、言いかえれば精神を基盤にした世界として、目のくらんだ哲学者たちに前兆として示される時代には。[*1] それ以来、説得の料理術とハビトゥスの医術〔社会学〕は、そうならないように警戒して、すべての雌牛が脱神秘化の電気照明のなかで一様に灰色になる前に、倒立体操へとがむしゃらに突進しなければならなかったのだ、ということがわかる。

　しかし、めまいは何よりもまずプラトン自身にとってのものである。それゆえ彼は、自分の問いを力いっぱいつなぎとめる。彼は、「うまくいかないもの」の「うまくいくもの」に対する優位、あるいはうまくいかなかった言説のうまくいった言説に対する優位という驚くべき関係を基礎づけなければならない。そのため、彼はうまくいった言説と、自分たちの手から生活の糧を引き出さなければならない人々の「哲学」とを同一視し、修辞学の下劣さと労働者の下品さとを同一視した。プラトンは、修辞学のノウハウや薬の補助薬に対して、哲学的「最高善」の特異性を基礎づけるために、二つの愛、つまり哲学への愛と民衆への愛に単純な分割線を引いた。彼は、同じ一つの全体性のなかに、技術（修辞学）、人物（職人）、原理（民主制）をまとめたのだ。プラトンは、技術的能力の不平等な分配を言説の政治的共同体によって調整するプロタゴラスの民主的思想のなかに、修辞学の民衆的調理法しか見ようとしなかった。また、プラトンは、学識経験者たちの権力を要求するカリクレスに対して、この権力の原理が職人による凡庸支配の原理と同じであることを証明した。哲学のすばらしさは、プラトンの場合、大衆の権力と同一視しうる修辞学的ノウハウとの違いのなかでしか定義できない。このことはまた、その正統性が、言説の遂行のなかで証明されるものではなく、生まれの偶然性に支えられなければならないということを意味する――偶然というのは、序列の王にふさわしい恣意性でもある。

＊1　G・W・F・ヘーゲル『歴史哲学講義（下）』長谷川宏訳、一九九四年、岩波文庫、三五八―三六一頁。

哲学の貴族主義的監禁である。その厳しさとなっているものが、実はその弱さともなっている。それを完成するとみなされていた政治的序列は、いつまでも神の生の影の影にしかなりえない。最高善は、まず国家の正義のために作られたものではなく、神の遊びと音楽のために作られたものである。プラトンの有名な「全体主義」、序列の配分、法の不変性、頌歌の斉唱、これらは間違いなく哲学者の楽園ではない。それはたんに、彼の考えでは、市民という蜜蜂と蟻たちが天上の音楽を真似ることのできたすべてのものである。その上には、選抜と通過儀礼の序列があり、この序列自身、物語の権力にぶら下がっている。そして物語はつねに二重である。物語が語るのは、自然の偶然性に帰せられる配分——ノブレス・オブリージュ——であるが、また再配分でもある。すなわち、それらの長所と短所によって変形した魂の新たな分割である。啓蒙時代と公教育の時代に、『パイドン』が熱狂的に読まれたことには、理由がないわけではなかった。貴族プラトンの輪廻神話は、未来の民主制に、ある種の平等の理念を遺贈したのであり、これは機会の平等と呼ばれることになる。すなわち、長所の高貴さと偶然の貴族制との出会いである。この出会いを不平等の「隠蔽」に還元しようとする哲学と政治の奇妙な行動は台なしになる。

プラトンのほうは、不平等を隠蔽するような傾向はまったくなかった。逆に、彼は断固として防御柵を維持する。再配分はとりわけ、偽の高貴さの地位を下げなければならない。問題は、蟬の歌を純化することであり、それにふさわしい蟻たちに開放することではない。ある人々の徳と別の人々の徳のあいだで、〈貧困〉の息子は、気まぐれなだけによりいっそう用心深く監視する。残っているのは、言説序列を物語の幼稚さにぶら下げることだけであり、言語序列は、一度ならず職人たちの節制〔ソフロシュネ〕――すなわち不可能なものを信じる頑固さ――を台なしにしてきた、幼年時代の徳の脅威にさらされる。

これが徳――悪徳――であり、そのおかげで靴職人レンブランツは、大きな希望を胸に、エグモントへ旅立つ。[*2] 彼が生きたのは進歩の世紀であり、彼が会うことになる哲学者は、まったく新しい種類の人間だった。彼〔デカルト〕は、音楽の神秘を音響効果の合理性に連れ戻し、世俗の言葉で楽譜を執筆し、自然の光はみんなに分配されたものだと確信していた。彼は自分の科学を、使用人たちに伝えることができるとすら思っていた。逆に、使用人たちは確かに奔放すぎる職人たちから、平安を守った――主人は「他人の仕事に興味をもつよりも、自分の仕事に気をくばる」[*3] 多数の群衆のなかに平安を探しにきていた。ところが仕事の「所有」はもはや、言葉が交わされ、命題が理解されることの妨げにならない。靴職人は辛抱強さのおかげで、ついにある試験を受ける権利を手にすることになり、それによって靴職人が夢見ることができる最も高いキャリア、すなわち天文学への道が開かれることになる。周知のように、オーギュスト・コントは、プロレタリア階級を新たな運命に導くために、他の科学を望まない。

これは、言説と国家の新たな分割、ある種の職人復権の考え方に関する合意を前提にしている。靴職人は、良識のおかげで天体についての瞑想の高みに昇ることができたのであるが、良識によって政

*2　訳注――本書冒頭の引用を参照。
*3　R・デカルト『方法序説』谷川多佳子訳、岩波文庫、一九九七年、四四頁。

府を改革しようと望むことを思いとどまったにちがいない——彼は生まれによって、その方向には呼び寄せられなかったのである。そしてオーギュスト・コントのプロレタリア階級は、瞑想の使命に従って科学の司祭たちに唱和するために政治的平等への熱意を捨てることによって、やがて自らの地位を得ることになる。それは禁止と通過儀礼の再配分であり、そこには、政治の玩弄と屈辱の果てに、科学と仕事がいつか統一されるという希望が広がっている。

これは、第三身分〔平民〕の哲学としてのある種のデカルト主義の観念である。このような組合主義の理論家は、デカルトの仮面の下に第三身分の哲学を再発見することができたのである。*4 それでもやはり政治がつねに第三身分の哲学に抵抗してきたことに変わりはない。また独学の靴職人たちの哲学、詩想（ミューズ）、夢も同様である。機械工学や医学が連帯した労働者たちに何を約束しようが、問いは別のところにある。すなわち仮象を楽しむ能力が、権限の配分と序列の階層秩序から区別される点にこそ、問題がある。

したがって残る問題は、ヴォルテールの世紀〔一八世紀〕に新たに定式化されたグラウコンの問いであり、一八世紀最後の一〇年間カントとシラーが立ち向かった仮象に対する警戒である。両者は、言説と政治の序列を、有用な対象の製作と、形式に無関心な瞑想とに関連づける二つの方法である。両者は、天と地の関係、職人たちの仕事と哲学者たちの余暇の関係についての二つの考え方である。

それは一方で、同業組合、迷信、幼稚さなどから解放された産業世界に対する楽天的な見方である。そこでは、序列の自然性が、その原理そのものにおいて、すなわち適性の自然性において忌避されているのがわかる。アダム・スミスは、職業を自然〔の素質〕に適合させるプラトン的なやり方のパラドクスを見てとるのに適した場所にいて、次のような原理を表明した。「例えば、仕事の性格がまったく違うと思える学者と荷担ぎの労働者の差は、生まれつきの天分よりも習慣や教育の違いによるものだと思える」[*5]。同時に民主化されなければならないのは、職工王の徳である。技術的能力は、政治的能力の証明となる。「紡車の製法や織機の操法を知らぬ国民にすぐれた政治組織の樹立をわれわれは期待しえるでしょうか」[*6]。しかし仕事が文明化すると、仕事をする者にただちに跳ね返ってくる。文明化は「利便性」を作り出すことで、自らの優秀さを証明するが、この利便性が、教養ある生活の普遍的社会性を進展させることができるのは、たんなる労働能力の再生産と機械的動作の反復だけを運命づけられた職人たちを、彼らの持ち場によりよく固定するという代償を払うことによってのみで

＊4 Maxime Leroy, *Descartes. le philosophe au masque*, Paris, 1929, et *Descartes social*, Paris, 1931.〔未邦訳、マクシム・ルロワ『デカルト——仮面の哲学』および『社会的デカルト』〕

＊5 アダム・スミス『国富論——国の豊かさの本質と原因についての研究（上）』山岡洋一訳、日本経済新聞社、二〇〇七年、一八頁。この問題に関して思い浮かぶのは、プラトンにおいて、「粗野」が、哲学的な本性に対するアンチテーゼであり、ギリシャ語の「放縦」〔*phortikon*〕と対応することである。とりわけ『パイドロス』256a〔藤沢令夫訳、『プラトン全集5』二〇一－二〇二頁〕を参照。

＊6 D・ヒューム「技芸の洗練と進歩とについて」『市民の国について（下）』小松茂夫訳、岩波文庫、一九八二年、三八頁。『百科全書』〔ディドロ〕の「芸術」の項目も思い浮かぶはずだ。「どのような自然学ないし形而上学の体系のなかに、金を紡ぎ、靴下を作り出す紡績機械や、紐製造業者、ガス工場の工員、ラシャ製造業者、絹織物製造者〔ouvrier en soie〕——これ以上の知性、賢さ、首尾一貫性を、どのような自然学や形而上学の体系に確認できるのだろうか」。

ある。この際、「社会的」なものが、余暇の思想の折り返しとして出現し、自分の有用性だけに支えられることができ、また支えられること望む、言説と国家の序列に関する近代的言説の中核となる。ヘーゲルは、『法の哲学』において、政治経済学がギルドの政治を解体するよう主張してきたということ自体から、政治経済学の社会性を「乗り越え」、それを国家という普遍の合理性に導かなければならなかったが、このとき「近代的性格」の限界を誰よりもうまく指摘した。*7

おそらくこのことから、平等は、労働の恩恵と背後世界への批判よりも、美的な天空の崇高さのほうを頻繁に利用しなければならなかった。労働者の復権についてのもう一つの思想は、おそらくシャフツベリの主張のなかで生まれた。彼は、美的享受の眺望空間を、独占可能なあらゆる所有物から区別するよう主張した。これはプラトンの熱狂論への回帰であるが、この理論から引き出されるのは、余暇の階層秩序の転覆という予期しない結論である。「テティス〔ギリシャ神話の海の女神〕の胸に抱かれ、壮麗なフリゲート艦で航海するドージェ〔ヴェネチアの総督〕は、貧しい羊飼いほどにもテティスを享受していない。羊飼いは岸壁の突端や高い岬から、気ままにテティスを瞑想し、その美しさに感嘆するあまり、自分の群れのことを忘れてしまう」。*8 この〔職務の〕「忘却」の開けのなかで、カントは教養ある交流の「社交性」〔=社会性〕を考え直し、エリートの言説の一貫性そのものの暗黙の原理として、美的共通感覚を定立することができた。この美的共通感覚こそが、放蕩者たちの非社交性と文明化された野蛮の洗練とのあいだの隔たりの終焉を約束し、またより価値のあるものと全員の平等の基礎となるものとの可能な同一化を約束する。しかしながらこの美的平等という新しい思想は、シラーが、細分化された社会の人間を救済するはずの美的教育として神々の余暇と遊び以外のモデルを提案できなかったとき、ただちに不可能なものに対する不安へと陥る。[*9] 自由民主主義者のプロタゴラスは、以後、狂気に陥るディオティマ〔プラトン『饗宴』〕をあてにしなければならなくなる。

この時に始まったのが、近代的なめまいの比喩形象であり、選抜と仕事との、産業の脱神秘化と天上の平等主義との、交錯したゲームである。革命的な学者たちは、天空の思弁を脱神秘化し、生産者の支配を宣言する——今やカースト制の権力を打破する労働と生産力を賛美するなかで、自分たちの権力を正当化するようになっている、エリートたちの言説に出会うことになるかもしれないが。逆に、プロレタリア階級の頑固な子どもたちは、詩人や哲学者の天空のなかに、人類に対する自分たちの使命のしるしを探し求めた。神の霊感を授かった教養ある専門家たちは、子どもたちに、彼らの階級を格下げするのにぴったりの虚栄心を捨てるよう厳命した——そのこと自体によって、生産者王、有閑階級の敵の地位を、より強力でより敵意に満ちたものとして置く危険をおかして。それでもなお生産者たちのエリートは、最善のものが、勤勉さの序列がもつ力や兄弟愛の調和のバランスと一致するのかどうかを知ろうとして、自らを引き裂くことになった。芸術家たちは、美的な秀逸さを工業的な画

＊7　G・W・F・ヘーゲル「法の哲学」速水敬二・岡田隆平訳、『ヘーゲル全集9』一九五〇年、二六三－二七二、二九七－三一五頁。
＊8　Anthony Ashley-Cooper Shaftesbury, *Les moralistes*, rhapsodie philosophique, Paris, 1746, t. I, p. 317.〔未邦訳、シャフツベリ（第三代）『モラリスト』〕
＊9　シラー『美的教養論』一〇七－一〇九頁。

一化に委ねたとしてブルジョワ階級を非難した——その一方で、労働倫理の最も純粋な代表者を自認したのだが。そして、共和国の学校群は円積問題〔＝解決不能な問題〕を解決できるかどうか試してみることになった。つまり、市民の感受性の平等を基礎づけるのに適した美的価値への手ほどきを、民衆の子どもたちに行ってみたのである。しかしながら、子どもたちを国家から切り離すことなしに——一般的に彼らはそこに従うはずであるが、最も優れた人々はそこから浮かび上がってくるはずである。

マルクスはパラドクスの十字路にいた。『フォイエルバッハに関するテーゼ』はこのパラドクスに解決の鍵をもたらすと主張する——この鍵が、同時に、言説の謎を解き明かし、国家の革命すなわち「社会的実践」を開く。この解決方法だけがそれ自体で、あらゆる矛盾を抑え込んでくれる。これは、検証の基盤と審級としての実践を、理論の仮説と思弁の反映とに対立させる、偽りの明証性である。その原理上、実践は、理論の思弁にではなく、技術の生産に対立する（アリストテレスの「詩学」）。『政治学』の自由市民の実践は、その本性上、職人たちの技術よりも、哲学者の観照（テオーリア）——実践が適用したり検証したりしない観照——に近い。そして、奴隷が不要になるとされるあまりにも有名な自動の杼（ひ）[*10]は、アリストテレスにおいては、経済学の家事使用人の組織に関係するだけである。逆に、「政治」経済学の曖昧さ全体が、啓蒙する実践と形を作る労働とのマルクス的関係をしるしづけることになる。このことを証言するのが、ヘーゲルの「否定的なものの労働」に対する、マルクスのきわめて両義的な同意である。マルクスによれば、ヘーゲルは「対象的で、真なる人間を彼に固有の労働の成果として把握する」[*11]。この「固有性」がすべて問題になる。すでにヘーゲルにおいて、道具の「精神的な性質」へのこだわりによって、客観性がギルドの統治によって経済領域へと到来しなければならないことは妨げられなかった。マルクスとしては、犂が「自分が提供するサービスに勝ってしまう」[*12]ことになるから、ヘーゲルに賛同できなかった。この点で、彼は啓蒙の哲学者や経済学者たちに近い。つまり道具ではなく、その産物が理性を実現するのである。そして、国家が生産と交換の社会性を乗り越えなければならないのではなく、むしろ逆である。普遍への進歩は、先行的に輸送手段の完成と一致し、それによって人間と思想が世界中に流通するようになり、古い垢や表象の古い風習(アルカイスム)が一掃される。これは商業としての余暇の思想であり、そこでは〈善〉によって支配された共同体というアリストテレス的理想は、産業に立脚した社会的利便性という近代的視点とごちゃまぜになっており、実は、解釈の「社会」理論によって補完されている。フォイエルバッハは「人間の人間に対する社会的関係を理論の根本原理とした[*13]」。彼は、個人と個人のあいだの関係の諸特性のなかに、哲学の思弁を

*10 訳注――「人間の手が導かなくとも杼が布地を織り上げ、ばちが竪琴をかき鳴らすなら、親方はもう職人がいらなくなるだろう」(アリストテレス『政治学』牛田徳子訳、京都大学学術出版会、二〇〇一年、一四頁〔I, 1254a〕)。

*11 K・マルクス「一八四四年の経済学・哲学手稿」『マルクス=エンゲルス全集40』一九七五年、四九二頁。

*12 G・W・F・ヘーゲル『大論理学(下)』武市健人訳、『ヘーゲル全集8』岩波書店、一九七一年、二四五頁。この箇所については、以下の書籍の解説も参照。J・ハーバーマス『理論と実践――社会哲学論集』細谷貞雄訳、未來社、一九八二年、二三〇―二三七頁。

配分した。彼以上にラディカルなマルクスは、そこに、政治の「代理表象」も持ち込むことになる。すなわち「社会関係」は、この代理表象が表すもの——それは戯画的には、ヘーゲル的官僚制の動物学のなかにあり、範例的には、政治的目的(テロス)を表す最新の形式すなわち民主制のなかにある——の真理として明らかになる。

こうして余暇の世界への接近を命ずる実践は、技術(テクネー)のなかにその原動力を、交換の社会的性質のなかにその目的を見いだす。しかしだからこそシラーは、神の余暇と産業上の序列とのあいだで、距たりに再びはっきり現代性をもたせた。そして彼は両者の別離の効果を示した。すなわち、文明化されたエリートたちの野蛮さと、自然な民衆の粗野さのあいだに深く彫られた溝である。マルクスは、美辞麗句屋のシラーを好まなかった。しかし彼は、その分析が経済学者たちの粗野な率直さによって追認されただけにますます、その分析を避けることができなかった。「社会が繁栄と権勢の状態に進むほど、労働者階級には研究とか知的で思弁的な作業とかにかまける時間がなくなる[…]。かたや、科学領域を探索するための時間が労働者階級からなくなればなくなるほど、彼は別の階級にとどまることになる」[*14]。技術(テクネー)の権力はここで、全員の余暇をけっして促進できない自らの無力さを吐露している。余暇の平等としての共産主義、それ自体で価値のあるものにみんなで参加することは、再構成された人間の美学的比喩形象のほうに送り返されたのである。

しかし、シラー美学の再構成された人間が共産主義の目的(テロス)にとどまるなら、教育はその手段ではありえない。実際、到達しなければならない美学的目的(テロス)は、そこに到達するための実践(プラクシス)と、「あるがままの諸事物」の説明原理との同質化のなかで、ただちに矛盾に陥ってしまう。実践の名目で哲学的なものの次元と政治的なものの次元を回避する「教育」を批判すると、それによってまさにこの実践自体が逃れていってしまうのである。この場合、来るべき秀逸さへの道は、民主的天空の脱神秘化、教育(パイディア)による政治家たちへの反論、そして理屈っぽい靴職人たちによる無資格プロレタリアへの変形を経由する。こうした資格の欠如、こうしたプロレタリアの所有権剝奪だけが、原理的技術(テクネー)と目的としての余暇とのあいだの、唯一の接触点、唯一の媒介なのである。したがって『ヘーゲル法哲学批判序説』は、シラー的図式の皮肉っぽい移しかえとして読むことができる。シラーにおいて、感性的なものに直接政治的に働きかける力をもたない理性は、来るべき人類の感性を教育するという関心を、美的なものに委ねた。マルクスにおいては逆に、民衆が一体化している「感性」は、民衆の完全な非人間化によってのみ教育される。「労働に固有のもの」は、労働者にとって絶対に他なる存在と一体化する。[*15] 価値は、全般的な価値低下によってのみ到来しうるのである。

〔ここに〕原型が認められ、そこから自由の哲学のウルトラ・ボルシェヴィズム的ラディカリズムと、

＊13　マルクス「一八四四年の経済学・哲学手稿」四九六頁。

＊14　アダム・スミス『国富論』の仏訳者サンジェルマン・ガルニエの訳注を参照。マルクスの一八六一－六三年の草稿〔未邦訳〕で引用されている。

＊15　この図式の神学的解釈は割愛する。コティエ〔G. M. Cottier〕の『若きマルクスの無神論〔*L'athéisme du jeune Marx*〕』は、そこに、ルターとヘーゲル経由で、パウロのケノーシス〔無化〕を認めている。ここで、かなり自然な感情としてJ・ハーバーマスの解釈〔前掲書〕が好みであることをお許し願いたい。それは、シェリングを通して、靴職人ヤーコプ・ベーメの他なる神〔alter deus〕を参照している。

所有権剝奪の社会学のインフラ・ボルシェヴィズム的懐疑主義が分かれていくことになる。マルクス本人においても、批判的思考は、社会学的解釈と美学的要求という、危うく結びついている両極のあいだで、つねに引き裂かれている。

一方で、排除された人々の言い分は、それがそれ以外のものではないことをこの上なく示す脱神秘化の理論的操作と同一視される。すなわち、社会的諸関係が互いを映し出す脳内の幻灯である。その場合、神的なものとの哲学的対話という「オナニズム」は、現実を体験し豊かにする「性愛」の生産性を前にして、辞任するよう懇願されるのである。

しかしこの多産な著者〔マルクス〕がその有用な作品を仕上げるために費やした時間が、次のことを十分に証明している。すなわち、マルクスは自分が発表したことを、けっして解決していなかったということである。同様に、絶対者の「世俗化」も、貧しい人々の大義を下位の者による上位の者の説明と同一視するような思想の芸当も、彼は解決していなかった。唯物論的歴史に関する散文のなかで、彼は小人の世紀と巨人の世紀を区別している。彼にとって「巨人」の文学が表すのは、社会的なもののなかで抵抗する余暇の核である。明らかに彼は、アイスキュロス、セルヴァンテス、シェイクスピア、ダンテのテクストを読み取ることのできない個人に、どのような幸福を約束できるのかわからないでいた。彼は、経済法則に対して、いたずら者パックや魔法使いハンス・レクレ[*16]の永続的権利を主張した。彼は、勝ち誇る自然主義に対して、偉大なギリシャ自然学の権利を要求した。また彼が天命の脱神秘化を気に入っていたのは、それが生産力の神ではなく反逆の神としてのプロメテウスの戦いを引き継ぐ場面においてだけであった。

こうして批判は、次の二つのことを一つにしている。すなわち、最善のものの理想的な姿を社会的主体の属性に還元すること、および実存が本質と比べられる隔たりが再び開くことである。この批判は、人間の本質が否定されるあらゆる実存形式に対して、死刑判決を宣告する法廷であり、本質やその種の実体すべてを「社会的諸関係の総体」に連れ戻す鉋(かんな)なのである。この批判は、社会知のなかでの哲学の廃止であり、社会知の自己との距離としての哲学の回帰であり、社会的なもの〔socius〕の一貫性や、その解釈や管理の諸様式に対する皮肉である。この批判は、通常、「批判の批判」という名の社会ゲームによってこの矛盾から脱け出す。言いかえれば、脱神秘化を行う人々の脱神秘化である。マルクスが批判する典型的「イデオローグ」とは、シュティルナーやプルードンのように、病んだ精神を誤った考えから回復させ、ユートピア的夢想の浪費の代わりに科学の口座を置くと主張する、あるいはプロレタリアたちが自分たちの使命について抱く「宗教的な」考え方をからかうと主張する強靱な精神のことである。彼らに反して、排除された人々の言い分は、物語の高貴さと自然の復権を経由する。しかし、この復権はきわめて限られた対価で行われる。すなわちこの復権は、脱神秘化の貧弱なノウハウを、自分の店のしきたりや利益を超えて見ることのできない職人の下劣さと、再び同一視するのである。

天界の迷信にとらわれない技術者を要請する脱神秘化の鉋と、消えいくプロレタリア階級の主体に助けを求める作品の碑のあいだで、最善のものは独学の靴職人の探索から二度にわたって逃れる。マ

＊16　訳注――パックは英国地域に伝わる妖精。ハンス・レクレは本書二〇一頁注42を参照。

ルクスは、ロシア貴族たちが逆説的にも自分の作品に心酔していることにコメントしつつ、「それは仕立屋や靴職人のためではない」と皮肉をこめて注意喚起している。[*17] 周知のとおり、ロシアのおかげでマルクスには別の成り行きが準備されているのだが。

そうした成り行きを可能にするのは、マルクスが立ち会うことのなかった、最善のものの大義と平等なものの大義の出会いである――すなわち、民主主義の奇妙さの思想である。その際、マルクスのテクストの決定不可能な部分から、どちらも私たちには馴染み深い、マルクス主義の世界生成の二つの比喩形象が生まれる。すなわち、指導者たちのマルクス主義と、学者たちのマルクス主義である。指導者たちのマルクス主義は、そこでは政治的なものが消えるはずだった「社会的なもの」の遅れを確認し、その穴を埋めようと名乗り出る。すなわち王の技法の復権であり、それはただちに役者の奪還された権力へと退化していく。この権力は、発せられた言葉に応じて社会的同一性を割り当て、プロレタリア階級はひとがあると思っているところにはなく、革命はひとが思っている時にはないと決めつける。学者たちのマルクス主義のほうは、マルクス主義的な知の未完成状態に身を落ち着けて、適合する哲学からマルクス主義を確立したり、その社会学や経済学を現代に合わせたり、政治学や美学からマルクス主義を完成させたりすることに専心し、ついにはこうした無限の構築作業がそれ自体の不可能性についての無際限の分析に向かうことになる。この自分自身の死刑執行人となったマルクス主義――現実主義者が言うには、それはマルクス主義に起こりえたそれほど毒にならないことであるが――は、そのとき自分に対して義勇兵の役を演じてくれる社会学者たちの切れ味の鈍い挑発に出会った。例えばノルウェー農民の息子ヴェブレンであり、彼は職人的な価値観に愛着を抱き、偽ゴシックの豪華さや天上の聖歌隊の絵画のなかに、浪費の誇示を告発し、上品（ディスタンゲ）な有閑階級の古い猛禽的で野蛮な背景をあばいた。またマックス・ウェーバー、このヒューマニズムの古い伝統に根を下ろすドイツの大学人は、シラーから、すでに両義的だった教育の希望だけでなく「世界の脱魔術化」の証明書も借用した。また彼は、そこでは技術的、官僚主義的な合理化によって和解した人類の代わりにカーストの序列への回帰が告知されるような、近代性の光景を粗描した。こうした義勇兵たちの思想は、リベラルな「エリートたち」の社会民主的時代の「均等化」を前にした悲観主義が、マルクス主義者たちのしらけているがつねに怒りっぽい気分とつながるのに応じて、徐々に日常的な序列に関する議論になっていった。マルクス主義者たちは、社会的なものの名による脱神秘化だけをマルクスへの批判から守ってきた——すなわち、あらゆる政治的、理論的ないし美学的な出現を還元することのできる、社会的な同一性と差異の割り当てである。このようにたちまち古くなってしまう思想どうしが交錯するなかで、社会学的な世界概念は、一つか二つの単純な公理の周囲で固まっていった。すな

*17 「ロシアの貴族は少年時代にドイツの大学やパリで教育を受けます。彼らはいつも西ヨーロッパで見つかる最も極端なものに、いつでもすぐに飛びつくのです。これはまったくの食い道楽で、一部のフランスの貴族が一八世紀にやったのと同じことです。これは仕立屋、靴職人風情のためのものではない、と当時ヴォルテールは、彼自身の啓蒙思想について言ったものです。こういうことは、この同じロシア人たちがカントにつくとたちまち悪党になる妨げにはならないのです」（K・マルクス「マルクスからルートヴィヒ・クーゲルマン（在ハノーファー）へ」一八六八年一〇月一二日付、『マルクス=エンゲルス全集32』一九七三年、四六五-四六六頁、強調はランシエール）。

わち、それ自体で価値を持ち、社会的結集の一貫性や社会的区別（ディスタンクシオン）〔＝卓越性〕の価値を堅持するものなどありえないという公理である。*18 限定された社会的なもの〔socius〕のなかの少数の特性を組み合わせることで獲得されるようなものからは、何も新しいものは到来しえない。選挙社会学は、より高い野心を持った社会学からふだん嘲笑されているが、これこそ先の公理の真髄を表している——民主的選択をシミュレートするその確かな能力の点で、またその解釈を、最近の技術‐社会的変動の分析から、フランク族、ケルト族、ガリア族の古い本能の参照へとたえず送り返す、意図せざる皮肉の点で。

そこから選挙社会学は、先の公理の哲学的意義も示している。選挙社会学が民主主義によって実現されたシミュレーション〔＝模造品〕であるのと同じように、社会学の生成‐哲学は平等思想の喪のしるしである。社会学的批判は、小さな差異の永遠の支配を示し、この支配によって、気質（エトス）の剝き出しの実証性は、民主的主体がいつか到来しうることを否定するために、象徴秩序の純粋差別と結びつく。それゆえ、平等の支配がその可能的出現を提示してきたあらゆる場所——つまり政治的選択と戦闘的政治参加、さらには公教育と美学的理想——において、社会学的批判は好んで機能する。新しいものが信仰の対象になり平等の希望と同化したあらゆるところで、この〔社会学的〕批判は、集団の再生産、卓越化の刻印、信仰の象徴取引を熟視するよう私たちに呼びかける。愛は間違いなく失望に変わり、誠実な戦いとなる——私たちは心を動かされることなく、そう信じる。それ〔社会学的批判〕が、自分自身を科学化された民主主義だと考えることには、いくばくかの理由がある。またそれは、脱神秘化の民主主義に没頭する世界の言葉とイメージのなかのいたるところに、自分を認識することができる。この〔社会学的〕批判は、哲学者たちのなかの「最良のもの〔ariston〕」をその社会的識別機能に還元することによって、また民衆の被抑圧者の回帰へと誘うことによって、私たちの自由主義的‐組合主義的序列を形づくっている互いに矛盾した理由を満たす。すなわち、世界を導いている利益ゲームへの自由主義的な屈服と、平等主義的な希望の組合主義への縮減である。社会的なものの名によるイデオロギー的なものの脱神秘化は、月並みな思想の日常になる。そこから糧を得ているのが、主権者たる民衆から調査対象としての人口への変化、政治的言説からジャーナリズムへの、人間形成の教育学への、美学から環境芸術（エンバイラメント）のアニメーションへの変化である。すなわち、まとめて言えば、民主制からその代替物、社会支配制〔sociocratie〕への変化である。

その際、哲学の貴族的な圧力、美的天空の門を叩く倒錯した職人の息子たちの頑固さ、民主主義的思想における等しいものの根拠と最善のものの根拠との隔たり——これらは、社会学的世界概念の自己とのわずかな隔たりのなかに解消されていく。同時に、脱神秘化による等価性によって、必然性を確証する科学の根拠と、恣意性を糾弾する戦闘的告発とが交換可能になる。なかでもとりわけ重要なのは、社会学によって提供される、学校の「落第」に関する二重言説である。社会学は、ある時は寛容なプログラムを推進し、教育を文化的な高みから降ろして、情緒、親切さ、大衆的語り口に近づける。またある時は、ルサンチマンに糧を与えて、解消できない差異や、嘘に満ちた人間形成の約束について語る。確かに、このルサンチマンは自分自身を、不可能な人間形成と置き換え可能な一つの知

＊18　区別（ディスタンクシオン）〔＝卓越性〕と結集については、ジャン＝クロード・ミルネールの著書『不分明な名前』〔未邦訳、Jean-Claude Milner, *Les noms indistincts*, Paris, Seuil, 1983〕を参照。

としてしまっているのだが。社会的諸条件を脱神秘化することによって、あらゆる民主的なパイデイア〔教育〕が、諸々の知のなかでも最も幅広く交流可能な知を形成するかたちの欺瞞に変わる。公教育の主体、つまり『メノン』の解放奴隷——一世紀前、若き民主主義が彼に希望を託したのだが——の代わりに登場するのは、二重人格者である。まず野蛮人であり、彼は社会的に見れば、教師の異なる言語を理解できない。次にずる賢い人間であり、彼には、教育を欺瞞にしてしまう諸条件について、知っておかなければならないすべてのことがらが教え込まれている。この時、各人が隣人の無分別の理由について手に入れることのできる明晰な知のなかで「平等」が復元される。

無知な者の二重の知に応答するのが、科学の二重の真理である。ある時は、科学は活動家の姿をして、「被抑圧者の回帰」を私たちに押しつけることによって、最善のものという哲学的幻想と、平等なものという政治的幻想とを破壊する。科学のせいで私たちは、大衆居酒屋で、身体にはりついたアンダーシャツを目にさせられ、天上の言説が忌避してきた無視できない社会実証性を確認させられる。ある時は、科学は懐疑的で育ちの良い姿をしていて、私たちに次のように告白する。この無視できない実証性の領土にはおそらく、伝説のビザンティウムでのように、象徴的な場しかなく、そこで交換される場所しかなく、青や緑のカザック〔外套〕のように羽織る信仰しかないのである[*19]。科学によって私たちは、無邪気さに恥じ入ることになる——かつて信仰が現実だと私たちに信じさせていた無邪気さ、今では各人が信じたいと思うことの中にしか現実はないことを私たちに無視させている無邪気さ、である。こうして、マルクスの言説に悲劇的につきまとう「社会的なもの」のニヒリズムが、教授めいたずる賢さのかたちで、剣士エウテュデモスやディオニュソドロスのように、再び姿を現す

——毎回、社会的なものを「否認」する生徒や、その一貫性を信じ込む生徒のように、わざと反対のことを言わせながら。学者の特権は、無視できない現実を支える理由と、すべてがまやかしだという平等主義的な確信のなかで勝利をおさめる理由、この両者の等価性を認めることである。しかし、こうした独断主義と懐疑主義の等価性も、社会支配制の真の知なのである。

こうした情勢で、ある種の哲学の問いは、いくばくかの現代的な力強さを再発見できるかもしれない。ここで私は、まやかしに溺れた世界を〈真理〉の生誕地に呼び戻そうとする、少し愚かなノスタルジーや、少し偽善的な不機嫌さのことを考えているわけではない。模倣することなしで済ますことはできないのだ。プラトンの後、すでにアリストテレスが、その理由を論じ尽くしている。哲学はむしろ、模倣を評価できるのかどうか、諸勢力の状態によって固定された平均的相場のなかで交換を繰り返す通貨記号だけを見て取ることを拒否できるのかどうかに、関心を寄せる。最善のもの、平等なもの、あるいは両者の接続に助けを申し出る者は、まずそれらの形姿を模倣しなければならない。残されている問題は、未来の模倣は、ほとんどの場合隠された喪の作業が画策されているのではないかどうかの検証である。これは進歩と退廃、叙事詩と喜劇の問いであり、すべてパラドクスと逆転を免れない。シラーが望んだのは、人々がローマ遺跡の廃墟のなかから、来るべき自由を模倣する術を学ぶことだった——かつて遺跡はその持ち主を奴隷状態から救ったことはなかった。一世紀後、ニーチェは、「未来の芸術作品」の推進者であったワーグナーを、実は自分自身の理想の喜劇役者であり、

＊19 P. Bourdieu, *Leçon sur la leçon*, *op. cit.*, pp. 45-46.

退廃のチャンピオンであるとして、糾弾した。「新しい人間」の模倣に没頭した一世紀の残酷さの極みで、アドルノが有益だと考えたのは、ヴェブレンによって新富裕層の偽ゴシック芸術に向けられた嘲笑を批判することだった。アドルノが主張したのは、贅沢の見せびらかしは、その観客のなかでも最も分配の少ない人々にも、分割＝共有可能な幸福を約束してくれるということであり、他方、非生産的な天使の絵を冷やかしても、すでに確立された序列の荒々しさすべてへの同意にしかならないということである。[*20] 私たちの制度、イメージ、言説が模倣するものが民主主義的な希望なのかその喪の作業なのかを判断できるか否かは、今日もなお重要なのだ。

反省、そこに哲学が含まれているのかもしれない――哲学に教訓を与えるのだと主張せずに。事実は、哲学が、その伝統である貴族的要求ないしは新しい平等思考を、その境界の抜かりない警備と結びつけずに主張できたことは一度もなかったということである。したがって哲学は、仮象と言説の分割を拒否すべく、嫉妬をこめて注意してきた。独学者の思考へのあこがれと、混合物の腐敗、および雑種の烙印――その近代的な名称がイデオロギーである――を同一視することによって。近代における哲学の前方への逃走、および現代によるエロチックあるいは機械的、経済的あるいは遂行的な哲学の魅惑は、この拒否を少しも償っていない。

したがって、理論的に奇妙な職人の姿についての調査は、次の問いに関してのみ達成される。すなわち、価値の階層秩序と混合物の平等を、同時に考えることは可能かという問いである。アリストテレスは民主主義者ではなかったが、この問いを初めて提起した。理性的な熱狂者カントは、近代において再びこの問いを表明した。マルクスは、この問いの周りをたえず回り続けた。そしてマルクス以後、マルクスをマルクス主義から救い出そうとした人々のなかで最善の人々も。反省が続いていることは、起源のメランコリーからも、近代性に先行しようと急ぐことからも同じように解放された哲学の興味をひくかもしれない。その争点は「完全に非歴史的」であるわけではない。

＊20　Th・アドルノ「ヴェブレンの文化攻撃」『プリズメン』渡辺祐邦・三原弟平訳、ちくま学芸文庫、九九–一三五頁。

訳者あとがき

平等は目的ではなく前提である

松葉祥一

本書は次の書の全訳である。Jacques Rancière, *Le philosophe et ses pauvres*, Paris, Fayard, 1983 ; réédit en livre de poche, Flammarion, 2007. 訳出にあたっては文庫版を底本にした。本書には次の英訳がある。Jacques Rancière, *The Philosopher and His Poor*, Translated by John Drury, Corinne Oster, Andrew Parker, Durham, Duke University Press, 2004.

文庫版への序文で、ランシエール自身が、本書の内容や背景、反響などについて述べているので、以下ではこの序文をもとに、ランシエールの他の著作との関連を中心に、本書を理解するための補助線を引いておきたい。[*1]

1 「プラトンの嘘」「マルクスの労働」――知性の平等

本書を貫くのは、「誰が哲学することができるのか」、「誰が政治を行うことができるのか」という問いである。ランシエールによれば、プラトン、マルクス、ブルデューは、貧者−労働者には本来能力が欠けており、哲学することも政治を行うこともできないとする点で共通している。これに対してランシエールは、知性と感性の平等を前提として、誰にでも(ナンポルト・キ)哲学し、政治を行うことができるという立場からこの伝統を批判する。

まず「プラトンの嘘」の章で問われるのは、プラトンの『国家』における、「美しい嘘」である。すなわち、神は、共同体の欲求を満たす労働者の魂には鉄を与え、共同体を導く守護者の魂には黄金を与えたという寓話である。そして各人が職分をわきまえて、自らの仕事に専心していれば、国家は秩序を保つことができるとされる。自分に与えられた仕事に励み、身の丈にあった徳を育み、確立された国家の象徴秩序を乱すなという警句である。もちろん、これはプラトンも認めるように寓話である。しかし、寓話が効力をもつには信じられさえすればよい。この寓話を信じるには、考えたり政治を行ったりする時間がない労働者の立場に身を置きさえすればよい。

＊1 ランシエールの業績については『民主主義への憎悪』（松葉祥一訳、インスクリプト、二〇〇八年）所収の書誌を、経歴については、『平等の方法』（市田良彦・上尾真道・信友建志・箱田徹訳、航思社、二〇一四年）を参照していただきたい。

マルクスは、このような考えをまったく共有していないように思える。しかし、「マルクスの労働」の章が明らかにするのは、マルクスにおいては、真理はプロレタリアートの側にあるが、この真理を解読できるのは党と知識人だけだとされていることである。労働者は知識人がもたらす科学の助けによってのみ解放されうる。こうして働くことを運命づけられた者と、考えることを運命づけられた者とを区分するプラトンの論理が、ここでも受け継がれている。そこに一貫しているのは、社会関係の円環は、「不可能」と「禁止」によって閉じられているということである。支配される者にとって、第一に支配者から割り当てられた存在様式と思考様式から自力で脱出することは「不可能」であり、第二に支配者の思想を取り入れようとする際に自らのアイデンティティを失うことは「禁止」されるのである。

ランシエールはどのようにしてこの問いへと導かれたのか。それは、師アルチュセールへの批判から始まった。一九四〇年生まれのランシエールは、一九六〇年に高等師範学校(エコール・ノルマル・シュペリユール)に入学し、二年間「若きマルクス」の研究に没頭した。一九六四年度のアルチュセールのゼミで発表したマルクスの「批判」概念についての研究が、アルチュセールやバリバール、マシュレとの共著である『資本論を読む』[*2](1966)に収録され、注目された。しかし、ランシエールはこの前後から、アルチュセールの党や知識人のとらえ方を批判的に見るようになっていた。大学教授資格を取得してカルノー高等中学校で教壇に立つ一方で、五月革命の際に労働者と学生の討論会を組織する活動などを通して、また一九六九年に新設のパリ大学ヴァンセンヌ校(パリ第八大学)教員になると同時に、毛沢東派の「プロレタリア左派」に参加し、工場労働者のオルグ等を行う(〜1972)なかで、ランシエールはアルチュセールへの批判を強めていく。一九七三年の『資本論を読む』の再刊の際、ランシエールが自らの論文に序文を加えようとしたが拒否された。それの『レ・タン・モデルヌ』誌への掲載により、アルチュセールとの対立は決定的になった。そして、『アルチュセールの教え』[*3]（1974）を上梓するにいたる。

『アルチュセールの教え』は、アルチュセールの『ジョン・ルイスへの回答』[*4]（1973）の批判という形式をとるが、彼の理論への批判というよりも彼の理論が果たした効果についての批判であった。例えば「国家のイデオロギー装置」という概念は、六八年五月の運動から生まれた概念であるにもかかわらず、それは知識人と党にしか活用できないと主張するアルチュセールの立場は、学生運動に対して抑圧的にしか機能しないという批判である。ただ、この批判は、たんなるアルチュセール批判ではなく、その後のランシエールの思想の核となる「知性の平等」という立場の表明でもあった。ランシエールは、党や知識人に指導されなければ、学生や労働者は主張も行動もできないのかと問い、「主体」としての民衆を主張する。そしてこの主張は同書の「新版への序文」（2011）が示すように、彼

＊2　L・アルチュセール、E・バリバール、P・マシュレ、J・ランシエール『資本論を読む（上）』今村仁司訳、ちくま学芸文庫、一九九六年。

＊3　J・ランシエール『アルチュセールの教え』市田良彦・伊吹浩一・箱田徹・松本潤一郎・山家歩訳、航思社、二〇一三年。

＊4　L・アルチュセール『歴史・階級・人間――ジョン・ルイスへの回答』西川長夫訳、福村出版、一九七四年。

の理念となる。「私は、四〇年前の私を導いていた敵味方を識別する原理を変えたことはない。あらゆる者に共通する能力を前提にすることだけが、思考の力と解放のダイナミズムを基礎づける、という理念だ」[*5]。

この「知性の平等」という命題は、ランシエールが一九七〇年代に行った労働者のテクストの研究によって確信へとかわる。ランシエールは一九六九年にJ・ボレーユ、A・ファルジュ、G・フレスらと、労働者の散文や創作を発掘し読解する研究会を立ち上げ、一九七五年から八五年にかけて研究誌『論理的叛乱（レヴォルト・ロジック）』を発行した[*6]。そして一九七三年からは旧国立図書館などに通って労働者に関連する資料の研究に没頭した[*7]。当初は、E・カベをはじめとする一九世紀のユートピア主義者の研究に取り組んだが、やがて一九世紀の労働者による哲学的、詩的なテクストを発掘、読解する研究に没頭するようになった。その成果がJ‐T・ドゥサンティの指導による国家博士論文「フランスにおける労働者思想の形成――プロレタリアとその分身」（1980）であり、これは『プロレタリアの夜――労働者の夢の記憶』[*8]（1981）として公刊された。

『プロレタリアの夜』では、プロレタリアが、自らの身体を再生産する夜に、頭脳労働と肉体労働という分業に抗って「思考」することの意味を問う[*9]。それは、「知識人の語りを『再演』しながら、語りを『移動』させ（…）別のことは何も語られていないのに、あるいは別のことは何も語られていないがゆえに、同じ一つのことをめぐるコンフリクトが上演されうる（…）発話の演劇モデル」であった。この研究が、床張り職人の哲学者ゴニの論集『平民哲学者』（1983）の編纂[*10]を経て本書へとつながる。

本書の序文で、ランシエールは、この研究から得られた確信を次のように述べている。労働者が作ったパンフレットや新聞、彼らの一部が遺した詩や書簡を読んでいると、「問題は、足りない知識を得ることでも、労働者という集団にふさわしい意見を主張することでもないことがわかってきた。

＊5　J・ランシエール『アルチュセールの教え』一五頁。

＊6　同誌に掲載されたJ・ランシエールの論文は、後に次にまとめられた。J. Rancière, *Les scènes du peuple: les* Révoltes logiques *1975/1985*, Paris, Horlieu Éditions, 2003.

＊7　それは、あらかじめ仮説を立てることなく「まず史料に飛び込む」(『平等の方法』六〇頁)という方法である。ランシエールはそこにM・フーコーの影響を認めている。「まさに『監獄の誕生』を書いていた頃ですが、私には彼のやりたいことがはっきり見えた。そして、ある意味で私にとってモデルになった」(『平等の方法』八三頁)。

＊8　J. Rancière, *La nuit des prolétaires : archives du rêve ouvrier*, Paris, Fayard, 1981 ; réédit en livre de poche, Paris, Hachette, 2005.

＊9　『プロレタリアの夜』の研究によってランシエール独自の研究方法も、練り上げられた。すなわち、概念を作ることでも、命題を発見することでもなく、理論体系を構築することでもなく、「唯一の方法とは、面白い発見だと自分に思えるもの、発見どうしの面白いつながりだと私に思えるものを眺め、凝視すること」(『平等の方法』七六頁)であり、とりわけ「ものごとが配分される出発点となるような情景(シーン)を発見すること」(同書、一一九頁)である。Cf. J. Rancière, *La Méthode de la scène*, conversations avec Adnen Jdey, Fécamp, éditions Lignes, 2018.

＊10　Gabriel Gauny, *Le philosophe plébéien*, textes présentés et rassemblés par J. Rancière, Saint-Denis, Presses Universitaires de Vincennes, 1983 : Paris, Fabrique, 2017.

むしろ問題は、ある種の知識や意見を捨て去ることだった」（本書一九頁）のである。すなわち、解放とは、他人のために働く場所で自分を見つめる時間をとって、そこで労働者に課された命令から身を引きはがして、奪われた労働の空間をわがものにすることであり、「労働力の再生産に割り当てられた夜を、本を読み、書き物をし、話をする時間に変えること、しかも労働者としてではなく、そうでない人とまったく同じように書き、話すこと」（本書二〇頁）であった。彼らはそうすることで、考えたり書いたりすることのできる存在であることを要求したのであり、詩人と思想家の「夜」をわがものにしようとしたのである。それによって、彼らは、アイデンティティの秩序を乱し、階級と知識の境界を混乱させながら、複数の文化のあいだを往還した。だからこそ彼らは、労働運動と呼ばれる集団的な力を生み出し、不可能と禁止の円環から外に出ることができたのである。

2 「哲学者と社会学者」——教育と「感性の平等」

この章の前半では、まずサルトルが取りあげられる。意外にもランシエールが哲学へと導かれたのは、高校時代に出会ったサルトルだという（『平等の方法』一〇二‐一〇三頁）。たしかにサルトルにおける知識人は、もはや党の側では語らず、真理としての労働者の側で語ろうとしている。しかし、完全に労働者の側で語ることもできない。例えばサルトルは染物屋（ティントレット）のせがれの職人的作品は評価しない。サルトルにおける労働者と知識人の関係は曖昧なままにとどまっている。

章の後半では、P・ブルデューが批判の対象になる。ブルデューの『ディスタンクシオン』では、次のような卓越化＝区分が示される。一方で、必需品への嗜好、身になる食べ物を好み、家族アルバムのために写真を撮り、偉大な音楽を知らない人たちの趣味があり、他方で、上品な趣味、金融資本を文化資本に変え、彼らの地位を証明してくれる視線を芸術作品に向ける手段をもつ人々の趣味がある。つまり社会階級には、存在様式に対応した趣味が備わっているというわけである。こうした社会学の批判は、ランシエールには、「自分たちのものではない」趣味を身につけたいという労働者の欲望をいかに阻止するかというエリートたちの気がかりにしか思えなかった。社会学は、プラトンが貧者の劣等性を裏づけるために示した寓話の素朴さを批判しながら、むしろそれを社会の必然へと変えたのである。「こうして、支配の狡智の正体を暴くつもりの社会学は、禁止と不可能の円環を完成させたのである」（本書二一二頁）。

この問題は、政治と美学を切り離すことができないものと考えるランシエールにとって根源的な問題を提起していた。美学の場合、ある芸術作品に美を感じることができるか否かは、それを美とする「感性的なもの」を有しているか否かによる。そしてこの「感性的なもの」は、社会的に共有されており、一つの制度をなしているとランシエールは考える。例えば、一九世紀までの「表象的体制」においては、宗教画、歴史画などの扱うべきジャンルや主題のヒエラルキーなどを規定する明確なコードが存在した。それがなくなった時代が、それ以後の「美学的体制」である。ランシエールが注目するのは、「感性的なもの」の共有状況の変化であり、それが「美学的革命」と呼ばれることになる。[*11]

本書においてもランシエールは、「労働者の解放は、まずもって美学的革命だった」（本書二一〇頁）という。すなわち、それは支配の根拠を批判する社会科学や哲学を身につけることではなく、押しつけられた感性的世界から距離を取ることなのである。

ただ、本書が引き起こした論争は、むしろ教育にかかわるものであった。それは当時の政策論争とかかわっていた。ランシエールによれば、当時の社会党政権の教育政策に理論的基盤を提供していたのがブルデューの理論だった。実際、本書の二年前の一九八一年、F・ミッテランが大統領選で勝利を収め、フランス共産党との連立でP・モーロワ内閣を成立させた。そして就任後、有給休暇の拡大、法定労働時間の削減、テレビ・ラジオの自由化、大学入試の廃止、死刑制度の廃止を行うとともに、私企業の国有化や社会保障費の拡大をはじめとする社会主義的政策を次々と実施した時期だった。なかでも学校改革、学校が生み出す格差の是正は最重要視された。[*12] そして、ブルデューの再生産をめぐる命題が教育改革に関する議論をリードした。改革派はこの理論から、庶民の子どもに劣等感を抱かせないように、学校では古典を扱う割合を減らし、学術的な内容を減らし、貧困層の子どもたち——当時ますます移民の子どもたちを指すようになっていた——に親しみやすい形式にすべきだという案を引き出した。しかし、この案が中学校改革で実施されると、むしろ格差を拡大するものだと批判が集中した。恵まれない環境の子どもたちに教育内容を合わせることは、そうした子どもたちが知的に劣っていると宣告することではないか、エリートには洗練された思想や文化を、労働者には「土着の」文化をあてがうことになるのではないか、というわけである。こうして共和主義陣営は、社会党政権による教育改革に対して普遍主義を掲げ、教育を全員に同じように与えることで庶民の子どもの地位を向上させるよう主張した。

こうした論争を背景に、ランシエールが本書で提起した問題はアクチュアリティをもつことになった。しかし同時にランシエールは思いもよらない立場と結びつけられることになった。すなわちランシエールは、ブルデューが文化的分断を前提にしていることを告発したはずだが、それによって共和主義的エリート主義に分類されることになってしまったのである。ランシエールは率直にそのことを認めている。「本書のブルデューを論じた章と結論部を読むと、解放の論理と共和主義復権の論理の衝突という文脈に、私が自分の議論を位置づけきれていないことがわかる」（本書二五頁）。

しかし、教育に関するランシエールの立場は明確である。本書の後に出版された、『無知な教師』[*13]（1987）では、教える者と教えられる者の知性の平等を唱えたジョセフ・ジャコト（Joseph Jacotot, 1770-1840）の教育思想が探求されている。フランス革命後追放されたジャコトは、一八一八年からベル

---

*11　美学的体制については、『感性的なもののパルタージュ』（2000）で初めて規定され、イメージについての革命を確認した『イメージの運命』（2003）、美学的体制がフロイトの精神分析を可能にしたと論じる『美学的無意識』（2001）、バディウやリオタールらの美学が陥っている「倫理的転回」を批判的に分析した『美学における居心地の悪さ』（2004）、美術評論を集めた『アイステーシス――芸術の美学的体制の情景』（2011）等で展開されることになる。

*12　参照、松葉祥一「移民の子どもたちに対するフランスの教育政策と理念――一九七〇年代・八〇年代を中心に」、トヨタ財団研究助成「新来外国人の子どもたちの現状を知り、よりよい支援と教育の在り方を考える――文化と言葉の異なる環境における暮らしを支え、豊かな未来を育むために」（D07-R-0239）研究報告書、二〇一〇年、三六－五九頁。

*13　J・ランシエール『無知な教師』梶田裕・堀容子訳、法政大学出版局、二〇一一年。

ギーのルーヴァン大学でフランス文学を教えることになった。しかし、学生たちはフラマン語しか知らず、ジャコトはフラマン語を知らなかった。そこでジャコトはフェヌロンの『テレマコス』の対訳本をみつけ、通訳を介して、学生たちに自分でフランス語を学び、同書の内容を説明するように求めた。結果はジャコトの予想をはるかに上回り、学生たちは徐々にフランス語を話すようになり、レポートを提出するまでになった。ジャコトはこの経験をもとに様々な実験を行い、「説明する教師」は必要なく「解放する教師」が必要であること、教育とは「知っている人」から「知らない人」への情報伝達ではないこと、「無知な者は無知な者に自分の知らないことを教えることができる」こと、要するに教育における知性の平等と解放を主張したのである。

ランシエール自身、本書の文庫版序文で、このジャコトの研究によってブルデューからも共和主義者からも等しく距離を置くことができるようになったと述べている。「私はある時期ジャコトのテクストに打ち込んだことで、衝突している当事者双方が何を共有しているのかを明らかにすることができた。社会学者と共和主義者は、社会の序列のせいで不平等になった人々を、〈学校〉を通じて平等にするための最も優れた方法は何かを探ろうと争っていた。ジャコトの教えによれば、まさにそこで、ものごとを逆にとらえなければならない。平等は、政府や社会が進むべき目標ではない。平等を不平等から出発して到達すべき目標とすることは、距離を制度化することであり、その距離は『削減』作業そのものによって際限なく再生産される。不平等からスタートした人は、ゴール地点で必ず不平等と再会する。平等から出発しなければならない。それがなければいかなる知も伝達されず、いかなる命令も実行されないという最低限の平等から出発して、それを限りなく拡帳しようとしなければならない。支配の根拠を認識することは、支配を覆すためでなければ力をもたない。つねにすでに支配を覆し始めていなければならない。支配を無視し、それは正しくないと認める決意から始まっていなければならないのである。平等は前提であり、出発点の公理である。そうでなければ無である」（本書二五－二六頁、強調引用者）。

本書における「知性の平等」というランシエールの確信、そしてこの平等は前提であるという公理は、このように「感性の平等」と結びついている。そして、感性と知性の平等は、政治的平等つまり民主主義の考察につながる。後にランシエールは、政治哲学上の主著と呼びうる『不和（メザンタント）』[14]（1995）で、この感性と知性の平等にもとづく政治と政治学の可能性を検討している。ここで彼がいう美学（アイステーシス）とは、「感性の学」という語の本来の意味である。彼は、芸術だけでなく政治もまた「感性的なもの」を基盤としていると考える。この「感性的なもの」という語は、「感じることができるもの」と訳すこともできる。ある人が、何かを感じることができるか否かは、それを感じることのできる「感性的なもの」を有しているか否かによる。同時にこの「感性的なもの」によって、それを共有している人と共有していない人（あるいは共有していないとされる人）の間に分割が生じる。ランシエールは、このように「感性的なもの」が分割されていると同時に共有されているありようを、分割＝共有（パルタージュ）と呼ぶ。同書でランシエールは、政治がこうした感性的なものの分割＝共有にもとづいていることを明らかにし、

＊14　J・ランシエール『不和あるいは了解なき了解』松葉祥一・大森秀臣・藤江成夫訳、インスクリプト、二〇〇五年。

そうした分割＝共有のあり方を変容させる実践を「政治」ととらえる政治哲学を示したのである。

ランシエールは、感性的なものの分割＝共有としての「政治」を示す情景として、『ローマ建国史』に出てくる次のような情景をあげている。かねてから貴族の政治に不満を抱いていた平民たちはアウェンティヌスの丘へ逃亡し、立てこもった。貴族は、平民は名前をもたず、生命以外は何も後世に伝えることができない存在であり、言葉をもっていないのだから交渉をする余地はないと告げた。しかし、平民たちは代表者に名前をつけて神殿に送り、自分たちを語る存在、知性を表明する言葉を与えられた存在とした。そして、再び貴族が説得に来た際、平民たちは礼儀正しく耳を傾け、協定を要求したのである。

ランシエールによれば、平民たちは、貴族の言葉を理解することができたのであるから、言葉をもつという点ではすでに平等であった。統治が可能なのは、両者のあいだに言葉が共有されているからであるが、それと同時に両者の言葉が根本的に異なるものとして理解されていたのである。この矛盾が明らかになるためには、平民たちの行動が必要だった。平民は、貴族と同じように名前を名のり、語り出すことによって、貴族の支配に根拠がないことを明らかにし、それまでは実効性をもたなかった平等を機能させたのである。ランシエールにとって政治とは、語る権利をもたない者が、世界の二重性、矛盾を暴露することにほかならないのである。

ランシエールは、本書の文庫版序文で、ブルデューをめぐる二つの後日談に触れている。一九九五年一一月一五日に当時の首相A・ジュペが労働組合との交渉なしに年金・社会保障改悪プランを発表したことで、公共部門の労働者を中心に一一月二四日から一二月一五日にかけて長期ストを行い、政権はプランの撤回に追い込まれた。この六八年五月以来とされる大規模な運動に対して、左派知識人たちの多くが保守派と声を揃えて、デモ参加者は全体の利益を考えることのできない既得権者だと告発したのに対して、ブルデューは、はっきりスト参加者の側に立った。ランシエールは、ブルデューが世界経済の必然性に抵抗し、闘う労働者たちの代表とともに新たな「知識人集団」の結成を呼びかけたことを評価している。ランシエールは、こうしたブルデューの活動を念頭において、本書における評価を見直したほうがいいのではないかとよく尋ねられるという。それに対してランシエールは、「一九九五年の擁護者ブルデューの態度を考えれば、〔…〕異なる判断ができたかもしれない」と譲歩しつつも、本書は「ある人物とその人の社会活動を評価したわけではない」（本書二七頁）、その言説の論理を批判したのであるから、評価を変える必要はないと述べている。実際ブルデューは、その後も不平等は苦しみであり、苦しみの原因を知らないことだと解釈する科学主義モデルを変えなかった。

もう一つは、ブルデューとの出会いである。『女の歴史』の出版記念シンポジウム[*15]がソルボンヌ大学であり、ブルデューはランシエールの後に話すことになったのである。そのときブルデューは聴衆に向かって「私がこれから話すことを皆さんに誤解してほしくない。ランシエール氏が話したことと

---

*15　P・ブルデュー、R・シャルチェ、J・ランシエール、M・ゴドリエほか『「女の歴史」を批判する』小倉和子訳、『女の歴史、別巻2』G・デュビィ、M・ペロー監修、藤原書店、一九九六年。ただし、このブルデューの発言は収録されていない。

同じと思われるかもしれません。が、同じではありません。まったく逆ですらあるのです」と述べたという（本書二八－二九頁）。ブルデューはどの点が逆なのかを明らかにしなかったようだが。

＊

序文と「プラトンの嘘」を箱田、「マルクスの労働」を上尾、「哲学者と社会学者」を澤田が担当し、松葉が全体を見直した。訳文についての最終的な責任は松葉にある。

ランシエール自身が断っているように、本書の文体は、ランシエールの他の著作とかなり異なっている。「短い文や並列、簡潔な定式を努めて用いることで、洗練された学者の分析のうちで働いている分割（パルタージュ）の乱暴さを示した。おそらく二度とこのように書けないと思う」（本書二三頁）。ただ訳文では読みやすさを優先して、この文体をある程度犠牲にせざるをえなかった。ご理解いただきたい。

航思社の大村さんには、辛抱強く待っていただいた上、もう一人の訳者と呼べるほど協力していただいた。また永井美由紀さんには、校正を手伝っていただいた。お礼を申し上げたい。

三五年前に書かれた本書は、けっして古びていない。むしろ本書が提起している問題は、とりわけ現在の日本にとってますます重要性を増している。深刻化する貧困化と階層化のなかで、本書はわれわれが何を基点にしてこの状況を考えるべきかについて指針を示してくれる。とくに日本社会は現在、否応なく移民社会へと移行しようとしている。この移行自体は必然であり、日本社会がその閉鎖性を克服するためにむしろ歓迎すべきことである。ところが、二〇一八年末に成立した改正入管法は、市民を、日本国籍をもつ者と持たない者に分けるだけでなく、「単純労働」をする移民労働者と「技能労働」をする移民労働者に分け、市民権の点で差別的に扱おうとしている。それによって、多くの移民労働者とその家族が、賃金、教育、医療、参政権の点で二級市民として扱われることになる。[*16] これは、日本が批准している国際人権規約、子どもの権利条約などに反するだけでなく、権利を奪われた隣人がいることによって日本社会の倫理は根幹から崩壊することになるだろう。必要なのは、本書が提起する「知性と感性の平等」という基点から社会を、政治を作り直すことである。

ランシエールは、本書の初版序文で、自らの倫理原則を次のように宣言している。すなわち、「自分が話す相手については、それが床張り職人であれ大学教授であれ、愚か者と見なさない」ことである。そして、二三年後の文庫版序文を次のように結んでいる。「私は、今もこれに付け加えることを何も見いださない」(本書二九頁)。

*16 参照、松葉祥一「移民の哲学――グローバルエシックスとしての歓待の倫理」、池田光穂編『コンフリクトと移民――新しい研究の射程』大阪大学出版局、二〇一二年、三三―四八頁。

【著者略歴】

ジャック・ランシエール
(Jacques Rancière)

パリ第8大学名誉教授（哲学、政治思想、美学）。1940年、アルジェ生まれ。邦訳された著書に『平等の方法』『アルチュセールの教え』（ともに航思社）、『不和あるいは了解なき了解』『民主主義への憎悪』（ともにインスクリプト）、『無知な教師』『解放された観客』『感性的なもののパルタージュ』（以上、法政大学出版局）、『イメージの運命』（平凡社）、『言葉の肉』（せりか書房）、『マラルメ』（水声社）など。

【訳者略歴】

松葉祥一
（まつば・しょういち）

フランス哲学、現象学。1955年生まれ。著書に『哲学的なものと政治的なもの——開かれた現象学のために』（青土社）、訳書にJ. ランシエール『不和あるいは了解なき了解』『民主主義への憎悪』（ともにインスクリプト）、E. バリバール『ヨーロッパ市民とは誰か』（平凡社）など。

上尾真道
（うえお・まさみち）

京都大学人文科学研究所研究員（フランス哲学、精神分析）。1979年生まれ。著書に『ラカン　真理のパトス』（人文書院）、共訳書にJ. ランシエール『平等の方法』（航思社）、M. フーコー『悪をなし真実を言う』（河出書房新社）など。

澤田哲生
（さわだ・てつお）

富山大学准教授（哲学、現象学）。1979年生まれ。著書に『メルロ＝ポンティと病理の現象学』（人文書院）、共著に『メルロ＝ポンティ読本』（法政大学出版局）、『人文知のカレイドスコープ』（桂書房）など。

箱田徹
（はこだ・てつ）

天理大学准教授（思想史、現代社会学）。1976年生まれ。著書に『フーコーの闘争』（慶應義塾大学出版会）、訳書にK. ロス『68年5月とその後』、共訳書にJ. ランシエール『アルチュセールの教え』『平等の方法』（以上、航思社）など。

革命のアルケオロジー 8

哲学者とその貧者たち

著　者｜ジャック・ランシエール
訳　者｜松葉祥一、上尾真道、澤田哲生、箱田 徹
発行者｜大村 智
発行所｜株式会社 航思社
〒113-0033 東京都文京区本郷1-25-28-201
TEL. 03 (6801) 6383 ／ FAX. 03 (3818) 1905
http://www.koshisha.co.jp
振替口座 00100-9-504724
装　丁｜前田晃伸
印刷・製本｜倉敷印刷株式会社

2019年1月31日 初版第1刷発行

ISBN978-4-906738-36-6 C0010

革命のアルケオロジー

2010年代の今こそ読まれるべき、読み直されるべき、マルクス主義、大衆反乱、蜂起、革命に関する文献。洋の東西を問わず、戦後から80年代に発表された、あるいは当時の運動を題材にした未刊行、未邦訳、絶版品切れとなったまま埋もれている必読文献を叢書として刊行していきます。

シリーズ既刊

アルチュセールの教え
ジャック・ランシエール 著　市田良彦・伊吹浩一・箱田徹・松本潤一郎・山家歩 訳
四六判 仮フランス装 328頁　本体2800円（2013年7月刊）
大衆反乱へ！　哲学と政治におけるアルチュセール主義は煽動か、独善か、裏切りか――「分け前なき者」の側に立脚し存在の平等と真の解放をめざす思想へ。

風景の死滅 **増補新版**
松田政男 著　四六判 上製 344頁　本体3200円（2013年11月刊）
風景＝国家を撃て！　遍在する権力装置としての〈風景〉にいかに抗うか。21世紀の革命／蜂起論を予見した風景論が甦る――死滅せざる国家と資本との終わりなき闘いのために。

68年5月とその後　反乱の記憶・表象・現在
クリスティン・ロス 著　箱田 徹 訳　四六判 上製 478頁　本体4300円（2014年11月刊）
ラディカルで行こう！　アルジェリア戦争から21世紀に至る半世紀、「68年5月」はいかに用意され語られたか。現代思想と社会運動の膨大な資料を狩猟して描く「革命」のその後（アフターライフ）。

戦略とスタイル **増補改訂新版**
津村 喬 著　四六判 上製 360頁　本体3400円（2015年12月刊）
日常＝政治＝闘争へ！　反資本主義、反差別、核／原子力、都市的権力／民衆闘争……〈いま〉を規定する「68年」の思想的到達点。「日本の68年最大のイデオローグ」の代表作。

横議横行論
津村 喬 著　四六判 上製 344頁　本体3400円（2016年3月刊）
「瞬間の前衛」たちによる横断結合を！　全共闘、明治維新、おかげまいり、文化大革命など古今東西の事象と資料を渉猟、「名もなき人々による革命」の論理を極限まで追究する。

哲学においてマルクス主義者であること
ルイ・アルチュセール 著　市田良彦 訳　四六判 上製 320頁　本体3000円（2016年7月刊）
「理論における階級闘争」から「階級闘争における理論」へ！　共産党が「革命」を放棄する――1976年のこの危機に対抗すべく執筆された革命的唯物論の幻の〈哲学入門書〉。

歴史からの黙示　アナキズムと革命　**増補改訂新版**
千坂恭二 著　四六判 上製 384頁　本体3600円（2018年10月刊）
資本制国家を撃て！　ロシア革命の変節、スペイン革命の敗北、そして1968年の持続と転形――革命の歴史をふまえて展開される国家廃絶をめざす戦後日本アナキズム思想の極北。

シリーズ続刊

RAF『ドイツ赤軍(I) 1970-1972』、J. ランシエール『政治的なものの縁で』……